中国夢の法治

―― その来し方行く末 ――

但見 亮 著

成文堂

はしがき

　本書は,「法治」に関わる中国の諸制度・規定そして政策の観察と分析を通じて,そこで言われている「法治」の内包なり外延なりを浮かび上がらせ,それが進む方向を展望することを目的に,筆者が概ね10年ほどの期間にわたり検討してきた諸問題についての論文を集成したものである。

　中国における「法治」の沿革を眺めると,建国後から文化大革命までに象徴される軽視ひいては破壊の時期を経て,改革開放後の「法制」の強調,すなわち法の整備とそれによる統制という時代を経て,憲法においても「法治」が主張されるに至っており,現代は既にRule of Lawの時代なのだ,とする理解も見られている（なお,中国語の『法治』(原語)は,法律や政策文書上『依法治国』とされるものの略称であることもあれば,Rule of Lawの訳語またはそれを意識した用語であることもある）。

　このような経緯を踏まえつつ,本書では,統治全体を覆う政策及び理論の様相（1章）,司法制度改革の模索（2章及び3章）,私法空間の形成と拡大（4章及び5章）,そして行政への参加と紛争処理（6章から8章）について,法規・政策の内容を骨組みとして,そこに具体的事件や社会的事実を肉付けし,さらに思想的・思念的傾向または風潮などの色彩を加えることを通じて,それぞれにおける「法治」の表象をビジュアルに表現することを目指した。そしてこのような「法治」の姿を踏まえ,第9章では,それとRule of Lawとの衝突と評価される香港の事件を検討し,最後にこれらの総括として,第10章において,「法治」をめぐる統治プランとそこにおける社会そして人々の様相を描いたのである。

　このように本書は全体を通じて中国の「法治」の輪郭または核心を求めんとするものであるが,いずれの章における検討も,そこで浮かび上がった「法治」がRule of Lawとは全く異なる（または異ならない）,というシンプルな結論を導くものではない。そこにはRule of Law自体の多義性ないしは広がりという側面もあるが,中国の「法治」もまた,それを法規や党の文書

等の規定や司法・行政等での適用または執行に限ったとしても，やはり多義的で広がりがあり，時代により，また政治・社会など諸状況に応じて常に流動的で，変化と可能性に満ちているのである。

　個別の問題の検討においては，そこで現れた「法治」の特異性のため，または具体的な事件が招いた結果ないし影響の重大性のため，「法治」と Rule of Law との本質的差異，という結論に傾いたところもある。同様に，「法治」の検討において筆者の Rule of Law の理解ないし意識に明に暗にとらわれていることも，率直に認めなければならない。中国の「法治」をめぐる検討は，迷いと誤りそして発見の繰り返しであると同時に，自らの Rule of Law の理解と意識への疑問と否定そして再構築の繰り返しでもあり，それは今後も続いていくのである。本書を手に取ってくださった方々にも，そのような迷いと発見がもたらされることを，ひそかに願っている。

　本書は一橋大学の出版助成を受け，一橋大学法学研究科選書として公刊されたものである。本書が何とか形になったのは，学部ゼミから指導して下さった小口彦太先生を始め，研究と教育そして様々なチャンスとチャレンジを与えて下さった先生方，常にサポートして下さった職員の方々，そして時に厳しくたまに優しく変わらぬ親交を下さった友人たちのおかげである（せいではない）。また，成文堂の阿部成一社長と同編集部の飯村晃弘氏には，出版の内容・形式そして心得まで丁寧に説明頂くなど，細心かつ全力のお仕事で支えて頂いた。この場を借りて，心から感謝を申し上げたい。

　最後に，上海の大学院在学時に指導を賜って以来，常に優しくご指導を下さった蘇慧漁先生に本書を差し上げることが叶わなかった自らの怠惰を恥じつつ，元気で長生きをしてくれた両親に本書を捧げたいと思う。

但見　亮

目　次

はしがき …………………………………………………………… i
初出一覧 …………………………………………………………… xiv

第1章　「中国夢」……………………………………………… 1
　　　　――習時代が求める「信仰」のかたち

はじめに …………………………………………………………… 1
第1節　テキストから見る「中国夢」…………………………… 2
　　1　「夢」のはじまり ………………………………………… 2
　　2　「中国夢」演説 …………………………………………… 3
第2節　「中国夢」の世界像 ……………………………………… 5
　　1　国家＝「富強」…………………………………………… 5
　　2　社会＝「公平・正義・法治」…………………………… 6
　　3　人民＝偉大な民族（の一員）…………………………… 6
第3節　「中国夢」の目的と効果 ………………………………… 8
　　1　「信仰」と「真善美」……………………………………… 8
　　2　「敵」の摘出＝「普遍的価値」…………………………… 9
　　3　「専制」と「寛容」………………………………………… 11
　　4　「中国夢」と「共産夢」…………………………………… 13
第4節　「夢」のゆくえ …………………………………………… 15
　　1　社会主義の偶像化 ……………………………………… 15
　　2　アンビバレンスと中庸 ………………………………… 16
　　3　「信仰」の険しい道 ……………………………………… 18
おわりに …………………………………………………………… 20

第2章 「案例指導」の現状と機能 ……………………………… 22
── 中国的司法の「権威」と「信頼」

はじめに ……………………………………………………………………… 22
第1節 「案例指導」の形成 …………………………………………… 23
 1 最高人民法院による「案例」の内部発布 ……………………… 23
 2 「最高人民法院公報」による「案例」の定期的公布 ………… 24
 3 「案例指導」書の出版とその広がり …………………………… 26
 4 「案例指導」の制度化への模索 ………………………………… 28
第2節 「案例指導」の現状と理論 …………………………………… 30
 1 「案例」と「判例」……………………………………………… 30
 2 抽象化と原文性 …………………………………………………… 32
 3 「指導」──「案例」の拘束力 ………………………………… 34
 4 「指導」の範囲と方法 …………………………………………… 37
 5 まとめ ……………………………………………………………… 38
第3節 「案例指導」の問題と可能性 ………………………………… 39
 1 権威と実用のジレンマ …………………………………………… 39
 2 司法行政とルールの潜在化 ……………………………………… 41
 3 「法官造法」と司法解釈の矛盾 ………………………………… 44
 4 「同案同判」の猛威と司法改革の行方 ………………………… 46
おわりに ……………………………………………………………………… 49

第2章 補足資料 ……………………………………………………… 52
 最高人民法院「指導性案例」（解題）……………………………… 52
 指導性案例「O某の故意殺人事件」………………………………… 54
  (1) 裁判要旨 …………………………………………………… 54
  (2) 基本的裁判事実 …………………………………………… 54
  (3) 裁判結果 …………………………………………………… 55

(4) 裁判理由 ……………………………………………………55
　　(5) 評　釈 ………………………………………………………56

第3章　「依法治国」と司法改革 …………………………………58
　　　── 中国的司法の可能性

はじめに ………………………………………………………………58
第1節　党による「依法治国」の推進 ………………………………59
　1　「重大決定」の概要 …………………………………………59
　　(1)「総目標」………………………………………………………59
　　(2) 原　則 ………………………………………………………60
　　(3) 憲法の実施 …………………………………………………60
　　(4)「依法行政」…………………………………………………61
　　(5)「大衆」と「法治工作隊列」………………………………62
　　(6) 党と党員 ……………………………………………………63
　2　「重大決定」における司法 …………………………………63
　　(1)「合法・独立・公正」………………………………………63
　　(2) 管轄改革 ……………………………………………………64
　　(3) 公開と監督 …………………………………………………65
　3　まとめ＝党が示すもの ………………………………………65
第2節　人民法院による「改革意見」………………………………67
　1　「改革意見」の経緯 …………………………………………67
　　(1) 沿　革 ………………………………………………………67
　　(2)「正式に公布」の謎 …………………………………………68
　　(3)「政法機関」の統合的協調 …………………………………69
　2　「改革意見」の内容 …………………………………………70
　　(1) 構造と目的 …………………………………………………70
　　(2)「地方要素」の排除 …………………………………………71

(3) 公判中心主義 …………………………………………… 72
　　　(4) 管理と責任 ……………………………………………… 72
　　　(5) 公開と「説理」 ………………………………………… 73
　　3　まとめ＝司法への信頼？ ………………………………… 73
　第3節　司法の行方 ……………………………………………… 74
　　1　改革の射程 ………………………………………………… 74
　　2　「反腐敗」と司法 ………………………………………… 76
　　3　「安定維持」と司法 ……………………………………… 77
　　4　司法がめざすもの ………………………………………… 79
　おわりに …………………………………………………………… 81

第4章　宅地使用権問題とその周辺 ……………………………… 83
　　　── 物権法制定における議論を中心に

はじめに ……………………………………………………………… 83
第1節　宅地使用権概観 …………………………………………… 85
　1　宅地使用権を巡る制度史 ………………………………… 85
　2　現行規定概観 ……………………………………………… 87
　　(1) 憲法と法律 ……………………………………………… 87
　　(2) 行政法規，地方性法規，規則及び政策 …………… 88
　　(3) 司法解釈 ………………………………………………… 90
　3　理論的位置づけ …………………………………………… 90
第2節　物権法の限界 ……………………………………………… 93
　1　制定過程の議論 …………………………………………… 93
　2　現状の問題と変化の兆し ………………………………… 95
　3　まとめ ……………………………………………………… 96
第3節　「小産権房」と集団土地使用権 ………………………… 97
　1　「小産権房」問題 ………………………………………… 97

2　集団土地使用権の直接譲渡 …………………………………99
　第4節　宅地使用権再考 ………………………………………………102
　　1　社会保障の虚と実 ……………………………………………102
　　2　理論的重点の変化 ……………………………………………104
　おわりに …………………………………………………………………107

第4章　補足資料 ……………………………………………………110
　　　　―宋庄画家村事件―
はじめに　事件の背景 …………………………………………………110
　1　一審の経緯と判決 ………………………………………………111
　　（1）事実の概要 …………………………………………………111
　　（2）原告・被告の主張 …………………………………………111
　　（3）一審判決 ……………………………………………………112
　2　二審判決 …………………………………………………………112
　　（1）契約の有効性について ……………………………………112
　　（2）「損失の賠償」について ……………………………………112
　　（3）別訴の結果 …………………………………………………113
　3　分析と評釈 ………………………………………………………113
　　（1）問題の所在 …………………………………………………113
　　（2）判決の論理的枠組み ………………………………………113
　　（3）判決に対する批判 …………………………………………115
　4　若干の検討 ………………………………………………………117

第5章　中国における公法と私法の関係 ……………………120
　　　　――「美濃部理論」を手がかりに
はじめに …………………………………………………………………120
第1節　中国における「美濃部理論」………………………………121

         1　引用の頻出と価値 …………………………………………121
         2　引用の傾向とその理由 ……………………………………122
           (1)「公法と私法」への集中 …………………………………123
           (2) 権威のつまみ食い ………………………………………124
           (3) 引用・言及の時期 ………………………………………125
         3　まとめ —— 契機としての「公法と私法」………………125
      第2節　公法私法論の様相 ………………………………………126
         1　公法私法関係論の沿革 ……………………………………126
           (1) 計画経済下の私法の欠缺 ………………………………126
           (2) 市場経済下の私法の可否 ………………………………128
           (3) 公法私法区分論の興隆 …………………………………131
         2　物権法違憲論争と公私法融合論 …………………………134
           (1)「姓社姓資」の実像 ………………………………………134
           (2)「姓公姓私」の限定性 ……………………………………136
           (3) 物権法「公私法融合」論 ………………………………138
         3　公私法融合と公法私法の区分 ……………………………142
         4　現状が求める理論的枠組み ………………………………144
         5　まとめ —— 公法学という問い …………………………147
      第3節　「統一公法学」の課題と可能性 ………………………147
         1　「統一公法学」の様相 ……………………………………147
         2　「民主集中制」と「統一公法学」………………………150
         3　共産党と公権力 ……………………………………………152
      おわりに ——「美濃部」の輝きとその意味 …………………154

  第6章　中国における住民参加の現状と機能 …………………158
      はじめに ——「公衆参与」熱の示すもの ……………………158
      第1節　住民参加手続 —— 規定の内容 ………………………159

    1　規定の基調——宣言・綱領的性格 …………………………160
    2　参加の主体 ………………………………………………………160
    3　参加の対象（領域） ……………………………………………161
    4　参加の態様（形式） ……………………………………………162
    5　効果ないし保障 …………………………………………………162
    6　まとめ ……………………………………………………………163
  第2節　住民参加の現状とその原因 …………………………………163
    1　運用の現実——規定スタンスの反映と拡大 ………………163
    2　「参加」をとりまく環境 ………………………………………165
    3　まとめ ……………………………………………………………167
  第3節　「公衆参与」の意義ないし機能 ……………………………168
    1　理念的側面 ………………………………………………………168
    2　中国法の住民参加手続の機能 …………………………………170
    3　現実と理想の架橋 ………………………………………………171
  第4節　住民参加を巡る新たな動き …………………………………172
    1　「広州市規則制定住民参加方法」の制定 ……………………172
    2　行政側の意識の変化 ……………………………………………173
    3　住民参加の機能——「調和社会」に向けて ………………174
    4　住民参加の試金石——環境・開発領域 ……………………177
  おわりに …………………………………………………………………178

第7章　「信訪」の二面性 …………………………………………180
——制度と現実が示すもの

はじめに …………………………………………………………………180
第1節　信訪制度の構造 …………………………………………………181
    1　基本法規＝信訪条例 ……………………………………………181
    2　具体化・拡大＝「地方性法規」と「規章」 …………………184

x 　目　次

　　　3　権威による担保・促進＝「党規」…………………………………186
　第2節　「信訪」の二面性………………………………………………188
　　　1　「信訪工作」の二面性 ── 暴力と懇願 ……………………………188
　　　2　「信訪者」の二面性 ── 騒乱と信仰 ………………………………190
　　　3　「信訪評価」の二面性 ── 賞賛と痛罵 ……………………………192
　　　4　「信訪」の日常と「非正常」………………………………………193
　　　5　構造的原因と改革の不可避 ………………………………………195
　第3節　「信訪」の改革と展望…………………………………………198
　　　1　意識の変化 …………………………………………………………198
　　　2　分化の兆し ──「渉訴信訪」と司法 ……………………………200
　　　3　改革の展望 …………………………………………………………202
　おわりに ──「信訪」とマイノリティー ………………………………203

第8章　中国の行政不服審査制度改革 …………………206
　　　── 上海市行政不服審査委員会の調査を中心に

　はじめに …………………………………………………………………206
　第1節　制度概要…………………………………………………………207
　　　1　法規の構造 …………………………………………………………207
　　　2　規定の概要 …………………………………………………………208
　　　(1)　目　的 ……………………………………………………………208
　　　(2)「審査機関」と「審査機構」………………………………………208
　　　(3)　申立の対象 ………………………………………………………210
　　　(4)　審理・裁決 ………………………………………………………211
　第2節　問題状況…………………………………………………………212
　　　1　規定上の問題 ………………………………………………………212
　　　(1)　大量の審査機関と形骸的審査機構 ……………………………212
　　　(2)「具体的行政行為」と解釈の多義性 ……………………………213

(3) 原則・目的と規定のズレ …………………………………214
　　2　運用の現実 ……………………………………………………215
　　　(1) 申立の少なさ ………………………………………………215
　　　(2) 維持率の読み方 ……………………………………………217
　　　(3) 公信力のなさ ………………………………………………218
　第3節　改革の現状と課題 …………………………………………219
　　1　改革の概況 ……………………………………………………219
　　　(1) 導入の経緯 …………………………………………………219
　　　(2) 改革の目的と手段 …………………………………………220
　　2　上海市行政不服審査委員会の調査 …………………………221
　　　(1) 制度の概要 …………………………………………………221
　　　(2) 聞き取り調査から …………………………………………225
　　3　課題と展望 ……………………………………………………230
　　　(1) 委員会制度の問題点 ………………………………………230
　　　(2) 陳情・訴訟とのすみわけ …………………………………234
　　　(3) 調和最優先への疑義 ………………………………………237
　　　(4) 全体構造からの懸念 ………………………………………239
　おわりに ………………………………………………………………240

第9章　「中国夢」的「一国二制度」……………………………242
　　　　──香港の「宣誓風波」事件をめぐって
　はじめに ………………………………………………………………242
　第1節　事件の概要 …………………………………………………242
　　1　争点と双方の主張 ……………………………………………243
　　2　「解釈」と「説明」 …………………………………………244
　　3　判決の内容 ……………………………………………………245
　　4　小括──「解釈」の示すもの ………………………………247

第2節　「解釈」の特徴と問題点 …………………………………248
　　1　請求（主体）と時期 ……………………………………248
　　2　解釈の遡及効 ……………………………………………250
　　3　解釈の根拠とその範囲 …………………………………250
　　4　解釈の実質・程度 ………………………………………252
　　5　解釈の合理性 ……………………………………………253
　　6　まとめ──「解釈」の万能性 …………………………255
　第3節　問題の所在と展望 ………………………………………256
　　1　権限と権力 ………………………………………………256
　　2　正当性と正統性 …………………………………………258
　　3　主権と主権者 ……………………………………………260
　　4　法系と法治 ………………………………………………262
　　5　「中国夢」と「一国」 …………………………………265
　おわりに …………………………………………………………268

第10章　協商民主と信用社会 …………………………………270
── 中国夢の「人民」と「公民」

　はじめに …………………………………………………………270
　第1節　協商民主の道 ……………………………………………271
　　1　人民の求める民主 ………………………………………271
　　2　不思議な質問と結論 ……………………………………272
　　3　「中国特色」的「協商民主」 …………………………274
　　4　まとめ──「人民の意思」としての協商民主 ………278
　第2節　「社会」の枠組み ………………………………………279
　　1　「社会」の構築 …………………………………………279
　　2　「社会」の機能 …………………………………………281
　　3　社会の「公」性 …………………………………………283

  4 まとめ——「公民」はどこに ……………………………………284
第3節 新たな公民像の展望 ……………………………………………285
  1 アプローチの変化 ………………………………………………285
   (1) 代議民主への幻滅 ……………………………………………285
   (2) 「参加」の二面性 ……………………………………………286
   (3) 「公民社会」の死 ……………………………………………287
  2 あるべき「公民」 ………………………………………………289
   (1) 公民の教育 ……………………………………………………289
   (2) 公民と「法治」 ………………………………………………290
  3 「信用社会」の建設 ……………………………………………291
  4 展望——信用なき「信用社会」の行方 ………………………294
おわりに ………………………………………………………………………296

参考文献 ………………………………………………………………………299
事項索引 ………………………………………………………………………302

初出一覧

本書各章は、下記初出論文に一部加筆・修正を加えたものである。加筆・修正は概ね誤字や分かりにくい表現を改めたものであり、また執筆後に行われた法改正等について補足したところもあるが、内容・構成・結論などに大きな変更はない。

第1章 「中国夢」——習時代が求める「信仰」のかたち
　『中国研究月報』68巻5号（2014年）12-24頁。
第2章 「案例指導」の現状と機能——中国的司法の「権威」と「信頼」
　『比較法学』43巻3号（2010年）1-32頁。
第3章 「依法治国」と司法改革——中国的司法の可能性
　『中国研究月報』69巻7号（2015年）1-15頁。
第4章 宅地使用権問題とその周辺——物権法制定における議論を中心に
　『社会科学研究』62巻5・6号（2011年）97-118頁。
第5章 中国における公法と私法の関係——「美濃部理論」を手がかりに
　『比較法学』43巻2号（2009年）25-67頁。
第6章 中国における住民参加の現状と機能
　『中国研究月報』62巻11号（2008年）1-14頁。
第7章 「信訪」の二面性——制度と現実が示すもの
　『マイノリティ研究』7号（2012年）19-38頁。
第8章 中国の行政不服審査制度改革——上海市行政不服審査委員会の調査を中心に
　『一橋法学』11巻3号（2012年）167-202頁。
第9章 「中国夢」的「一国二制度」——香港の「宣誓風波」事件をめぐって
　『法制理論』（新潟大学）50巻1号（2017年）60-91頁。
第10章 協商民主と信用社会——中国夢の「人民」と「公民」
　水林彪等編『市民社会と市民法』（日本評論社、2018年）所収、415-446頁。

第1章 「中国夢」
――習時代が求める「信仰」のかたち

はじめに

　中国共産党の中央宣伝部と中央文明弁[1]が運営する中国文明ネットでは，近年「社会主義核心価値観」の普及を目的として特にコーナーが設けられ，関連の論文・記事が連ねられている。その表題を見ると，「霊魂」，「巡礼」，「永恒（未来永劫）」といった，およそ「科学的社会主義」にそぐわない言葉が氾濫している[2]。また『求是』，『党建』や『環球時報』，さらには『光明日報』や『人民日報』に至るまで，西側の思想の浸透による「精神汚染」の排除が叫ばれ，「科学」でありかつ「宇宙真理」たる「中国特色社会主義」の思想への強い「信仰」に基づく「中国夢」の実現が謳われている[3]。

　このように，現在中国の所謂「主流メディア」[4]において，「中国夢」は抽象的な理想の提示にとどまらず，ある種宗教的な色彩を伴って宣伝されてい

---

[1] 中央精神文明建設指導委員会弁公室の略。劉雲山が初代の主任（一般に宣伝部副部長が担当）。なお，以下では中国共産党を単に「党」とすることが多い。
[2] 中国文明ネット「理論」ページの「社会主義核心価値体系」論文リストに掲載された題名から。http://www.wenming.cn/ll_pd/shzyhxjztx/ 参照。
[3] いずれも人民ネット掲載の孫謐平「中国夢的自信在哪里」から引用（http://theory.people.com.cn/n/2013/0522/c49150-21569262.html）。同論文は「中華民族の偉大な復興の実現」のため「心を一つにして中国特色的社会主義への信仰を固く守り，『我々が信仰する主義はやはり宇宙の真理なのだ』と篤く信じる」ことが必要だとする（以下，翻訳はいずれも但見によるもの）。
[4] 範囲は曖昧であるが，上述の各媒体など，一般に「党の代弁者」とされる大手メディア，及び往々にしてその報道や記事をそのまま再掲・再放送する全国各地のメディアを指す。例えば鉄流「"中国夢"与"憲政夢"」などは，「全国主流メディアで…見られるのは『党のメディア管理は揺るがない』，『雷鋒に学び，良い人の善い行いを宣伝せよ』といったもの」とする。http://boxun.com/news/gb/china/2013/03/201303110021.shtml#.UdA1jZeCh3c.

る。もちろんこれは突然始まったものではなく，またその内容が特に新しいわけでもない。毛沢東のいわば「共産夢」，洪秀全の太平天国，ひいてはそれ以前の大同思想に見られるように，共同富裕という約束の地に国家や指導者が導いてくれる，という信仰（教義）は連綿とつながるもので，それが今回「中国夢」という形で顕在化してきただけ，というほうが正確であろう。

ただそうだとしても，このような顕在化を招いた状況とそれを取り巻く環境を見るとき，それは決して偶然や成り行きによるものではなく，ある意味必然的で合理的かつ不可避的に選択されたものということができる。また，顕在化の過程で潜在的な要素に若干の変化が生じており，その変化が重大な効果を招く可能性も考えられる。さらに，このような顕在化には，既存のリスクの重大性とそれへの対応の緊急性（という意識）が再確認されるとともに，その意図に反して，リスクの加速的な拡大・再生産を招くことが懸念される。

このような意識に基づいて，本稿では，習近平の「中国夢」に関わる講話を主な資料として，その宗教性の顕在化について考察するとともに，その具体的な内容と目的について検討し，以てその実現のために求められる信仰の姿を浮かび上がらせることで，習時代の中国の今後について展望してみたいと思う。

第1節　テキストから見る「中国夢」

1　「夢」のはじまり

現在いたる所でくり返される「中国夢」は，言うまでもなく，習近平総書記がその実現を打ち出したことにより，人民すべて，ひいては中華の血をひくものすべてが共に目指すべき夢という地位を得たものである[5]。

---

[5] この用語自体は習のオリジナルではなく，人民解放軍の劉明福上級大佐（国防大学教授）によるものと言われている。劉はその書『中国夢：後美国時代的大国思維与戦略定位』（2010年1月，中国友誼出版公司）で，「中国は不断に増加する収入を利用して世界最強の軍事国家を打ち立てなければならない」として，軍事的「強国夢」を説いている。

そこでまずこの「中国夢」の内容を，習自身の発言から明らかにしてみたい。前述のように，中央・地方の所謂主流メディアは総書記の発言を至るところで引用・転載しているのだが，ここではその中でも権威が高そうに見える『人民日報』の「人民ネット」から，その「理論」ページに掲載された習の「中国夢論述」(摘要)[6]を見てみよう。

　そこでまず注目されるのは，「中国夢」について同摘要が行っている分類である。摘要では，習の「中国夢」に関する講話を，①中華民族の偉大な復興，②突き詰めれば人民の夢，③中国の道を通り，④中国精神を高め，⑤中国の力を結集しなければならない，⑥中華民族の偉大な復興を共にかなえる，⑦平和，発展，協力，Win-Winの夢，⑧実際の行動により初めて夢はかなう，という分類によって章分けしている。

　この分類であるが，発言者の立場，またそれが向けられた相手，さらには発言が行われたTPOにより内容または重点が若干異なっている。例えば⑦は，主に世界の友人に対して富強の中国は危険を意味しない，と語るものであり，党の総書記というよりむしろ元首たる国家主席の立場が反映されている[7]。また⑥では一層党の色彩が薄まり，(大陸の)中華民族を統率する者として，大陸外の中華民族，とりわけ台湾「当局」及びその指導者に，団結と協力そして一致をアピールする，という意識が色濃くみられている[8]。

2　「中国夢」演説

　このように，「中国夢」に係る発言は時と場合によって様々に異なる特徴を見せているのだが，これらの諸特徴を兼ね備えたもの，すなわち全体とし

---

[6]「[摘編]習近平関於実現中華民族偉大復興的中国夢論述」http://theory.people.com.cn/n/2013/1205/c40555-23756883.html 参照。2012年11月から2013年11月までの習近平の各種の講話，演説，指示などの「重要文献」から，「中国夢」に関する部分のみが抜粋され，2万字弱にわたって紹介されている。

[7]同章で紹介される発言の多くはBRICs会議での合同記者会見など，友好的な関係国へ向けられたものである。

[8]摘要の⑥で紹介される9つの講話のうち，実に6つが台湾の国民党首脳に対してのものであり，残りは台湾の基金会会長や華僑財界に向けられたものである。

ての「中国夢」が明確に示されているのが，2013年3月17日の第12期全人代第1回会議閉幕演説（以下『中国夢』演説」とする）である。

それは中国の「最高国家権力機関」（憲法57条）において習が国家主席に選出されたこと，すなわち形式的にも国家を代表する者として選出されたことを受けて，正式にその施政方針を明らかにするという場であった。そのことから考えても，この演説は数ある「中国夢」に関わる講話の中でも権威というべき地位にあると言ってよいだろう。

この「中国夢」演説の内容を，(1)に示した番号に照らしながら振り返ってみよう。そこではまず①「民族の偉大な復興」という「中国夢」が示され，夢の実現には必ず③「中国の道を通り」，④「中国精神を高め」，⑤「中国の力を結集しなければならない」，とされる（②「人民の夢」はそのあとに出てくる）。そして「党の指導，人民が主人となること，そして法による統治の有機的統一」の必要性に言及した上で，労働者，農民，知識分子そして「非公有制経済人士及びその他の社会階層人士」いずれも，中国夢の実現のために尽くす（＝⑤と⑧）ことが求められる。

全人代という場であることもあってか，香港，台湾そして海外華僑は一括りにされ，「同胞が手を携え」「共に中華民族の新しい行程を切り拓こう」と呼び掛けるにとどまる（＝⑥）。同様に，世界に向けられた語りかけもごくわずかで，その内容は「世界各国との友好協力の発展に力を尽くし」「人類の平和と発展という崇高な事業を推し進める」というものである（＝⑦）。

興味深いのは最後の部分である。そこでは，中国共産党が「中国特色社会主義という偉大な事業」のために人民の「指導と団結を行う核心力量である」として，「腐敗拒否と政変の防衛そしてリスクへの抵抗能力を高めなければならない」とした上で，「全国の各党派」「各民族」「各階層」すべての「人士」は「中共中央の周囲に一層固く団結せよ」との号令が，「代表各位！（ママ）」に告げられる。

この呼びかけには，既に本来の発言資格たる国家主席（＝国家元首）の姿は消え失せ，総書記（＝党指導者）としての決意（覚悟）が前面に押し出されている。これは同演説が党大会ではなく，最高国家権力機関である全人代，しかも世代交代後はじめての大会の閉幕の辞であることを考えると，な

おさら重要性を増す。つまりそこでは，党の総書記が人民の代表たちに対して，最高国家権力機関の構成人員である前に，まず「中共中央の周囲に緊密に団結する」こと，そして中共十八期大会の精神を筆頭に党の各理論・思想を「全面的に貫徹・実現する」ことを求めているのである。

　このように「中国夢」は，党指導者の号令の下ですべての存在が目指すべきいわば約束の地として提示される。そのような意識の下，それに関わる物事への姿勢により，「夢」への信仰が試されることになる。

第2節　「中国夢」の世界像

　「中国夢」演説は，「中国夢」という約束の地を示すだけでなく，その実現のために党が目指す国家統治，社会管理のかたち，そして「夢」の担い手たる人民の姿も提示されている。以下，その様相を分析してみよう。

1　国家＝「富強」

　「国家がよく，民族がよくて，初めてみながよくなる」[9]という訓話を引くまでもなく，「中華民族の偉大な復興の実現」を掲げる「中国夢」では，まず国家の富強が第一とされる。もちろんそれは「突き詰めれば人民の夢」であり，また人民の夢の実現のためにはまず国家が富み栄え，そして強くなければならない，という論法ではあるのだが。

　この富強は，経済的な繁栄・充足という富裕の約束と，しばしば戦争若しくは軍事力との関係で語られる強国の必要性により構成される。習の講話を見ても，「アヘン戦争後，中華民族は百年にわたる［外族］の侵入と内部の戦争を蒙り，中国人民は極大の災難と苦痛に遭遇した」[10]という歴史認識に基づき，「中華民族の偉大な復興の実現には，まず富国と強軍の統一を堅持

---

[9] 2012年11月29日の「復興之路」展覧参観時の講話とされる。前掲注6第1章第2番目。
[10] 2013年3月19日ＢＲＩＣｓの共同会見時での回答から。前掲注6第1章第6番目。［　］は論者が付したもの。

し，強固な国防と強大な軍隊を建設しなければならない」[11]とされるなど，「国家富強，民族振興，人民幸福」が正にその順序で実現される，という認識の下，「海洋強国」の実現など，まず目に見える国家の富強，とりわけ軍事力（防衛力）の強化が前面に出されている。

2　社会＝「公平・正義・法治」

　党と人民の一体性を前提とする「中国夢」の世界では，その中間に存在する社会についての言及はわずかである。なんとか行間を読もうとしても，国家・民族・人民が繰り返される「中国夢」世界の中に，社会への肯定的姿勢を見出すことは難しい。

　とはいえ，各講話を細かくみると，そこにはわずかながら，国家やそれと完全に一体の人民とは異なる成分，そして人民がヨコの関係で活動する空間・領域の存在を見出すことができる。例えば上記の「中国夢」演説では，法による統治を謳った段落とその次の段落に，「社会建設」と「社会の公平正義」，そして「経済社会」という言葉が出てくる（同演説全体を通じて，「社会」が出てくるのはこれだけである）。

　このような社会に対する姿勢には，人民との全面的一致が保たれる党と国家の下，その統制の緩む領域を可能な限り狭める（「経済社会」は認めても，「市民社会」や「政治社会」は認めない）という意識が垣間見られる。そこで貫かれるべき原理として「公平正義」が示され，それを実現する方法として「法による統治」が示されている点，社会にある程度の自律性が認められるようにも読めるが，「党の指導の堅持」との「有機的統一」，そして社会は国家が「建設」するという前提からすれば，「法」は要するに統治や建設の手段に過ぎず，統治や建設に対する権利保障または権利主張の武器，という意識は乏しい。

3　人民＝偉大な民族（の一員）

　「中国夢」は「突き詰めれば人民の夢である」とされ，それは人民により

---

11) 2012年12月広州戦区視察時の講話とされる。前掲注6第1章第4番目。

実現され，人民により享受される（党の指導は不可欠であるが）。しかし，各講話の内容から見ると，そこでの人民の意味には少し特殊なものがあるように思われる。

　上海辞書出版社の『現代漢語大詞典』で「人民」を引くと，それは「労働大衆を主とする社会の基本構成員」とされ，毛沢東の「人民だけが，世界の歴史を創造する動力である」（「聯合政府を論ず」）との言が例としてひかれている（「およそ人類を指す」ともされる）。ここにも明らかなように，原義としての人民は労働大衆などを広く意味するもので，国家や民族という要素は希薄である。

　これに対して，今次の「中国夢」で語られる「人民」は徹頭徹尾「中国各民族の人民」であり，その精神は「民族精神」で，その夢は「民族の夢」である。対比的に見るとより鮮明であるが，上述の習主席の「中国夢」演説には，マルクスもレーニンも登場せず，プロレタリアートも労働者階級という言葉もなく，共産主義すら一度も登場しない。これに対して，「中華民族」という言葉は幾度となく登場し，「愛国主義を核心とする民族精神」の「高揚」が叫ばれ，「偉大な祖国の偉大な時代」の「偉大な民族精神」が謳われるのである。

　もちろん，この演説は「中国夢」を語るものであり，それは正に「中華民族の偉大な復興」を内容・目的とするものなのだから，このような構成はその内容・目的に適合的なものではある。しかし，孔子批判に象徴される封建思想・因習の破壊を徹底的にくり返してきた「社会主義の道」でさえ「中華民族5000年の悠久の文明の伝承の中歩まれてきた」とされるなど，その強調はいささか度を越している。

　ことほど左様に，「中国夢」の世界からは，共産主義が掲げていた世界的に普遍たるべき要素がことごとく消失すると同時に，そもそも「封建」（中国の用語法）的礼の思想と統治・序列観念に由来する「中華民族」（またはその精神）が，「夢」の重要な担い手または媒体として重ねて強調されている。

第3節 「中国夢」の目的と効果

このような「中国夢」は，ではどのような目的・効果を持ち，どのような方法により実現されると考えられているのだろうか。ここでは「中国夢」のテキストに加え，その解釈として所謂主流メディアで強調された思想・言説，さらには「中国夢」の実現の過程で現れたいくつかの現象から，これらの分析を行ってみよう。

1 「信仰」と「真善美」

テキストでも散々強調されるように，「中国夢」が何よりもまず目指すものは，「党の指導」の下での「全国各民族人民の緊密な団結」である。そしてこのような団結を得るために，人民には強い信仰が求められる。正に「中国夢」演説が強調するように，「夢」の実現のためには，「全国各民族人民は必ず中国特色社会主義への理論への自信，路線への自信，制度への自信を強め，強固に，移ろうことなく，正確な中国の道に沿って勇敢に前進しなければならない」のであり，その「自信」は主流メディアにおいて信仰にまで高められているのである[12]。

このように強い信仰を求める「中国夢」は，必然的に，その価値において絶対でなければならない。それは，「真善美の高揚」[13]という習の言葉に代表されるように，「雷鋒精神」や「蕉裕禄精神」を励行する「主流メディア」の道徳キャンペーンといった積極面にも現れたが，むしろ目立ったのは「反腐敗」や「ネット環境浄化」「精神浄化」など消極面のキャンペーンにおいてであり，そこでは徹底的に「偽悪醜」が抉り出され，批判され，それに対する憎悪と訣別が求められる。

周知のように，2013年のＴＶやネットを席巻したのは，腐敗高官と「大Ｖ（有名ブロガー）」の逮捕・訴追であった。これら一見性格を異にする事件

---

[12] 例えば『人民日報』2014年2月12日1面「人民有信仰，国家才有力量」など。
[13] 2013年9月26日の第4期全国道徳模範との会見時の講話の内容から。前掲注6の四章（中国精神の高揚）18番目。

は，しかし主流メディアでの扱われ方においては奇妙に一致していた。即ち，その拘束理由・訴追内容に関わらず，彼らに大量の愛人がいることやしばしば買春を行っていたことなどが「事実」として大量に流されたのである。とりわけ有名ブロガーの薛蛮子に至っては，買春行為で拘束された上，中央電視台（CCTV）をはじめ全国のニュースで，買春のお相手が薛とのことの次第を詳しく語り，薛自身による「懺悔」が顔出しで報道されるなど[14]，その「尻の汚さ」[15]が徹底的に洗い出されている。

2　「敵」の摘出＝「普遍的価値」[16]

このように，団結の強調はその紐帯となる信仰を求め，その目的のため，「真善美」に反する者の「偽悪醜」を前面に押し出すことにより，「真善美」をいっそう際立たせる，という手段がとられる。当然，あぶり出された「偽悪醜」は徹底して批判され，その根源的駆除が求められるわけだが，この根源は，必ず外的なものでなければならない。蓋し，「中国夢」において「真善美」そのものである「中華民族」は「偽悪醜」を生み出すはずはなく，それを生み出す何か（＝「敵」）がほかにあるはずだからである。いうまでもなく，根源は明に暗に人民を惑わす「西側敵対勢力」であり，それが標榜するところの「自由」や「民主」，そして「司法の独立」など所謂「普遍的価値」もまた，「偽悪醜」の虚偽的手段として強く警戒されることになる。

このような思考法は，2013年に華々しく展開された「憲政」論争に顕著であった。同論争では，中国人民大学教授の楊暁青（政治学）によるイデオロギー色の濃い「反憲政」（≒反立憲主義）主張が出されるや[17]，それと趣旨

---

14) とりわけCCTVは，報道特別番組「新聞1＋1」（2013年8月29日放送）で20分以上にわたり，事件の経緯や薛の人物評，そして専門家の分析などを詳しく紹介した。
15) 北京大学の張千帆は，『人民日報』系『環球時報』編集長の胡錫進による「政府のあら捜しをする者は自分の『尻をきれいに』しなければならない」との記述を紹介している。張千帆「別譲抓薛蛮子成為公権濫用之標本」http://www.ftchinese.com/story/001052386/?print=y
16) 原語は「普世価値」。世界に普遍的な価値を意味する。
17) 楊暁青「憲政与人民民主制度之比較研究」（2013年5月21日「紅旗文稿」。http://theory.people.com.cn/n/2013/0522/c40531-21566974.html）。同論文は，①「憲政」は，ブ

を同じくする主張が『求是』や『党建』,そして『環球時報』や『人民日報』にくり返し出現し,それらが国内の主流メディアに次々に転載されていった[18]。その中で,批判の対象は「憲政」(立憲主義)そのものではなく,より上位の概念である「普遍的価値」,さらにその背後にある「西側敵対勢力」であることが鮮明になっていく[19]。

このような意識は,所謂9号文書により大学で教えることが禁じられたとされる対象の第1が「普遍的価値」(及びそれに関わる概念)であった,という点にも現れていた[20]。正に楊の「反憲政」論が主張するように,問題は「憲政」という言葉が「普遍的価値」を標榜する敵に利用され,思想の西洋化ひいては国家の分裂を招く,というところにあったのであり,「体」を護るためまず「名」を正すことが求められたのである。

周知のように,「普遍的価値」の否定は習時代のオリジナルではなく,胡錦濤体制下で既に旗幟鮮明にされたものである。とはいえ,2013年の突然

ルジョア階級がその支配を正当化し利益を追求するための「美辞麗句」に過ぎない②「憲政」派はブルジョア階級の先兵として所謂「普遍的価値」の浸透と蔓延を企んでいるが,③その目的は正に「社会主義」中国の転覆にある,として,「憲政」という危険な用語の使用を許してはならない,と主張する。なお,「憲政」をめぐる議論については但見亮「『憲政』と『依憲執政』──『中国夢』の『法治』を考える」『一橋大学』13巻2号(2014年7月)93頁以下を参照されたい。

18) Return of Ideological Attacks Threatens Reform in China, WSJ, May 23, 2013 は,楊論文が「党の報道メディアで広く閲覧が呼びかけられている」とする。

19) この姿勢が明確なのが,2013年10月16日にCCTVの「新聞聯播」など全国の主要ニュースで報道された秋石「鞏固党和人民団結奮闘的共同思想基礎」である。そこでは,「普遍的価値」や「憲政」を手段とした「国際反華勢力」による「中国の西洋化,分化」の企みを激しく糾弾しながら,「自由,民主,人権は人類が共同で追求する」「文明の成果」として肯定している。

20)「七不講」と称される同文書は,一部の学者のリークなどでその存在が確実視されるものの,その原文が確認されたわけではない。Seven subjects off limits for teaching, Chinese universities told, South China Morning Post, May 11, 2013, http://www.scmp.com/news/china/article/1234453/dont-teach-freedom-press-or-communist-party-mistakes-chinese-academics?page=all 参照。なおそこに「憲政」は含まれないが,「報道の自由」や「公民の権利」,さらに「司法の独立」など,「憲政」に直接連なる問題が「不講(論ずべからず)」とされている。

の「憲政戦役」において，主流メディアを通じてその毒性がより鮮明にされ，それに対する攻撃が一層激しくなり，その排除がより徹底されるようになったことに，「中国夢」とその思想の影響を見出すことは，決して牽強付会とは言えないだろう。

　前述のように，買春事件で衆目に晒された有名ブロガーの薛蛮子は，「ビジネスや訪問などで海外を訪れた際に，売買春という悪習に接してしまった」という「懺悔」をさせられている。この例が象徴的に示すように，「中国夢」の強調の下で，外敵の「偽悪醜」による精神汚染からの「浄化」が強く求められることとなっている。

3　「専制」と「寛容」

　以上のように，「中国夢」はその実現のため，敵の排除により民族の団結を強める，という方法をとる。それは往々にして，法的な制限を超えた強い力の行使を招くこととなっている。

　例えば，「新公民運動」の中心的存在であった許志永の罪状は，公園や広場で公務員の財産公開を求める横断幕を掲げたり，教育部など政府機関の門前で，大学入試における出稼ぎ労働者の子女に対する差別的取扱いの撤廃を求める抗議行動をした，というものである[21]。

　この事件には，許の主張の内容的当否，それが憲法上の権利行使であること，行為の態様・効果が「集合公共場所秩序かく乱罪」における各構成要件に該当するのか，さらに実質的に社会に危害を与えた（=「重大な損害を生ぜしめた」）と言えるのか，等々，様々な問題が含まれている。それにも増して，（中国においては）大して重くもない懲役4年（実刑）という事件において，被告人の最終陳述は許されず，判決当日には数千人に及ぶ警察官らが裁判所周辺に厳しい警備態勢を敷き，弁護士に取材しようとするメディアを

---

21) 判決文を見ると，教育部と北京市教育委員会前，そして公園や広場での集合・抗議行動及びその際に警備員や警察などの制止を聞かなかった点で行為の「情状が重大である」とされている。http://wqw2010.blogspot.jp/2014/01/blog-post_6958.html 掲載。その法的問題については但見・前掲注17・103-105頁に詳しく論じている。

暴力的に追い払い，取材を受けようとする弁護士を拘束して連れ去る，というやり方が，なんとも異様である[22]。

また前述の「大V」拘束でも，彼らのブログは素早く閉鎖され，（時に訴追事実とは無関係の）様々な「罪状」が事実のように語られ，囚人服のような姿での「懺悔」がテレビで繰り返し放送されていた。彼らはあくまで被疑者であり，刑事訴訟法上も有罪として扱ってはならないという規定があるにもかかわらず[23]。

このように，「中国夢」はその実現のため，これに背く者に対して容赦ないほどの力を行使するのだが，これに比して奇妙なのは，同時に国家により示される「寛容」である。

上記の許事件を見てみよう。そこでは，同様に事件の首謀者として，ほかにも多くの弁護士や企業家が拘束され訴追されているが，ある意味で中心的な首謀者と見られていた実業家の王功権は，許と共謀して犯罪を行ったことを認めた後に保釈されている。

もちろん，これは「正直に言えば寛大に，抵抗すれば厳しく」という従来からのやり方に沿うものと言える。また保釈の判断は総合的なものであり，それぞれの事件について個別的に判断される面もある。それどころか，保釈判断が従来より寛大に変化したとすれば，それ自体が社会の進歩と法治の尊重を示すもの，といえるかもしれない[24]。

しかし，判決前には有罪とされないと刑事訴訟法で明確に規定される以

---

[22]『朝日新聞』2014年1月27日7面「中国人権活動家に実刑　懲役4年　警官数千人が警戒」にその様子が紹介されている。

[23] これらの事件での共犯者の扱いにも法的に強い疑義が残る。というのは，刑法の「立功」規定（68条）により，共犯者には相手を貶めて自らの減刑を得るという強いインセンティヴがあるにも関わらず，その「自白」を事実として放送したり，他者の有罪認定のために用いたり，同一犯罪の共犯者を細かく分離して審理するなど，手続的正義という点からも，また真実追及という点からも首肯できない方法が用いられているからである。

[24]『環球時報』2014年1月23日社説「依法審理許志永案，反対立場先行」は，許と共謀して犯罪を行ったと認めた王が保釈されたことを引き合いに，これは「中国社会の今日の成熟度」と「柔軟性」を示すものであるとする。http://opinion.huanqiu.com/editorial/2014-01/4781693.html

上，保釈の可否を自白の有無により判断することは許されない。また，従来との比較はともかく，同一事件で拘束された弁護士など，財産も家族もあり，逃亡の恐れもなく，また訴追事実は明らかに軽微で，証拠隠滅の余地など全くない者たちの拘束が続く中，自白した者だけが早期に保釈されることは相当性を欠く。そして何よりも，この「お慈悲」には，仲間を売るかのような「踏み絵」，または自らの罪深さの「懺悔」が容赦なしに求められることになる。

このような意味で，それが「異端」への懲罰であれ，または「不信心な者」への「お慈悲」であれ，そこでの強大な力の行使はやはり徹底的に信仰に向けられたものであり，国家による法律の適用とは異なる様相を見せているのである。

4 「中国夢」と「共産夢」

ここまでの議論からも明らかなように，「中国夢」はその信仰により導かれるべき約束の地を示すものである。そしてその「教義」において，「中国特色社会主義」が約束の地に導く唯一の正しい道とされ，その正しさは，経済的成功に代表される「歴史的事実」により「証し」され，「神聖」なものとされる。

このような構造には，急速な社会主義化の根幹にあった理想，いわば「共産夢」との類似性を見出すことができる。「中国夢」が約束の地として示すのは「共同富裕」であるが，これは従前の「先富裕」や「小康」，そして階層間の「和諧」等に比して，圧倒的に「共産夢」に近い。また「普遍」を排して「中国特色」を純化するという姿勢は，「普遍」との距離感を探っていた鄧小平以降の各指導部に比して[25]，「共産夢」により親和的である。さら

---

25) 清水美和は，2007年の温家宝論文（『人民日報』掲載）が民主や人権を「人類共通の価値観」としたことに対し，江沢民の意を受けた「普遍的価値の実質は覇権主義」「その価値観により世界を改造しようとしている」という批判が「求是」により展開され，その立場が胡錦濤や呉邦国により踏襲されたことに，「鄧以来，党内に許されてきた『普遍的価値』実現を目指す政治改革への志向との断絶宣言」を見る。清水美和「劉暁波と中国政治体制改革」『環』2011年冬（44号），164頁以下。

に，中央の道義的・精神的純粋性を高め，その「徳」により権威的・恩賜的施策を強力に推し進める，という統治構造，そして何より毛沢東に倣った習の振る舞いには，「中国夢」の範型が「共産夢」であることがはっきりと示されている[26]。

とはいえ，「中国夢」はその精神と構造，そして手法の多くを「共産夢」に学びつつも，改革・開放下で進行した社会構造の変化と，それを受けた「人民（＝民族）」の精神性の変化に対応し，「普遍」の否定と「民族」の純化という点において，「共産夢」とは異なる方向を示すことになった。即ちそこでは，①約束の地が世界革命から「中国夢」へ，②そこに至る道が「人民公社共産主義」から「中国特色社会主義」へ，そして③その担い手がプロレタリアートから「中華民族」へと変わっているのである。

以上のように，「中国夢」はその精神と構造，そして手法の多くを「共産夢」に学びつつも，それが従来含んでいたはずの「普遍」とは徹底的に決別し，「中国特色」的な道を歩む信仰を純粋化することとなった。ではそのような「夢」は，中国をどこに導いていくのだろうか。最終節では，「中華民族」の信仰の対象たる「中国夢」のゆくえについて，若干の展望を試みたい[27]。

---

26) What to Make of Xi Jinping's Maoist Turn, Russell Leigh Moses, June 21, 2013, WSJ, http://blogs.wsj.com/chinarealtime/2013/06/21/what-to-make-of-xi-jinpings-maoist-turn/?mod=WSJASIA_article_outbrain&obref=obinsite が，毛の模倣というべき習のやり方について詳しく論じている。なお毛沢東の支配構造及び統治思想の多くに伝統中国の皇帝支配の影響が見られることからすれば，正にそれは「中華民族5000年の悠久の文明の伝承の中歩まれてきた」ということになる。それに関わるものとして，但見亮「陳情への法的視点——制度の沿革及び規定上の問題点」（毛里和子ら編『陳情——中国社会の底辺から』2012年，東方書店）114頁以下参照。
27) 以上のように「中国夢」に関する記述・言説には，①それが「中華民族」の歴史と伝統の継承または昇華と位置づけられること，②「奇跡」「霊魂」「信仰」など，「中国夢」における用語の宗教性，③人民に求められる精神性がしばしば「献身精神」そして「絶対忠誠」等と称されている，という特徴が見られる。もちろん，イデオロギー的言説には宗教的側面が伴いがちなものではあるが，むしろそれゆえに，当該イデオロギーに表れる宗教的色彩の内容とその程度を明らかにすることは，その「思想傾向」の特性と現状を明らかにするのに有用であると思われる。

第4節 「夢」のゆくえ

1 社会主義の偶像化

「中国夢」においても、「中国特色社会主義」はすべて神聖であり、それを否定することは政治上も法律上も許されない。しかし、生産手段の社会化という経済構造を基礎とし、それに基づいて（最終的には）法制度など上部構造を破壊するはずの社会主義が、いまや市場経済や法治にまで冠されているように、それは実質的な意味を失い、単に神聖を意味する称号に過ぎないものとなっている。

ここで、「中国夢」の構造をもう一度見てみよう。中国の富裕・強大を約束の地とする「中国夢」の世界では、「中国特色社会主義」が「夢」に至る唯一の正しい道として示されるが、その神聖性を根拠づける要素は、実は徹底的に「中国特色＝中華民族（性）」に集中している。

これを如実に示すのは、「預言者」としてのマルクスやレーニンの地位（または価値）の低下である。最初に紹介した中国文明ネットの論文リストでは、2011年から直近の2014年2月までの600本ほどの論文の中に、マルクス、エンゲルスまたはレーニンを題名（の一部）とする論文はわずかに1本しかない。そこにあるのは「延安精神」「西柏坡精神」などの中国的奇跡、そして「雷鋒精神」「焦裕禄精神」などの中国的聖人の話ばかりで、まさに中国特色的神話に満ち溢れているのである[28]。

ことほど左様に「中国夢」は「中国特色」の神聖性を強調するのだが、それは理論的に、社会主義が神聖である必要性を決定的に失わせることになる。蓋し、「中国夢」の論理によれば、「中国特色社会主義」はその中国特色により神聖とされるのであり、社会主義は夢を実現するために選択された「道」でしかないからである。

---

[28]『光明日報』「中国夢一刻也没有脱離馬克思主義」は、「中国夢は世界共通の夢」であり、「一刻たりともマルクス主義から離れるものではない」とするが、同記事が「中国夢にはマルクス主義の科学的基礎が欠けている」という「一部の者にある誤解」を否定することを目的とするという事実は、むしろ逆に、このような疑念に広がりがあることを示している。http://www.wenming.cn/11_pd/zz/201311/t20131120_1589491.shtml

このように，「中国夢」への道に過ぎない社会主義は，「中国特色」に適合的である限りで有用となり[29]，いわば「中国特色」という神聖性を化体した中身のない「偶像」となっている。それは，現状と社会主義（理論）との乖離，という統治の正統性に関わる核心的問題を，目的のために選択された道の歩き方，という周辺的問題にダウン・グレードし，結果として「中国特色」との適合性により現状を正当化することを可能としている。

　もちろん，共産党が正式に社会主義の理想を放棄するわけもないし，そう言うことができるとも思えない（誰も王様は裸であるとは言えない！）。また，その重点が移ったとはいえ，正統性の根拠はあくまでも「（中国特色）社会主義」であり，今のところこれを手離すメリットもない。そういう訳で，社会主義が既に神聖性を失った抜け殻だとしても，手っ取り早く神聖性を調達できるありがたい偶像として，従来通り崇め奉られていくのである。

2　アンビバレンスと中庸

　このように「中国夢」が再三強調され，それへの信仰が強く求められる中，不思議なのは，アンビバレンスともいうべき習の発言ないし姿勢である。

　そもそも，「憲政夢」は「中国夢」か，という議論が華々しく展開したのは，2012年12月4日の憲法公布・施行30年記念大会での演説で，習が「憲法の生命と権威はその実施にある」と強調したことが一因となっていた。また，総書記就任早々に鄧小平の足跡を追うかのような視察旅行をしたと思えば，毛時代を彷彿させる「自己批判」運動を大々的に推進し，あまつさえ，「中国特色社会主義民主により西側資本主義民主を否定してはならないし，西側資本主義民主により中国特色社会主義民主を批判してはならない」と強調したとされるなど[30]，その政治姿勢はなんともアンビバレントであ

---

29) 上記ＢＲＩＣｓ会見でも，「中国人民が自ら選択した道路，そして中国の国情に適した道路を進んで初めて，その道が開け，それをよく歩むことができるのである」との発言が見られる。
30) 2013年1月の十八大精神学習会での発言とされる。Qian Gang, The uncertain death of "constitutionalism", http://cmp.hku.hk/2013/09/02/33644/ 参照。

る[31]。

　このようなアンビバレンスは，党中央などから出される正式の文書にも表れている。前述の「社会主義核心価値観」について，2013年12月23日に党中央弁公室から出された文書では，「愛国」や「富強」とならび，「自由」や「民主」が「核心価値」として再確認され，徹底して批判されたはずの「普遍的価値」に適合的ともみえるものが，「人類文明の優秀な成果」として「受け継がれる」とされている[32]。

　この一見不可思議なアンビバレンスであるが，それは党が信仰を司さどる者であるとともに国家を指導する者でもある，ということを考えれば，ある意味当然ともいえる。国家は現実の事象に現実的に対処しなければならず，妥協的または理不尽であれそれを解決しなければならない。それは信仰や夢によっては解決されず，また往々にして，それが効果的な方法であれば，信仰や夢と矛盾する方法でもかまわないということになる。

　考えてみると，「中国特色」自体が，そもそも現実に基づいて（従来の）社会主義という理想または信仰と異なるやり方を選ぶことを正当化する思想である。その意味では，このような信仰と国家との弁証的昇華は「中国特色」のお家芸，ということすらできるだろう[33]。

　かくして，「中国夢」の世界では，信仰の名の下に「中国特色」を高らかに掲げ「普遍的価値」を徹底的に批判しながら，必要に応じて「普遍的価値」を取り入れつつ，「中国特色」をフェード・アウトさせることになる。

---

31) Return of Ideological Attacks Threatens Reform in China, The Wall Street Journal, May 23, 2013 は，（議論ある二つの理念のうち）「どちらか一つを支持するようなイデオロギー的発言を引き出されない」ようにしている習の「注意深さ」を指摘する。http://blogs.wsj.com/chinarealtime/2013/05/23/return-of-ideological-attacks-threaten-reform-in-china/
32) 中共中央弁公庁「社会主義核心価値観の培養と実践に関する意見」。但し，これらはあくまで「社会主義」の「核心価値」であり，「人類文明の優秀な成果」も「中華の優秀な伝統文化」に「受け継がれる」ことになる。
33) 習は上記ＢＲＩＣｓ記者会見の際にも，「中国特色社会主義もまた形勢と条件に応じて変化しなければならない」「我々は喜んで人類の一切の文明成果を参考にする」と述べている。

それは結局,「共産夢」の行き詰まりを打開するために打ち出された「中国特色」が,いつか「共産夢」と同じ道をたどることを暗示しているようにも思われる。

3 「信仰」の険しい道

　このように,「中国夢」は「中国特色」の道を堅持することを強調しつつ,時にその色彩を薄めていくという方向も示している。しかし,それは固より簡単な道でないだけでなく,ほかならぬ「中国夢」の提唱自体が,その道を一層険しいものとしている。

　「中国夢」は,それ自身の純粋性を高めるため,それへの信仰を過度に強調し,強権的排除をくり返すこととなった。そこでは,一方でファナティックな原理主義者によるイデオロギー色の濃い主張が氾濫するとともに,「憲政」主張者の声は抑えつけられ,ついにはその発言を封じられるまでになっている[34]。

　この状況については,当面の「精神浄化」または「信仰強化」という目的のため便宜的に行われたに過ぎないと考えることもできよう。しかし,そこに出現した奇妙な論法や狂信的な発言及び行動は人々のアパシーを加速的に進行させ,本来「篤い信仰」を持っていた人々にすら疑念を生じさせるに至っている[35]。

　さらに,憲法のよりよい実施を求めるという穏健な改革運動であった「新

---

[34] 例えば「法治三長老」とも称せられる郭道暉による「当前反憲政思潮評析」http://www.aisixiang.com/data/64752.html は,「反憲政」派の事実誤認・理論的誤謬を批判し,それは「資本主義批判」の皮を被った「帝政維持派」で,その意図は「中国の特権資産階級と官僚特権階級の利益を維持する」ところにある,とする。また北京大学の張千帆ら改革派のブログが突然「封殺」されたことについては,「一周網事焦点：張千帆被全面封殺」http://www.rfa.org/mandarin/yataibaodao/meiti/aw-11192013142439.html 参照。

[35] ＣＣＴＶのプロデューサー王青雷は,「さらば中央電視台 ―― こんな時代にわずかな『本当の話』を残す」と題する文章で,上記薛事件での「報道倫理と職業精神の喪失」を激しく批判し,「職業的報道人」は「抑圧的環境の中で捻じ曲げられ」ており,「われわれ自身すら自らの報道を信じられず」「理念と信仰を堅持すればむしろ粛清される体制」である,として辞職している。https://freeweibo.com/weibo/3650848619512845 参照。

公民運動」ですら,「中国夢」の下で,徹底した排除の対象とされることになった。これは所謂体制内改革の限界をあからさまに示すとともに,「憲政」の発言「封殺」と相まって,「中国夢」の暴走へのブレーキを失わせ,一層激しい思想的・政治的対立を招く恐れがある。

　ではなぜ,このように問題の多い信仰の植え付けと強化が追求されなければならないのだろうか。そこには,「中国夢」でしばしば強調される「自信」が,実は非常に覚束ないものであることが垣間見られる[36]。

　そもそも「中国夢」により権力（及びその施策）が正当化されるのは,それが富裕という結果をもたらすためであり,富裕をもたらさない「中国夢」はその正しさを失うことになる[37]。さらに,「中国夢」では「真善美」が権力の正統性の「証し」となり,権力は常に「真善美」でなければならない。要するに,持続的経済発展を維持することへの自信のなさ,そして自らの「真善美」に対する自信のなさこそが,「夢」への信仰を絶叫し,それを疑うことを徹底して禁じることの理由である[38]。

　それどころか,中国の経済的行き詰まりを予想し,最高指導者（層）の財産問題を報じ,「新公民運動」への迫害を批判する海外メディアや国内の一部ブロガーなどを徹底的に排除する姿勢を見ると[39],「夢」で覆い隠した現実

---

36) 人権派弁護士として知られる浦志強は,許事件など「新公民運動」に係る事件をめぐる数々の「専制」の原因を,根本的に権力側の自信のなさにある,と見る（2014年2月14日に本人から直接伺ったもの）。そもそも,激しく「憲政」を批判し,「中国特色」の正義を主張する論評が,しばしば「秋石」（＝「求是」と同じ発音）や「鄭志学」（＝同「政治学」）など,素性の分からないダジャレのような匿名で行われていることにも,発言する側の自信のなさが現れている。

37) 但し,「中国夢」は「社会主義」の「神聖性」を薄めたことにより,「（中国特色的でない）社会主義の道」が間違っていた,としてそれに責任を負わせることが可能となっている。

38) 『人民日報』は「中国経済の衰退を唱えることは改革の否定である」と題した記事で,否定的な声を上げてはならないと強調している。http://opinion.people.com.cn/n/2013/0623/c1003-21939751.html

39) このような状況については,国境なき記者団による NEW YEAR'S RESOLUTION: CHINA BLOCKS THE GUARDIAN NEWSPAPER'S WEBSITE, http://en.rsf.org/chine-new-year-s-resolution-china-blocks-08-01-2014,45711.html が詳しい。

（が露呈すること）への強い恐怖すら感じられる[40]。そして皮肉なことに，これらの報道とそれを封鎖しようとする努力はいずれも広く人民の知るところとなり，それが一層「中国夢」へのアパシーを高め，結果としてさらなる信仰強化と暴力的排除をもたらす，という悪循環に陥っている。

「中国夢」は理想の地へのDreamなのか，それとも恐怖の中のNightmareなのか，はたまたそれを見ている者以外誰も関心のないDaydreamなのか。その答えは，既に出ているのかもしれない。

おわりに

「中国夢」の世界では，「中国特色」の神聖性が否応なしに高まっており，それを否定することは「天罰」に値するかのような言説が闊歩している。このような状況の中では，指導者にはもはや，この「夢」への信仰を高め，本当に「中国夢」を実現する（と思わせる）道しか残されていないようにも思われる。

ただ逆に見れば，これは習近平が（党を代表して）きっぱりと，都合のいい逃げ場所を放棄した，ともいえる。さらに，たとえ「中国夢」に至らずとも，その信仰の植えつけと強化に成功すれば，それは西側の所謂「普遍的」な「自由」や「民主」なしで，人々の服従と秩序の安定を得る理想的なやり方として，「普遍的」方法に対する有用な代替案を提示することになる。と同時に，それは中国自身にとっても，抑圧と強制の減少・緩和をもたらすこととなり，それが一層「中国夢」の魅力を高め，ついには「中国夢」こそが「普遍的」と称される日が来る，かもしれない。

とはいえ，現実的に見て，信仰の植え付けは至難の業である。「権力」と「銭力」の癒着は根深くはびこり，「民草」は容赦なく刈り取られる中で，素

---

[40] 許はその最終陳述において，権力者に「正に来たらんとする自由社会への恐怖」を見出し，そのようなものを捨てて「自由・公義・愛」につくことを求めている（陳述は遮られたが）。Xu Zhiyong, For Freedom, Justice and Love – My Closing Statement to the Court, http://chinachange.org/2014/01/23/for-freedom-justice-and-love-my-closing-statement-to-the-court/

直な信仰が育つ土壌はまるでない。その土地の上でくり返し語られる高貴な「神話」や「奇跡」も，それを語る指導者たちの信仰が疑わしく，あまつさえ他ならぬ指導者たちが我先にと「浄財」を持って「異教徒」の下に逃げ出す現状にあっては，彼らの言葉が人民の心に響くはずもなく，むしろ嘲笑・揶揄ばかりが蔓延している。それどころか，現実の大気汚染や水質汚染が厳しさを増す中，精神世界の「浄化」の話はむしろ憎悪の対象とさえなっている[41]。そして何よりも，一体的な「夢」の担い手として観念される「中華民族」自身が，現実にはその「夢」を拒否する「異端」をその内に抱え，しばしば出現する「同床異夢」にうなされているのである。

　皮肉なことに，この苦しい状況において，最大の救いは「異教徒」により差し伸べられている。少なからぬ人々は「中国夢」に疑念を感じつつも，「異教徒」による「神聖性の冒涜」，ひいては「神聖な領土」の簒奪の危機（を強調する報道）を目の当たりにして，「民族」を守るための「強国夢」に真実味を感じている。それは「中国夢」の富裕という約束が疑わしくなったとき，人々を強国という必要の下に団結させるため，「異教徒」に「終末の戦い」を挑むしかない，という恐ろしいシナリオすら浮かび上がらせてくるのである。

　対岸の大国が信仰の強化という道を選ぶとき，それにやはり信仰の強化を以て対するべきなのか。それとも，信仰をふりかざす対立を回避し，共生を目指す現実的な作業を地道に行っていくべきなのか。これは彼らの問題であると同時に，我々自身にも重大な選択を突きつけている。

41）ＣＣＴＶ 2014 年 2 月 20 日放送の「海峡両岸」では，人民解放軍少将の張召（国防大学教授）が「ＰＭ 2.5 が 400，500 さらに 600 までいけば，アメリカのレーザー攻撃を阻止するのに最適だ」と発言し，ネット上で揶揄や嘲笑を招いている。
（ネットからの引用は全て 2014 年 2 月 14 日に最終確認したもの。）

第2章 「案例指導」の現状と機能
―― 中国的司法の「権威」と「信頼」

はじめに

　中国において，裁判事例研究が活発になってきたのは比較的最近のことといえる。これは，たとえば2000年になってはじめて最高人民法院[1]が「今年から選択的に社会に向けて裁判文書を公開する」とする文書[2]を公布したという事実などから明らかなように，そもそも研究対象としてのテキストの入手が困難であった，ということが原因にあるといえようが，それ以外にも，党と政府に「権力と銭力」を握られた法院が，地方保護主義の影響の下，各地でばらばらな，時に明らかに不当・違法な裁判を繰り返していた，という事実（または認識）により，社会全体に司法への不信が根強く，法の解釈・適用の参考として裁判事例を検討することにも少なからぬ懐疑が存在していた[3]，ということも大きな原因であっただろう。

　このような経緯はあったものの，昨今最高人民法院をはじめとする実務の側から「案例指導」の整備と制度化が強く叫ばれており，各地の高級法院以

---

1) 本文では，中央・地方の国家機関の呼称について原語に依拠することとし，あわせてそれぞれ略称を用いて，裁判所を「法院」，議会を「人民代表大会（略して人大）」，そして地方の行政機関を「政府」とした。また，中国共産党はこれを「党」と略して記載することがある。なお，法規の名称などとの関係から，最高法院のみ必ず「最高人民法院」と記述することとした。「案例」については，原義に従い，先例一般を指すことも，一つ一つの事例を指すことも，また個別の制度名称を指すこともあるので注意されたい。なお，原語の表現を直接用いる場合やそれを強調した訳出については「　」をつけて示している。

2)「最高人民法院裁判文書公布管理弁法」(2000年) 冒頭部分。

3) 王光輝「一個案件，八份判決：従一個案件看行政訴訟与民事訴訟的交叉与協調」『中外法学』1998年2期113頁では，一つの事案について，各地の法院で同地の主体の利益を擁護するために幾つもの相矛盾する判決が出される混乱ぶりが紹介される。

下各級法院ではすでに数年にわたる試行が重ねられ，最高人民法院では「案例指導制度」の内容と手続を規定する文書の起草が進められている。同時に，このような状況に触発され，学界側からも多くの議論が提起されるなど，実務・理論の双方において，「中国特色的案例指導制度」が強い注目を浴びているのである。

このような状況に鑑みて，論者は中国の「案例指導」の経緯と試行状況および問題点を明らかにし，制度化についての検討を行うことにより，裁判事例研究の意義とその可能性を展望する一資料を提供することを試みた。もちろん，裁判事例研究の意義については様々な考えがありえようし，「案例指導」の制度化とその内容が裁判事例研究の可能性に直結するとは限らないが，願わくば本考察が，研究対象となる「案例」の位置づけとそれを取り巻く制度状況の考察の一助となればと考える。

第1節　「案例指導」の形成

1　最高人民法院による「案例」の内部発布

中国の制度に関する論文では，往々にしてそのルーツを歴史のはるか彼方に求めるやり方が見られる。「案例指導制度」もその例にもれず，それが舶来品の模倣または移植ではないことを論証する目的などから，条文規定がない場合は判例により断ずることができるという制度が殷（商）の時代から既に行われていたとして，その歴史的経緯を詳しく紹介する記述も見られるが[4]，現在中国で形成され模索されている「案例指導」は，そのような指摘がいうところの伝統的制度とは質的に異なるものというべきであろう。

その証左というべき点は，改革・開放後の「案例指導制度」の端緒とされる，1988年の最高人民法院活動報告に現れた「範例（モデルケース）」の特

---

4) 最高人民法院の周道鸞の指摘。「中国案例制度的歴史発展」『法律適用』2004年5期2頁以下。この点，マックス・ウェーバーは，伝統中国において「信頼できる先例にのっとって裁判手続をとる」という「"類例"を使用する慣例」があったとしながらも，「公式の判決例集成は」「伝統主義にも拘らず欠如していた」とする。マックス・ウェーバー『儒教と道教』（森岡弘通訳）（筑摩書房，1970年）138頁。

徴に求めることができる。

　同報告では，下級法院に対する裁判活動の監督措置として，「5年にわたり，最高人民法院は正式に293の事例を発布し，主に重大・複雑な刑事事件における量刑基準の統一，新しく出現した刑事事件の認定・量刑についてのモデルケースの提供，改革・開放で新しく出現した民事・経済事件についてのモデルケースの提供を行った」としている。この報告に現れた事例による下級法院の指導・監督については，①裁判所系統にのみ発布された内部文書，②刑事が多く，民事が少ない，③必要に応じて随時出された，④形式性・規範性が低く，内容のレベルも高いとはいえない，といった特徴が指摘されている[5]。

　このように，このモデルケースは，一定の先例裁判制度の構築・模索というより，治安問題を中心とした社会変化への対応を目的とするものであり，またその形式は，具体的事例処理についての裁判所系統内での指示・指導，というべきもので，先行して蓄積された「類例を使用する慣例」では全くない。さらに，その内容についても，既存の条文規定の繰り返しと法規の適用の肯定・奨励というものが目立つ。これらの点から考えれば，少なくともこのモデルケースの淵源を伝統中国の判例（的）制度に求めることは牽強付会の感が否めず，殊更に歴史・伝統を強調する記述は説得力に乏しいと言わざるを得ない。

2　「最高人民法院公報」による「案例」の定期的公布

　中国で「案例」が外部に定期的に公布されるようになったのは，1985年の「最高人民法院公報」（以下「公報」とする）からである。「公報」では，各級法院が審理した事件から「重要な参考およびモデルとしての作用を有する」ものを選び出し，これをモデルケースとして紹介することにより，「各級人民法院が関連の事件を審理する際の指導」とすることが企図されたのであり，この「公報」の「案例」掲載により，「中国の案例制度はかなり規律

---

[5] この特徴については周道鸞・前掲注4・5頁から抜粋。

だった軌道へと進んでいった」とされている[6]。

　この「公報」上での「案例」の掲載については，大きく 1997 年末までとそれ以降とが区別されている。これは，97 年以前の「案例」の掲載は，下級法院から推薦されたかまたは最高人民法院裁判委員会の選出した既済事件が，副院長の審査・同意を得たうえで同院の裁判委員会に付され，そこでの審議・討論を経たうえで掲載される，という手順であったのに対し，98 年からは同様の既済事件について最高人民法院の各法廷に意見を求め，その同意を得たうえで同院の副院長の審査・同意を経て掲載される，という手順に変わったためであるとされる[7]。

　「案例」の選出条件については，審級の高低は問わず，すべての既済事件を対象に，事件の典型性，新規・重大性，社会的影響，そして解決困難性などを考慮して選出されるものとされている[8]。これは逆にいえば，「公報」への「案例」掲載の背景に，各裁判所での典型的事件処理基準の不確定，社会の変化に伴う新種・重大事件の頻発，治安・秩序の動揺と社会の混乱，そして司法の処理能力の低さといった問題（またはその意識）があったことを如実に示すものといえる。

　「案例」の構成については，時期により若干の違いがあるものの，大きく分けて，事件名，判決要旨，当事者等，請求要旨，原告・被告の主張および主な証拠，認定事実，一審の認定と結論，二審での当事者の主張，そして裁判所の認定と結論（主文）となっている。そしてその目的・意義については，「各級人民法院が関連事件処理を指導する上での重要な参考およびモデルの役割」[9]とされている。2008 年末までに 600 件程度の「案例」が掲載されており，最近の「公報」では，民事・刑事・行政などの領域を問わず，毎

---

6) 引用部分は周道鸞・前掲注 4・5 頁。
7) 「案例」掲載における裁判委員会の役割についてはこの他にも，ごく初期の「案例」については裁判委員会がそれに見解・評価を付していた，ということが指摘される。周道鸞・前掲注 4・6 頁。
8) 蒋恵嶺「建立案例指導制度的幾個具体問題」『法律適用』2004 年 5 期 10 頁以下参照。蒋氏の所属は最高人民法院。
9) 周道鸞・前掲注 4・5 頁。

月3件程度の事件が「案例」として掲載されるのが常となっている。

　この「公報」による「案例」の公布は，「公報」が季刊から毎月刊となり，その掲載内容も次第に詳細になっていったことからも明らかなように，その重要度及びニーズは次第に高まり，最も権威ある指導として位置づけられている[10]。

3　「案例指導」書の出版とその広がり

　このような「公報」による「案例」掲載以降，最高人民法院の各法廷や研究室などにより，「公報」以外にも「案例」を冠した各種の出版物が出されている。

　このようなものとしては，まず最高人民法院応用法学研究所による「人民法院案例選」があげられる。これは，1992年から人民法院出版社により出されているもので，「全国各級人民法院の強力な支持と共同の参与の下で…人民法院の裁判活動を指導する重要な形式」[11]であるとされている。

　この「人民法院案例選」については，その内容や構成，そして編集組織や手続などが最高人民法院の文書により詳細に規定されており[12]，一般の出版物とは異なる公的な位置づけが見出される。この規定にもあるように，同書の「案例」は，すべての高級法院および大規模市の中級法院の通信編集担当者が推薦・提出した裁判事例について，最高人民法院応用法学研究所が審査・選出したものであり，推薦前と選出後に，「案例」として相応しいものとするための修正・編集がなされる。その内容については「法律の適用の問題について指導的意義のある事例」といった条件がみられる。同書は教科書サイズで毎年4冊出版され，一冊に50～80件の事例が掲載されており，2006年時点ですでに累計で3000を超える事例が掲載されたとされている。

---

10) 後述のように，この後に出された各種「案例」書・刊行物と「公報」とを，同様の位置づけにおくものと区別する立場とがみられているが，後者が多数であるように思われる。
11)『人民法院案例選』冒頭部分の説明。
12)「最高人民法院弁公庁の『人民法院案例選』編集活動の強化に関する通知」(2005年)。

次に，国家法官学院と人民大学の選による「中国審判要覧」がある。これは1991年から出版されているもので，刑事，民事，商事そして行政それぞれが別の巻となっており，大型の事典サイズ400～800ページ，毎年各1巻にそれぞれ50～100件程度の裁判例が掲載されている。人民大学との共同編集ではあるが，編集委員会の主任は最高人民法院の院長が担当しており，編集委員にも最高人民法院の各責任者が名を連ねている。その編集方針については，従来「中国の司法活動者…に価値ある参考資料を提供する」(1992年の序) こととされていたが，その後「裁判の実践を指導する」(2004年の序) ことが明確に書き加えられている。

このほかにも，最高人民法院の民事・刑事・行政各法廷の編による「審判参考」など，「案例指導」を目的とする書物が最高人民法院によっていくつか出されているが，これらと「公報」との最大の違いは，主に「案例」についての評釈の有無にあるということができる。「公報」を除いて，近時の「案例指導」を目的に掲げる書物では，一般に事実や判決の概要の後ろに，評者による評釈がみられる。この点について，「要覧」の序 (2004年) では，「法律適用の理由と法学理論に及ぶ観点についての読者の理解を容易にするため，編者により解説を記すとともに，裁判の足りない点について評価を行う」ものとされている[13]。

なお，「ほぼすべての高級人民法院はみな同地区の典型案例を編纂・印刷し，少なからぬ中級，基層人民法院もまた典型としての意義のある案例を編集して学習・参考の用に供している」[14] とされるように，「案例指導」書の編集・発行は最高人民法院にとどまらず，下級法院においても広く行われ，それはすでに氾濫・遍在の観を呈するものとなっているが，この点については後述したい。

---

13) 但し，各書物の内容は時期により大きく変化しており，一定ではない。
14) 『人民法院案例選』2006年3期序2頁。なお，同記述は潘徳咏 (最高人民法院副院長) によるもの。

4 「案例指導」の制度化への模索

このように,「案例指導」は,「公報」への「案例」掲載から,「案例」の名を冠した公刊物・書物の出現と拡大という様相を見せているのだが,このような発展は,最高人民法院の「案例指導制度」への姿勢とインタラクティヴな関係にある。そして,その姿勢を知るためのバロメーターとなっているのが,全国の法院・法官の活動・行動指針として,最高人民法院により1999年以降3回にわたって公布されている「人民法院5年改革綱要」である[15]。

その内容をみると,まず1999年の「5年改革綱要」では,「典型案例を公布し,下級法院の類似案件処理の参考とする」(14項)と規定されていたのに対し,2004年の「第2の5年改革綱要(以下『第2改革綱要』とする)」では,「案例指導制度を打ち立て,改善し,指導的案例の各方面での役割,すなわち法律適用基準の統一,下級法院の裁判活動の指導,法学理論の充実と発展といった役割を重視する」として,明確に「案例指導制度」の樹立が目的として示され,さらに,「最高人民法院は案例指導制度に関する規範的文書を制定し,指導的案例の編集・選出基準や選出手続,公布方法,指導規則などを制定する」(いずれも13項)と規定されており,制度樹立の根拠や手順についても規定が及んでいる。

このように,最高人民法院は公的文書において「案例」の重視とその制度化を明確に打ち出しており,これが「案例指導」書の拡大と活発化を招いたのである。すなわち,最高人民法院の様々な部門・機関による「案例指導」書の氾濫は,「案例指導」の制度化に向けての基礎作り,または制度定立後のためのトレーニングという側面を持っている。また制度化の準備という点では,中国の多くの新制度同様,「案例指導」についても,まず制度化の実験・試行が広く行われ,「参考」「指導」を冠する書物・刊行物が出され,

---

15) 1999年,2004年,そして2009年に出されている。以下ではそれぞれを「5年改革綱要」「第2改革綱要」「第3改革綱要」と記述する。なお,これらはいずれも法律の条文の形式をとっておらず,内容中に明確な条・項・号の別は見出されない。但し,これらについて各部分を「項」等と記載する記述がいくつか見られたので,ここではその用法に従った。

「案例指導」についての規定が定められることとなっている。

　このような「案例指導」制度化の試行は，「第2改革綱要」より早く，既に2002年の段階で始まっていたとされており，河南省の省都である鄭州市の中原区法院が導入した「先例判決制度」[16]がその最初のものと言われている。中国の刑事訴訟法の大家である陳衛東は，同制度について，「爾後の同種事件の処理に一定の拘束力を有し，その他の合議廷または独任裁判官は同種事件の処理においてこれを参照しなければならない」，という裁判所側の説明を紹介している[17]。

　同法院は基層法院であり，裁判所階層では末端に位置する。このような法院がまず選ばれたのは，制度を試験的に行う上で小規模であることが望ましかったということもあろうが，直轄市と省都など（一部）大都市の基層法院は人員のレベルも高く，事件の量・質の幅も広いことが要因であったものと思われる。

　これに対し，大都市の中級法院や省レベルの高級法院にも「案例指導制度」が導入されている。これらは，高級法院に限ってみても，「20以上の高級人民法院（注；全部で31）で文書を公布して案例指導を運用している」[18]と指摘されており，比較的早くに導入されたものとしては，天津市高級法院（直轄市であり省レベル）の「判例指導」（2002年），江蘇省高級法院の「典型案例指導」（2003年），そして四川省高級法院の「典型案例」（2004年）などが挙げられる。

　これら各制度は，いずれも当該裁判所による「意見」「規定」「制度」等と称する規範的文書を根拠とするものとなっており，それらの文書に，「案例」（等）公布の目的，性質および役割，「案例」選出の基準・条件・範囲，「案例」の構造，そして掲載媒体や方法及び賞罰などについて規定されている。

16）このように，当初「案例指導制度」は通用の名称ではなく，各地の法院でそれぞれ異なる名称がとられていた。現在名称の統一が叫ばれており，鄭州市中原区法院の制度についても，既に「典型案例指導制度」と改められている。
17）陳衛東　李訓虎「先例判決・判例制度・司法改革」『法律適用』2003年1-2期20頁。
18）楊力「中国案例指導運作研究」『法律科学』2008年6期40頁。

それを見ると、名称は様々であるものの、掲載媒体は法院の刊行物及びHP、掲載目的は管轄法院の指導・参考とされ、記載案例の形式は一般に①表題、②判決要旨、③事件の概要、④判決、⑤評釈、となっている。

なお、これらの「案例指導制度」は、それぞれ管轄地区内の裁判所系統の指導を目的とするものであるため、「案例」候補事件の収集方法・範囲及び指導対象などは、基層法院と中級、高級法院では大きく異なることとなる。

第2節 「案例指導」の現状と理論

以上のように、「案例指導」は典型的・指導的「案例」の掲載された書物の出版という段階から、既に規範的文書により制度化された各地・各級の法院での試行、という段階に入っているのだが、試行の深化につれて様々な状況が出現し、これに対応して理論的な主張も展開されている。そこで、以下ではこれらの現状及び理論の検討を通じて、「案例指導」の様相を明らかにしたい。

1 「案例」と「判例」

上述のように、現在各地で行われている制度には、「先例判決」「判例指導」「参閲案例」「典型案例指導」など様々な名称が冠されている。この点、中央集権を強調する国家で、規範的文書に基づいて同様の制度が全国的に試行される際、なぜその名称が統一されなかったのかは、とりわけ司法に関する中央と地方との関係を考える上で興味深いともいえるが、試行という性質上まず余計な前提を与えず、自由な試行の中でその功も罪も確かめることを優先したとするならば、これは賢明なやり方ということもできよう。

但し、やはり行き過ぎを許すというものではないようである。上述のように、本制度の発端となった鄭州市中原区法院の「先例判決制度」という名称は、「容易に分岐を招く」ものとして、「典型案例指導制度」という一般的な名称に改められている。

いずれにせよ、これらの名称の問題において論争の焦点となっているのは、「判例」と「案例」の違いである。中国においても、以前から「判例」

という名称は用いられており，とりわけ「案例指導」を行う以前には，裁判の先例拘束に係る外国の制度または一般的な呼称として，「判例」を用いる記述も多くみられた[19]。

　これに対して，中国の「案例指導」に関する論文・記述をみると，その多くが，制度の名称としては「判例」ではなく「案例」とすることが望ましい，としている。その理由としては，①「判例」とすると，英米法，特に英国における判例法との混同が生じる，②「判例」の概念には政治的要素が含まれ，社会主義・民主集中制をとる我が国の国情にはなじまない，③教育・伝播という点から考えれば，専門的・外来的色彩の濃い「判例」という用語よりも，一般的・日常的色彩の濃い「案例」という用語が望ましい，といったものが挙げられている。

　このように，学説の大勢は「判例」との呼称を排する点で一致しているようであるが，これは何より「判例法」に伴う裁判官による「法官造法，法的発現」（法創造，法発見）といった側面を問題とするものであり，そのロジックは①と②を包摂するものと言える。すなわち，「判例」との呼称による「判例法」との混同→「法官造法」の容認→司法権による立法権の侵食→民主集中制への違背，という論理である[20]。

　このようなことから，各地の制度の名称も「案例」を冠するものが多くみられ，一般的な制度名称も「案例指導制度」，個別の裁判事例も「指導性案例」と称されることとなっている。もちろん，敢えて「判例指導」という名称を冠する天津市高級人民法院の例があるように，名称は一致をみているとは言えないが，いずれにしても，所謂「判例」とは異なるものである，とい

---

19) 最高人民法院の蒋恵嶺は，「我が国がこれから設立する制度を『判例』と称することは何ら原則的問題はない」が，「不必要なパニックを引き起こすことを避ける」ため，「判例」という言葉が避けられた，と指摘する。蒋恵嶺・前掲注 8・10 頁。
20) この点の意識は強く，たとえば北京市高級人民法院課題組『関於完善案例指導制度的調研報告』93 頁では，『案例指導』が「現行法を超えるものではなく，立法形式上『法官造法』ではないことが，英米法系国家の判例制度とのもっとも重要な区別である」とされている。http://www.chinacourt.org/public/detail.php?id=288559（HP はいずれも 2009 年 4 月 16 日確認）

う認識は一致している。つまり，その名称にかかわらず，外国の「判例」制度とは異なる中国特色的な制度が案例指導制度なのだ，とされているのであるが，それは「案例」について限定的で識別可能な基準をもたらすわけはなく，またぞろ現実に行われているものがとりあえず案例指導制度である，という結論を招くことになる。

2 抽象化と原文性

　上述のように中国の「案例指導」は，まず最高人民法院の「公報」への掲載から始まり，刊行物等への掲載の広がりを経て，地方各級の法院での試行へと至っている。この経緯において，一貫して見られる特徴は，一般的ルールの抽出と原文性の軽視である。

　この点，例えば「公報」には1985年から「案例」が掲載されているが，2004年以前の掲載「案例」には，判例の要旨をまとめた「裁判摘要」が掲載されていなかった。この2004年以降の「公報」上の「案例」における「裁判摘要」の掲載は，一般に大きな成果と受け止められている。また，上記「人民法院案例選」に関する最高人民法院の「通知」にも，「裁判要旨は案例の『眼目』であり，指導的案例の意義の所在である」として，「裁判要旨による新しい裁判規則の確立を確保する」ことが明確にうたわれている。

　このように，「裁判摘要」等の判決要旨の部分は，「案例指導制度」の要と目されており，湖南省高級法院の鄧志偉などは，「公報」はじめ各出版物に掲載される「案例」についていずれも「指導的効力」を認めたうえで，これら「案例」の判決要旨の部分こそが，「総括，提示，抽象及び指導の機能を持つ」もので，「指導的案例のカギとなる部分とみなされている」[21]と評している。

　ここで興味深く思われるのは，このような判決要旨に対する評価の高さが，裁判文書の原文への評価の低さを同時に伴っている，ということである。このような評価の低さは，上記鄧が2004年以前の「公報」掲載「案例」

---

21) 鄧志偉　陳健「指導性案例裁判要旨的価値及其実現—以最高人民法院公報案例為研究対象」『法律適用』2009年6期40頁。

について，判決要旨が付されず多くが裁判文書の全文登載などであったために「裁判官の裁判方法，思考の道筋，司法理念などが長文の裁判文書の中に埋もれてしまい，必要な精錬に欠け，より普遍的な適用価値を失ってしまった」とする指摘，そして上記最高人民法院の「通知」が「特に『裁判』の部分での説理が十分でない状況下」では編集担当者が改めて法的観点・解釈について評釈を行うよう指示していることなどからも明らかである。

　さらに，もうひとつ特筆すべきは，このような判決要旨について，これを「司法解釈に相当するもの」とする考えが見られることである[22]。これはまさに，上記のような「裁判要旨による新しい規則の確立」「普遍的な適用価値」，という認識に合致するものであるが，司法解釈と同視すべきかどうかについては見解が分かれている（後述）。また，「人民法院案例選」など，最高人民法院等の編集による他の出版物上の判例要旨には，同一事件の「公報」の「裁判摘要」との間で少なからぬ違いがみられており[23]，これをどのように評価すべきかについても疑問が残る。

　このような「要旨」による抽象化は下級法院でも積極的に導入されており，下級法院の制度をみると，その位置づけは様々であるものの，例えば瀋陽市中級法院の「案例指導工作」に関する「意見」では，「指導的案例の裁判要旨は速やかに関連の政府部門，人民検察院に通知し，合わせて『法官説法』番組を用いてしっかりと法律宣伝をしなければならない」（7条1項）と強調するなど，自らの作成した「裁判要旨」に「指導的案例」から抽出された「普遍的な適用価値」を認めている。また，陝西省高級法院の「参閲案例発布制度」では，同「案例」の冒頭に置く「要点提示」を，「案例の法律

---

22) 珠海市中級法院の董皞　賀曉翊による「指導性案例在統一法律適用中的技術探討」『法学』2008年11期144頁では，「我国の指導的案例制度は最高人民法院が拘束力ある判例を公布するという形式で行使する司法解釈権と位置づけなければならない」と主張されている。
23) 例えば，『公報』2006年1期44頁の事例の「裁判摘要」は，行政機関の内部的行為について訴訟が認められる要件についての本件判示の内容を，「上級が行政命令の形式で行った下級に対する指示が，直接的外部的法律効果を生じるとき」としているが，『人民法院案例選』2006年3期411頁の同一事件の「要点提示」では，「上級行政機関の下級に対する指示が，当事者の権利義務に実際の影響を生じるとき」としている。

論争の焦点またはその体現する法律問題を根拠として帰納された裁判規則である」（9条2号）と位置付けている。

　もちろん，これらの判決要旨の採用とその重視という事実が，直接かつ必然的に原文性の軽視をもたらすとは限らない。しかし，上記いずれの「案例」に関する規定においても，「案例」候補となる裁判文書を作成した法院が，上級の要求に応じて原文を修正・整理したうえで提出し，上級法院の裁判委員会が審議の上「要求に合わないものは，通信編集担当に再度修正させる」（上記「発布制度」17条）といった念の入れようであり，そこに原文性などという意識はまるで見られないのである。

　なお，現在最高人民法院は判決書の原文を原則的に公開していくよう呼び掛けているが，これは「案例」の作成・編集とはまた別の問題である。根本的には，裁判官が判決書とは別に，より詳細かつ具体的な「巻宗」（訴訟記録）を作成してこれを法院の内部・上下で共有している，という現状が改善されない限り[24]，判決書が公開されても，その原文性に大きな価値を見出すことはできないだろう。

3　「指導」——「案例」の拘束力

　「案例」の拘束力については，これを事実上の拘束力とする見解が多数であると思われる。上述のように，これを司法解釈と位置付けて，それにふさわしい法的拘束力を認めるべきであるとする主張も散見されるものの，「案例」に関する規範的文書や各種「案例」掲載物などを見る限り，そこでは「案例」は一般に「指導」「参考」となるもの，とされるにとどまり，法的拘束力を付す根拠は見出されない。

　地方の下級法院での試行を見ても，例えば天津市高級法院の「判例指導」に関する「若干意見」では，「判例は指導性を有するが，規定性を有しない」とされ，「判例」という名称をとりつつも，その効力は「指導」にとどまる，

24）論者が中国の法官に行ったインタビューで，「日本の裁判所を訪問して，判決書ではなく裁判官が上級に提出または保管している『巻宗』を見て，彼らの判断過程の全貌を知りたい」との希望を出されたことがある。

とされる。また，四川省高級法院や陝西省高級法院，そして成都市中級法院の関連規定には，法的効力について論ずる内容がみられない。さらに「案例制度」の先駆けとなった鄭州市中原区法院の「先例判決制度」は，名称を「典型案例指導制度」と変えただけでなく，その「暫定規定」において「指導的典型案例は，本院裁判人員の事件処理を指導するための根拠となるのみであり，法的拘束力をもつものではない」とわざわざ確認している。このことからもわかるように，少なくとも試行の場面では，「案例」に法的拘束力はない，という点は当然の前提となっているように思われる。

これを前提として事実上の拘束力を考えれば，それは「案例」が正式な法源とはならないこと，すなわち一般的・抽象的なルールとして爾後の事件処理を法的に拘束するものではない，ということを前提とした拘束力であり，これが指導性と称されている，ということになる。つまり，何らかの拘束力に，規範性がないこと，法的拘束力を持たないこと，さらには効力に関する規定を置かないこと，といった制限を加えたもの，または何らかの拘束力からこれらの特徴を差し引くことにより消極的に表現されたものが，事実上の拘束力すなわち指導性ということになる。

では，この「指導」という概念はどのようなものなのだろうか。この点について，まず「案例」発展の経緯からみれば，従来のような単なる参考にとどまるものではない，すなわち，下級審が自らの必要に応じて任意に参照するようなものではない，ということになる。実際に，「案例指導」の発展を主張する論文では必ずと言っていいほど，「5年改革綱要」における「案例」の「参考」としての役割が，「第2改革綱要」において「指導」の地位へと「昇格」したことが強調されている[25]。

しかしそれが拘束力にどのような変化をもたらすのかということになると，やはり見解の一致は見られず，指導の説得性を重視する立場から，「説得力に類するものとして体現された事実上の拘束力」により各級法院の実践

---

25) 何栩栩「中国式案例指導制度探究」『法制与経済』2008年75頁は，「第2改革綱要」により「『案例』は以後の法院の裁判活動を『指導』するものに高められなければならない」と指摘する。

における「自発的遵守」が導かれる，という側面を強調する視点もあれば[26]，「審級制度の存在により，下級法院の裁判官は自らの判決が上級法院で覆されるようなリスクを冒したくない」[27]として，審級構造に事実上の拘束力を求める見解もあり，逆に「たとえ案例を参照しなくても，違法でもなく，特に説明する必要もなく，さらにいかなる責任を負う必要もない」[28]とする見解も見られるなど，「疑いなく，目下の案例の実践においてもっとも議論の多い問題となっている」[29]のである。

　各地での試行を見ても，事実上の拘束力に関する規定は様々であり，「指導性は案例における法律の正確な適用による説得力にある」（瀋陽市中級法院）とするものもあれば，天津市高級法院の「判例指導」のように，同種事件の「判例」があるのに管轄内の下級法院がこれを参照せず事件を処理したときは，判決の状況を高級法院に書面で報告しなければならないと規定して，報告義務などを課すことにより法院系統の内部での指導・管理体制に依拠して「案例」の事実上の拘束力を担保しようとしていると思われるものもある[30]。

　いずれにせよ，事実上の拘束力が何を意味するべきかについては見解が大きく分かれており，最高人民法院による規範的文書の制定が待たれている。なお，この拘束力論争と同様に，判決文中において「案例」を根拠として用いることができるか，という点についても争いがあり，大きくは，理由中で

---

26) 袁秀挺「我国案例指導制度的実践運作及其評析―以『最高人民法院公報』中的知識産権案例為対象」『法商研究』2009年2期108頁。
27) 聶昭偉「我国判例制度的建立」『法律適用』2004年5期14頁。同氏の所属は浙江省高級人民法院。
28) 胡雲騰　于同志「案例指導制度若干重大疑難争議問題研究」『法学研究』2008年6期7頁。なお，胡氏は最高人民法院中国応用法学研究所所長。
29) 四川省高級法院の陳明国「我国案例指導制度建立的若干問題　以四川省高院為例」『法律適用』2008年11期85頁の指摘。
30) 広東省高級法院の秦旺「論我国案例指導制度的構建和適用方法―以『最高人民法院公報』為分析様本」『法律方法与法律思惟』（法律出版社，2007年）4期214頁には，「地方法院の探索の状況からみれば，…基本的なモデルは大同小異であり」「管轄内の裁判官は同種事例の審理においては『案例』を参照して判決しなければならず，参照すべきでないと考えるときは『案例』を公布した裁判委員会に書面で報告を行う」との指摘がある。

の引用を可とする立場とどのような形での使用も不可とする立場に分かれているが，これも「案例」の拘束力に関する見解の相違に対応するものといえよう。

4　「指導」の範囲と方法

　ここまでの検討からも明らかなように，中国の所謂「案例指導制度」においては，従来「案例」の編集と公布が強調され，その整備が進められてきたのだが，それがどのように指導するのか，という点については未だ明確な基準が見られない。最高人民法院も，自らの編集による「案例」の指導性を強調するものの，どの部分がどのように指導するのかを明確にしたことはない。

　この点，本来「案例指導」が個々の模範的事例の紹介により，法律適用の参考を示す，というものであったことから考えれば，具体的な指導の範囲なり方法なりが示されないことも当然であったといえようが，「第2改革綱要」などにより「案例」の指導が再三強調され，制度化が試みられる過程で，その具体的な範囲と方法が重視されるようになってきたのである。

　しかし，この範囲と方法の分析には，一つの大きな障害が立ちふさがっている。すなわち，上述のように，最高人民法院をはじめとした各級法院は，いずれも熱心に「案例」の編集と作成そして公布を行っているのにもかかわらず，「案例」の利用法については明確に論ずることはなく，それどころか判決文書での引用を厳禁するなど，その利用について実例を検証することができないのである。

　この点，地方法院の規定も，「司法解釈的効力をもつものではなく，直接引用してはならない」（瀋陽市中級法院）と規定するなど，引用については概ね否定的であり，「案例指導」の試行状況の調査を行った北京大学教授の張騏も，「指導性案例の使用は任意性が高く」「目下全国の法院系統では…いかに使用または引用するかについて統一的規定がなく」「調査に応じたほとんど全ての裁判官が，指導的案例を使用したとしても一般には判決書には引用せず，また説明もしないと語った」[31]と指摘している。

　このため，「案例指導」の範囲と方法は，検証というよりも模索というべ

きものとなり，畢竟そのやり方は，distinguishing technique や necessary fact など，判例法系の概念を直接中国の「案例」分析に用いることを提唱するものや，「裁判要旨」など，現状の「案例」の骨子というべき部分と爾後の事件の対応する部分との比較を説くものなど多種多様で，いわば今後の制度への提案というべきものとなっている[32]。

　もちろん，この範囲と方法の問題は，上記の抽象化と拘束力の問題に密接に関連している。蓋し，各「案例」掲載物が「裁判摘要」等の判決要旨の抽象化を進めれば進めるほど，その裁判規範としての性格はより鮮明になり，従うべきルールが明確になるからである。このため，各地の規定と論文とを問わず，指導のあり方を模索する記述は，例外なく判決要旨の指導性を強調するわけであるが[33]，いずれにしても，何がどのように指導するのか，という点についても，最高人民法院の規定の公布が待たれる，ということになる。

5　まとめ

　このように，「案例指導」を取り巻く理論と試行状況は，最終的な制度の確立に向けて現在百家争鳴というべき様相を見せている。当初「案例」の編集と公布に置かれていた重点が，次第にその効力，そして爾後の判決の「指導」方法や範囲という具体的な運用へと移ってきたことも，制度の実現を踏まえたものということができよう。

　ただ，このような理論と試行状況には，既にいくつか懸念すべき問題が浮かび上がっており，それは「案例指導制度」の機能に影響を及ぼしかねない

---

31) 張騏「指導性案例中具有指導性部分的確定与適用」『法学』2008 年 10 期 97-98 頁。なお，張はこのような案例の使用法を「隠含性使用」と称している。
32) 前者について，楊力・前掲注 18・40 頁以下は，上記の判例法の方法基準を提唱するとともに，日本の判例を用いてレイシオ・デシデンタイの抽出方法を論じている。後者については，張騏・前掲注 31・89 頁以下参照。
33) 最高人民法院中国応用法学研究所の胡雲騰（所長）は，各種「案例」書の掲載方法を例にとり，「我国の司法実践では，裁判要旨または裁判規則に十分な熱情を傾けている」として，「指導的案例の指導的価値を抽出し，指導的案例の裁判要旨または裁判規則を形成する」ことを「指導方式」として提唱する。胡雲騰等・前掲注 28・12 頁。

と思われる。そこで，以下ではこれらの問題について検討し，あわせて「案例指導制度」の可能性について展望してみたい。

第3節　「案例指導」の問題と可能性

1　権威と実用のジレンマ

「案例指導」の現状においては，理論・実務において様々な立場・方法がみられる。もちろんその背景にはやはり様々な原因があるわけだが，分岐を生み出す根本的原因は，「上」の権威と「下」の実用とのジレンマにあると思われる。

まずこの権威については，「案例」がどのような指導または拘束力を発揮するかについての立場の違いにかかわらず，その実効性確保のための共通の前提であるかのように，到る所でその必要性が叫ばれる。考えてみると，既に全国の各級法院がその判決文書をネット上で公開する傾向が広がっている中で，「案例指導」の制度化がこのように注目される理由は，それが最終的には最高人民法院の権威に担保されているというところにあるだろう。中には，「案例」が最高人民法院のどの組織による編集・発行かにより，その権威の高低，ひいては指導性の程度を論ずるものも見られるなど，権威への傾倒はある種極端なほど顕著になっている[34]。

しかし，この権威という側面に対し，「案例指導」には実際の必要も強く主張される。とりわけ，日常的に事件処理に接する下級法院に依然として「素質」の問題が叫ばれる現状で，法院の上下または内部で処理を一定にさせるため，頻出・典型事例の処理基準を「案例」を通じて明確にしておきたい，という要請は強い。しかるに，最高人民法院公報の「案例」は，主に下級法院の既済事件を選択・編集して掲載したものではあるものの，掲載「案例」の指導性を重視すればどうしても一般的・抽象的なものが選ばれようし，また質を高めようとすれば技術的な問題に傾斜せざるを得ず，畢竟下級

---

[34]「公報」掲載の「案例」について，98年から最高法院裁判委員会の選ではなくなったため「権威性が低下した」といった指摘が見られる。楊力・前掲注18・26頁注①。

法院の現場のニーズに対応するものが少なくなることになる。

　このため,「案例」に権威が求められるとの見解とは裏腹に,各地の高級法院,ひいては中級,基層法院も,それぞれの必要に応じた「案例指導」を行うことを許容すべきとする見解が広くみられている[35]。それは必然的に,指導性のある「案例」については,これを最高人民法院の選によるものに限るべき,とする見解との対立を招き,さらには編集・選出機関の権威に対応した「案例」の効力の質・範囲の別などについての対立をもたらすこととなる。

　さらに,このことは同時に,「案例指導」の規定において,推進元である「上」と試行の現場である「下」とのズレも招いている。上述のように,「案例指導」の拘束力や範囲が定まらないのは,突き詰めれば最高人民法院の関連の文言が曖昧かつ一般的であるためであるが,参考として提示する側は,実効性をその背景にある権威により担保するため,詳細な検討・分析などは必要がない。これに対し,「下」の側からすれば,「上」が明確に定めていないことに大胆に踏み込むようなことは自らの首を絞めかねず,触らぬ神に祟りなしとの結論に至り,結果として「案例」について判決書での引用は一切禁止するといった規定をおくまでになるのである。

　このように,「上」の権威性による「案例指導」の実効性確保と「下」の実用に応じた「案例指導」の有用性確保とは,その重点の置き方に応じて,「案例指導」の制度化の様相ないし方向を決定づけるものといえる。この点,各級法院は自らの管轄内の人大・政府の規定についてのみ拘束力ある「案例」を公布することができる,との主張もあるが[36],「案例」は司法解釈ではなく,また管轄内の国家機関の制定した法規の適用にとどまる事例などが果たして都合よく見つかるのか,またはそのような分離・抽出が可能なのか甚だ疑問であり,何よりこのような限定は,日常・頻出事例の処理基準の一定

---

35) 曹璐「略論我国案例指導制度的構建」は,案例の作成・公布主体に関して「各級法院にいずれも先例作成・公布の権力を認める」学説を第一の観点として紹介し,これに賛同する http://www.east124.com/dongfangfz/node16/ula23973.html。
36) 胡雲騰・前掲注28・14頁。

化という下級法院の「案例指導」利用目的にそぐわない。

　いずれにしても，最高人民法院の規定が権威と実用にどのようなバランスをおくかが注目されるところであるが，考えてみると，権威性と言っても「公報」記載「案例」はそもそも下級審の判決であり，それ自体には当初権威性が伴ってはいなかったはずで，その権威性は要するに「上」の選出と編集による「公認」行為にあるということになる[37]。編集後に付された「裁判摘要」が「案例」の要とされ，指導の核とされることに如実に現われているように，各法院が自らの賢慮と論証よりも「上」の権威に寄りすがることが，自身の権威と説得力にどのような影響を及ぼすか，という点は疑問に思わざるを得ない。

2　司法行政とルールの潜在化

　このような権威による「案例」の実効性確保については，上述のようにこれを「上級審で覆されるリスク」に結びつける考え方も見られるが，より効果的なのは明に暗に行われる司法行政による統制であろう。

　中国の所謂「裁判権の独立」（憲法 126 条）は，それ自体についての疑義はともかくとして，少なくとも「裁判官の独立」ではない。個別の裁判についての法院内の裁判委員会による審議，各廷長，正副院長による審査，さらには個別事件の処理についての上級への「請示」（具体的事件処理についての指示願い）や，上級からの一般的事件処理基準の指示など，司法行政の問題はかねてから強く批判されている[38]。

　このような構造については，「5 年改革綱要」「第 2 改革綱要」でも改革が叫ばれ，一定の改善を見ているとされるものの，「案例指導」の現場では，このような司法行政の問題が懸念または批判されるどころか，その機能が重

---

37) この点，川島はかつて最高裁の判例集編纂の在り方を，「先例とする価値ありと自ら認めて選択しそれを『先例』とする意図のもとに『判例集』に収録して公刊したものが『判例』（『裁判上の先例』という意味での）とされるのだ，とする考え方」を「いわゆる『公認理論』」として批判する。『川島武宜著作集』第 5 巻（岩波書店，1982 年）190 頁。
38) 郭道暉「実行司法独立与遏制司法腐敗」信春鷹　李林編『依法治国与司法改革』（中国法制出版社，1999 年）85-85 頁など。

視され，「案例指導」推進の重要な手段とすら考えられているのではないかと思われるところがある。

例えば，天津市高級人民法院の陳燦平は，「案例」の「事実上の拘束力」の中核に「司法管理の面での懲罰または紀律処分の危険」を掲げ，「『指導的案例』に違背した場合の管理性懲戒措置」として，「上級または同級法院の裁判委員会が司法管理性指示または警告を行い，合わせて裁判官の目標管理・考査基準とリンクさせる」べきであるとして，「指導的案例への注意を怠ったことにより裁判結果が不公正となったときは，『司法管理性行政処分により，誤審事件として法的手続きにより処分される』と規定すべきである」とまで述べている[39]。

このような「司法管理」の意識は，より下級の法院においては一層徹底される。基層法院での「案例指導」の状況について報告する文書では，改判・破棄差戻し事件が点数化・成績化されている中，「案例指導」により同種事件の裁判委員会での討議を徹底した結果，改判率・差戻し率が大きく下がった，と称賛する。そして，同記述はさらに，「案例指導活動展開のための基本的方法」において，「上級法院の案例指導意見を適用する」として，頻出・難事件について市の中級法院が「医療紛争事件審理についての意見」「学校内負傷事件審理についての意見」などと称する「十余りの指導意見」を出しており，これが「規範的意見」として「すでに基層法院裁判官の事件処理における重要な根拠となっており，『引用できない司法解釈』と称され」「極大な歓迎を受けている」とまで述べているのである[40]。

現状からみれば，「案例指導」は上級または同級の司法管理の強力性によりその実効性が担保されているようであるが，問題は，「案例」のどの部分が指導性を持つかについて全く基準がない中で，誤審事件処分や指標化・成績化を通じて「案例」の「適用」が強制される，というところにある。そう

---

39) 陳燦平「案例指導制度中操作性難点問題探討」『法学雑誌』2006 年 3 期 101 頁。
40) 引用はいずれも瀋陽市和平法院の宋坤赤による「開展案例指導工作　提高新版質量和効率」http://www.hpc.gov.cn/admin/news_view.asp?newsid=87（2009 年 4 月 16 日確認）

すると，指標・成績を問われる下級法院からすれば，畢竟判決前に上級に伺いを立てる「請示」を活発に行わざるを得ない。しかも，誤審認定は必然的に結果主義とならざるを得ないが，その結果とは要するに上級審での改判・差戻しである[41]。これはなおさら下級審の上級頼みを加速させ，結果として「案例」という形で「引用できない司法解釈」を制定することが下級法院及び裁判官に「極大な歓迎を受ける」，という異常な状態に陥ってしまうのである。

　このように，「案例指導」は各方面からの干渉を排するという効果を上げるよりも，むしろ数値目標の追加による管理の強化と上級への依存につながっているように思われる。そして，このような管理が往々にして「潜規則」（暗黙のルール）となっていることも明らかである。「案例指導」が，従前の司法系統の体質・構造を改めることを期待されるのと裏腹に[42]，このような体質・構造に依拠し，さらにそれを強化する方向に作用していることは皮肉と言わざるを得ないが，法院内外及び上下の「裁判活動監督」[43]が明確に制度化されている現在の構造において，「案例指導」は新たな指標として監督対象となるのは当然であり，またこれに依拠しなければ推進が難しいことも事実であろう[44]。

---

41) 陳有西「法官責任的制度選択」は，『誤審追及制』強調の結果，「上級による改判または差戻しさえあればすなわち誤審とされる」として，これが「事前の内部での指示願い」などの異常な状態を「普遍化させている」とする。http://www.xblaw.com/news.asp?nid=3823
42) この点，張騏「論尋找指導性案例的方法　以審判経験為基礎」『中外法学』2009年3期468頁は，「案例指導」に関する調査の結論として，「現行の体制上の原因により，中国の裁判官が指導性案例を用いるとき，…往々にして彼らの上級指導層に対応する必要がある。それは，廷長，院長，裁判委員会，政法委員会及びその他の責任者である」としながらも，結論としては，「案例指導」により「裁判活動に対する各方面からの干渉に対応ひいては減少させることができる」とするが，現状を見る限りこの結論については肯首しかねるところがある。
43) 人民法院組織法16条。
44) 楊力・前掲注18・25頁は，「請示」（上級法院への指示願い）という慣行を用いることにより，「案例指導」を行うことが「コストの最小化」と「実体主義の追求」という要求にかなうものだ，と主張する。

いずれにせよ，この事態を改善することが，今後の「案例指導」の制度化において不可欠であることは明らかであるが，それには現在の司法行政と法院内外の構造の徹底的改革が必要となり，その実現は期待薄である。

3 「法官造法」と司法解釈の矛盾

前述のように，下級法院で頻出する処理の困難な事件については，上級法院が一般的・抽象的な「処理意見」を出しており，このような「引用できない司法解釈」に基づいて判断がなされている，との指摘（賛辞）が，他ならぬ下級の裁判官によりなされていた。このようなやり方がどの程度の広がりを見せているのかは定かではないが，少なくとも一部の「案例指導」の試行現場に，「案例」による指導を超えて，「案例」に基づいて抽出された一般規則の制定と適用という様相が現れていることは確かである。

このような下級法院におけるルールの制定と適用というべき活動は，昨今特に活発化している。それが特に顕著なのは，刑事事件の量刑に関する基準である。中国では犯罪認定における「定量論」がとられており，規定上被害額等に応じて量刑の範囲が分けられているのだが，その範囲内での幅，さらには法定または酌量による刑の加重・減軽の幅についての裁量をも統制すべく，現在各地・各級の法院では犯罪の内容や情状に応じた量刑の細分化が行われている。たとえば，江蘇省泰州市中級法院の定めた「量刑指導意見」では，「刑罰執行後または釈放後1年以内に再び犯罪した者は40％の加重」（31条），「窃盗に係る公私財物の価値が1万元のとき，基準刑を懲役3年とし，700元増加するごとに刑期を1ヶ月増加する」（107条）といったように，量刑についての裁量について細かく定められており，管轄内の法院が従うべき基準として示されているのである[45]。

このように，現在各級の法院が「制定」し，同級および下級の法院において「適用」される「指導」には，内部的なものと外部的なものがあるようだ

---

45) 2010年9月18日放送（第263期）の中央電視台「今日説法」が，同法院を含めた地方の法院での実践を詳しく紹介するが，同番組でゲストの専門家がこのようなやり方を賞賛していることから見れば，これは既に中央の同意を得ているものと見るべきであろう。

が，いずれにしても，これは司法解釈があるのに「案例指導」が必要とされるとする理由，すなわち具体的な事例による指導を通じて「司法解釈の漠然性」を克服し，「具体的な事件事実に結びつけて法律規定の意味を解釈する」[46]という理想とかけ離れている。しかし，それ以上に問題なのは，「案例指導」を推進する際に，これが「法官造法」ではないこと，つまり司法が立法の領域を侵害するものではないことが強く主張されていたのに，もう一方では「法官造法」というべき事態が容認ひいては推進すらされていることである[47]。

考えてみると，そもそも最高人民法院の行う司法解釈こそが抽象的・一般的ルール制定の最たるもので，実質的に見れば明らかに司法が立法作用を行うものと言わざるを得ない[48]。もちろん，司法解釈が法律上認められている以上，少なくとも形式的には違法とは言えない[49]。しかし，下級法院の一般的・抽象的ルールの制定にはそのような法律上の根拠すらない。それどころか，下級法院による司法解釈は最高人民法院により厳禁されており，「案例指導」が具体的な事例の提示にとどまらず，一般的・抽象的ルールの制定にまで至ることは明らかに違法である[50]。これに対しては，上記司法解釈の例外にあたる，すなわち「裁判の実践で面した具体的な問題について」「経験

---

46) 引用箇所は郭哲　張双英「案例指導制度法律統一適用的中国話語―以『同案同判』契入」『西南民族大学学報（人文社科版）』2008 年 12 期 206-207 頁。
47) 上述のように，川島は最高裁の判例形成のあり方について，事実上最高裁が立法を行う「世界に例を見ない公認理論」として激しく批判するが，より徹底した「公認主義」をとる中国が法院または裁判官による立法を完全否定しているという事実は興味深い。『川島武宜著作集』第 5 巻 315 頁参照。
48) 浙江省高級法院の聶昭偉は「司法解釈体制」が「立法権に対する最大の侵害である」として正面から批判する。聶昭偉・前掲注・15 頁。
49) 但し，形式的にはともかく，実質的には人民法院組織法 33 条に認められた「裁判過程における法律の具体的適用問題について行う解釈」の範囲または限定に違反している，という批判は強い。李仕春「案例指導制度的另一条思路―司法能動主義在中国的有限適用」『法学』2009 年 6 期 66 頁。
50) 1987 年「最高人民法院の『地方各級人民法院が司法解釈的文書を制定してはならないことについての回答』」は，「地方各級法院はいずれも司法解釈的文書を制定してはならない」とする。

総括的文書を事件処理の参考として供している」にすぎない，という反論もあり得ようが，これは上記のような実際の規定内容および実務の認識とかけ離れている。

とはいえ，制度上最高人民法院に司法解釈の権限が認められ実質的に広く立法を行っており，また従来から各級で広く指示願いと内部指示，さらには一般的ルールの提示による問題処理を行ってきた司法系統にとって，その合法性はともかく，事件ごとに上級の個別的な指示を仰ぐより，事前に一般的な基準を示してもらったほうが望ましい，と考えるのは，ある意味当然であるともいえる。この背景には，全一体として分離・対立の否定される権力構造下で，安定と調和が何よりも優先され，その結果，治安・秩序に影響するような重要な問題の処理は，上層統治者による事前の調整にゆだねられている，という構造ないし慣行が見え隠れしている。

上述のように，「案例指導」の効力確保のためにそれを司法解釈と位置付けることを主張する記述が裁判官を中心に少なからず見られているが，ここには一体的構造による司法の感覚の麻痺，つまり「審判者が同時に立法者となる」ことへの警戒の欠落と同時に，「案例指導」であれ司法解釈であれ，いずれも縦横の指示・調整の結果物であることの認識の欠如，というべき状況が如実に現れている。司法にとどまらず，より抜本的な統治構造の改革が求められているといわざるを得ない。

4 「同案同判」の猛威と司法改革の行方

このように錯綜と矛盾を呈する「案例指導」であるが，この「案例指導」はそもそも「同案同判」，つまり同様な事件が同様に処理されることを求めて推進されたものである。まさに，最高人民法院の行った「案例指導制度調査研究」の責任者を務めた劉作翔が，「我が国はなぜ案例指導制度を行わなければならないか」と題する論文において，「最初の，直接的な原因は，ここ数年中国の法院の判決において出現している相当多数の『同案不同判』状況である」[51]（『　』は論者が付したもの）とするように，実務・理論を問わず，

---

[51] 劉作翔「我国為什麼要実行案例指導制度」『法律適用』2006年8期5頁。

第3節　「案例指導」の問題と可能性　　47

「案例指導」の必要性を論ずる記述ではほぼ例外なく「同案同判」がその目標として最重要の地位に置かれている。考えてみれば，詳細な量刑基準のルール化や指示願いに基づく事例処理なども，「同案同判」という目的において一致するのであり，現在法院の改革はこの「同案同判」の要求に強く影響されている，と言うことができる。

　この「同案同判」の強調に関して，注目されるのはそのメディアでの扱いである。特にここ最近，テレビでの法律教育番組や討論番組，ニュースやドキュメンタリー，そして視聴者参加番組など，「同案同判」を題材とする番組は枚挙にいとまがない。これには，ATM の故障を奇貨として多数回にわたり預金額をはるかに超える現金を引き出したという行為が，同様に「金融窃盗罪」と認定されながらもその量刑に甚だしい差（無期と5年）が出た事件や，酒酔い運転で同様に多数の死者が出た事件について死刑判決（1審）と懲役3年という違いが生じたことなどをきっかけに学説・世論が盛り上がったという理由もあるが[52]，メディアの性質，とりわけ中央電視台が積極的にこれを報じていることから考えれば，「同案同判」は一種の官製キャンペーンと見ることもできよう[53]。

　いずれにせよ，「案例指導」は「同案同判」，すなわち類似事例の処理における不公平・不公正（またはそのような意識）を原因とし，かつそれの防止を目的とするのだが，ここで疑問に思われるのは，では何をもって「同案」であるとするか，という点である[54]。上述のように，現在の「案例指導」で

---

52) 例えば前者については，『中外法学』2009年1期が100頁以上を割いて「許霆案的規範与法理分析」と題する特集を組んでいる。後者については，2009年8月18日放送の中央電視台の人気トーク番組『新聞1+1』が，正に「同案不同判：情理？　法理？」と題する番組を放送している。
53) この点，羅源「新聞監督的思考」趙中頡編『法制新聞与新聞法制』（法律出版社，2004年）107頁は，「政府による指導・統制を受ける」メディアが「行政よりも司法の監督においてより大きい自由と独立性を持つ」ため，メディアの司法監督は「社会のガス抜きバルブの一つとなっている」と指摘する。
54) 前掲注45の「今日説法」では，近隣で近接時期に発生した同様の交通事故について，歩行者等1人が死亡し，歩行者側に同様の過失があり，警察により加害者側の責任が大と認定された数件の事件を「同案」とし，その刑罰に3倍もの差（6月から1年半）が

はどの部分がどのように指導するのかが明らかでなく，理論的な探索の段階にとどまるものの，その現状を見る限り，そこからは「同案」認定における一つの方向性がみてとれる。すなわち，まず「権威的案例」については「裁判摘要」部分の抽象化を徹底し，その基準を一般ルールにまで高めることにより，「同案同判」としての基準適合性は失われる。同時に，下級法院の事件処理の現場においては，事例についての指導・監督及び詳細な基準の定立による管轄内事例処理の均一化を徹底し，まさに「同案」についてのオートマティックな「同判」を実現する。このようにして，全国で権威的かつ抽象的な規範による指導を実現し，各地では実用的かつ具体的な「同案」による「同判」を実現しようとするのである。

「案例指導」の漠然性の維持と地方ルールの事実上の承認という現状は，このような方向を明らかに示している。確かに，現在「同案同判」が主に刑罰に関して論ぜられ，地域の治安・秩序に関わること，さらに重大な犯罪でも省レベルの高級法院が終審となることを考えれば[55]，少なくとも地方ルールの徹底は至極当然の選択といえるかもしれない。しかし，このようなやり方は違法の疑いが強いだけでなく，「5年改革綱要」「第2改革綱要」で進めてきた改革，とりわけ司法行政の構造改革と裁判官への内外からの圧力の解消，という目的に違背するものである。

ここで浮かび上がるより重要な問題は，そもそもこのような「同案同判」は絶対に実現しなければならないことなのか，また，なぜ中国において「同案同判」がかくも強く主張されるのか，ということである。それに対しては，中国では長くに渡り，司法への不信・司法の権威の失墜，という状況が絶えず指摘され，「同案同判」もそれへの対応策，または解決策とされるからだ，という答えが一般に示される。しかし，当事者の主張を全く意に介さ

あることを問題としていた。なお，このように「同案同判」問題は主に刑事事件に関して論じられているので，「同判」の問題は比較的明確である。

55) 刑事訴訟法197条（現244条）。例外的に，高級人民法院または最高人民法院が一審となった事件，再審事件，及び死刑再審査事件が最高人民法院で審理される（但しその件数は少なくない）。

ず，判決で十分な説得・感服を行わないという現状のもとで[56]，ばらばらな硬直的ルールを乱立させることにより，失われた権威なり信頼なりを取り戻すことができるのだろうか。また逆に，独立した司法・裁判官が，当事者の主張・挙証に真摯に答えた結果としての判決が，「権威的案例」や他の法院の事件と異なるとしても，それが公正を害するもの，または真に公平でないものといえるのだろうか。

司法の「素質」や権威のなさ，そして民衆の不信を理由にして，裁判官を硬直的で詳細なルールで縛ることは，その「素質」の醸成を妨げ，権威を失墜させ，結果としてさらなる不信を招きかねない。「案例指導」について掲げられる理想や目標が，どのような「同案同判」を指向しているのか，ひいてはどのような司法をその担い手とすべきなのか。このような視点から，「案例指導」のあり方と「同案同判」の是非を考え直すことが，現在の急務である。

おわりに

上述のように，「案例指導」の制度化は，最高人民法院の「5年改革綱要」および「第2改革綱要」を根拠に推進されてきたのだが，現在それは曲がり角に来ている。2009年3月に出された「第3改革綱要」は，これまでの司法改革の方向性，すなわち裁判委員会及び上級法院による過度の干渉を排し，個々の事件処理における裁判官ならびに合議体の権能及び独立性の向上を進める，という方向性を大きく転換し，秩序維持と統治の一体性強化を前面に押し出して，党・人大・政府による法院に対する指導・監督の徹底と，法院系統内の上級及び裁判委員会による監督体制を再度強化する意思を明らかにしている[57]。同時に，これまで「5年改革綱要」「第2改革綱要」でその

---

56) 北京大学教授の陳瑞華は，上記「許霆案」について，法院が筋の通った弁護意見に何らの反応もせず，逆に弁護側・検察側が全く主張しなかった事項を前提にして判決を行うなど，「とても心服できない裁判を『国家権力に依拠して』行っている」と指摘する。陳瑞華「脱韁的野馬　従許霆案看法院的自由裁量権」『中学法学』2009年1期81頁。
57)「第3改革綱要」の二，（一）7では，「上級人民法院による監督指導活動メカニズム

規定が次第に拡大してきた「案例指導制度」については、「第3改革綱要」にはまったく規定が見られず、「量刑指導」による裁量権の統制が強調されるのみとなっているのである。

これに対し、地方での「案例指導制度」については新しい動きがみられている。8月に、広東省高級法院で「案例指導制度」の改善が進められ、上級法院が「確認のうえ公布した案例」については、爾後「管轄区内の法院における同種事件の処理において拘束性を持つ」とのニュースが一斉に報道されたのである。中央電視台などで全国への報道が大々的に行われたという状況から見ても、このようなやり方が、試験的な段階ではあれ今後の一つの方向性として示されたといえる。

このような一見矛盾した現象は、最高人民法院が作成するとされた「案例指導制度」規定にどのような影響を与えるのか。現在草案が作成され、公布に向けての準備が進んでいると指摘されているが[58]、そこにどのような指導性が認められ、拘束力が与えられるのか。現在のところ、「案例指導制度」は、下級法院による各地での法適用に関する詳細なルールの設定とそれによる拘束、という慣行の延長に位置づけられるものと思われるが、その合法性及び論理性の疑義は解消されるのだろうか。

このような疑問は、今後制度化が着々と進むとされる中で、一定の答えが出され、それがまた更なる批判と疑問を生み出すことであろう。今後の裁判事例研究においては、このような問いをくり返しながら、一つ一つの事例について考察していかなければならない。

いずれにしても、規範的文書によりどのような「案例指導制度」が打ち立

の強化・改善」に加え、上下での「破棄差戻し事件の連絡・協調制度」「上級人民法院への指示願い・報告制度を規律あるものとする」と規定されている。

58) 李仕春・前掲注49・59頁には、2009年3月に最高人民法院副院長が行った「案例指導制度は今年裁判委員会で審議され、可決すれば全国で行われる」との発言が紹介されている。この点、樋口陽一は日本の憲法判例のあり方について、条件ないし環境が変わる展望もなしにありうべき積極的側面だけに期待をよせるべきではないとして、拘束力があくまで「事実上」のものであることを強調する定式を主張する。文脈の違いはあるものの、傾聴すべき観点であろう。樋口陽一「判例の拘束力・考」(『佐藤功先生古稀記念・日本国憲法の理論』) (1986年、有斐閣) 700頁。

てられるにせよ，審理過程において当事者の主張が尊重されず，その提起した議論に対して法院が真摯な対応も見せず，一方的に簡単な判決を吐き出して終わってしまうという現状では，そのような判決が「案例」として如何に編集・修正され上級により権威づけられたとしても，人々がそれに心から服するとは考えにくく，権力階層上の高さという意味での権威以外に正当性を見出すことは困難であり，さらにこのような「案例」に基づく裁判により司法の信頼が再構築されるとも思われない。

　現在，訴訟法の改正が議事日程に挙げられているが，そこでは誰の，誰による，誰のための裁判なのか，という視点に立った全面的な規定の見直しが求められているのであり，それは「案例指導制度」についてもまったく同様である。当事者の主体的な訴訟活動を通じた対話・協働の結果としての判決がオリジナルとして尊重され，その中から生きたルールが導き出されていく。それこそが，「案例指導制度」に求められるあり方であり，司法の信頼の基礎であるということが，再認識されるべきであろう[59]。

---

59) 結論を導くにあたり，田中成明『法の考え方と用い方』（大蔵省印刷局，1990年）に多くの啓発を受けた。特に，271-282頁。

第2章　補足資料

最高人民法院「指導性案例」(解題)

　　中国では，他国の判例制度とは異なる特色的制度として「案例指導制度」（原語）がとられている，とされている。しかし，これまで同制度については全国的に確立した定義・方法や規範的文書による規定もなく，その整備・確立に向け様々な模索が続けられていた。

　　このような中，2010年11月に最高人民法院により「案例指導工作に関する規定」（以下「規定」とする）が定められ，その1年余り後に第1期の，そしてその約4か月後には第2期の「指導性案例」（原語）が出されることとなり，案例指導制度は明確な規定に根拠を置く全国的制度として運用されることとなった。以下では，規定の内容と制度の特徴について簡単に紹介するとともに，第1期に出された案例の原文（4号）をその内容・形式に忠実に翻訳し，簡単な評釈を付すこととした。

　　まず，規定はわずかに10条で構成され，その内容もごく簡単なものである。具体的には，指導性案例の形成過程について，最高人民法院に「案例指導工作弁公室」を置き，同室が高級人民法院から推薦された事件（下級人民法院は高級人民法院に推薦を行い，一般人も判決を行った法院に推薦する）について審査し，同室が審査・選出後，さらに上層に報告し，裁判委員会による決定を経て指導性案例として公布するもの，とされる。

　　またその選出基準については，①社会で広く注目されるもの，②法律に原則的な規定しかないもの，③典型的なもの，④困難・複雑または新型のもの，⑤その他指導的作用のある事例（2条）とされている。

　　さらに，その効力について，下級審が「類似事例の裁判を行うときこれを参照しなければならない」（7条）とし，併せて従来最高人民法院が公布した「指導的意義のある案例」については，「本規定に基づく整理，編纂を経たのち，指導性案例として公布する」（9条）としている。

　　このように，規定は簡潔で，おおむねその選出基準及び過程について述べるのみであり，その具体的なかたちは，2011年末の第1期指導性案例公布により初めて明らかとなっている。これまでに出された8件の指導性案例は，その形式において徹底した統一がみられており，そこには以下のような特徴がみられてい

る。
　① 少数
　規定制定後1年半以上の期間で，指導性案例はわずか8件しか出されていない（その後第3期が出されており，約2年間で12件となっている）。規定9条にあるように，これまで様々な形式で最高人民法院により出された「案例」が膨大な数の指導性案例候補となっているにもかかわらず，現時点でそれらの指導性案例化は行われていない。ここには指導性案例選択における最高人民法院の慎重さが見いだされるとともに，制度の方向性がまだ十分に定まっていないことが感じられる。
　② ダイジェスト化
　これまで出されていた各種案例も慎重な編集・修正を経たものであったが，今回の指導性案例はその点で突出するものとなっている。指導性案例には，上訴どころか最高人民法院の再審査を経た事例もあるが，原文をダウンロードしたところ，A4ワード文書わずか11枚で，全8件の指導性案例全文を収めることができた（一部はフォントを小さめにしたが）。それらを見ると，当事者双方の主張，証拠の内容や具体的事実など，いずれもごく簡単にまとめられているだけでなく，二審や差戻審等で覆された原審判断や，さらには最高人民法院の再審査についても，主文の内容が一言述べられるだけで，事実や証拠どころか判断の理由も全く言及されないなど，徹底的なダイジェスト化が行われていることがわかる。
　③ルールの抽出と定立
　各指導性案例には，いずれも「裁判要旨」がつけられ，法的判断の要点が2行程度で簡単に記されている（いくつか箇条書きになっているものもある）。具体的な裁判の内容の記述が徹底的に削られていることもあって，この裁判要旨はより一層，個別具体的事実から離れた抽象的ルールという様相を呈しており，畢竟規定上求められる「参照」も，ルールの適用に類似したものとなることが予想される。
　④「権威づけ」による保障
　規定に明確に規定されるように，案例となる事件はその審級に制限はなく，一審の事例も案例となりうるところ，その指導性は，最高人民法院が厳格な選出・編集を行うという権威づけにより担保されている。このような権威を通じてごく一部の案例のみが特別な位置づけを得ることは，下級審が案例に従う意識とその必要性を高めることにつながり，「参照しなければならない」との規定に一定の強制力をもたらすこととなる。
　以上，現状の指導性案例の形式的特徴を簡単に紹介してきたが，このような特徴は，結果として出された案例の指導性に様々な問題を突き付けており，とりわ

け裁判官(裁判所)が過度に案例に従おうとする意識・傾向がもたらす影響が懸念されている。とはいえ,制度と具体的「案例」に対する学説・実務における活発な議論は,逆に同制度の発展と今後の可能性を期待させる面もあるものと言えよう。

指導性案例「O 某の故意殺人事件」

(1) 裁判要旨

恋愛,婚姻におけるもめごとが激化してもたらされた故意殺人事件において,被告人の犯罪手段が残忍であり,その罪責は本来死刑に処するべきところ,一方で被告人が正直に罪を認めこれを悔いており,積極的に賠償をするなど,より軽く処罰すべき事情があると同時に,他方で被害者親族らが厳罰を求めている場合には,人民法院は,事件の性質と犯罪事情,加害の結果及び被告人の主観的悪性並びに人的危険性にかんがみ,法に基づいて,被告人に死刑を言い渡すとともに,2年の執行猶予とし,同時にその減刑を制限する決定を行い,もって社会の矛盾を効果的に解消し,社会の調和を促進することができる。

> 関連条文「中華人民共和国刑法」第50条2項:「死刑執行猶予に処された累犯,または故意殺人,強姦,強盗,誘拐,放火,爆破,危険物質混入若しくは組織的暴力犯罪により死刑執行猶予に処された犯罪分子に対し,人民法院は,その犯罪の情状等の状況に基づいて,同時にその減刑を制限することを決定することができる」

(2) 基本的裁判事実

被告人O某と被害者のZ某(女性,享年26歳)は,山東省濰坊市科学技術職業学院に通っていた時に恋愛関係となった。2005年に,O某は卒業後職業に就き,Z某は山東省曲阜師範大学に合格し,専門課程から本科課程に移って勉学を進めることとなった。2007年,Z某が卒業して職業に就いたのち,O某はZ某と結婚について話し合ったが,Z某の家族の同意を得られず,Z某から幾度にもわたって別れ話を切り出されたものの,O某はかたくなにこれを拒み,二人はその後も連絡を取っていた。2008年10月9日正午頃,O某がZ某の集合宿舎において再度二人の結婚や関係の問題を切り出したところ,Z某は今後二人は一緒にはなれない,と言い出した。O某はこれに絶望を感じるとともに,憤慨のあまりZ某を殺して自分も死ぬという考えに至り,すぐさまZ某の宿舎にあった片刃のナイフをつかむや,Zの頸部,胸部,腹部,背部を連続して突き刺し,Z某を

して出血性ショック死に至らしめた。事件翌日の午前8時30分頃，O某は農薬を飲み自殺を図ったが未遂に終わり，公安機関によって身柄拘束されるに至った。なお，O某の日ごろの行いはよく，身柄拘束後事実通り自らの罪状について供述し，被害者親族に対しても積極的に賠償を行おうとしたが，被害者親族との間で賠償の合意には至っていない。

(3) **裁判結果**

山東省濰坊市中級人民法院は2009年10月14日に，(2009) 濰刑一初字第35号刑事判決により，被告人O某の故意殺人罪を認定し，死刑および政治的権利の終身剥奪との判決を言い渡した。判決後，O某が上訴した。山東省高級人民法院は2010年6月18日に (2010) 魯刑四終字第2号刑事裁定により，上訴棄却・原審維持の判決を下すとともに，同事件について，法により最高人民法院の審査・承認を求めた。最高人民法院は，再審査によって確認された事実に基づいて，(2010) 刑三復22651920号刑事裁定を出して，被告人O某の死刑についてこれを承認しないこととし，事件を山東省高級人民法院に差し戻して再審理させることとした。山東省高級人民法院は再審理を経て，2011年5月3日に (2010) 魯刑四終字第2─1号刑事判決を出し，故意殺人罪として被告人O某を死刑とし，その政治的権利を終身剥奪するとともに，2年間その執行を猶予することとし，同時にその減刑を制限する，との決定を行った。

(4) **裁判理由**

山東省高級人民法院は再審理を経て，以下のように判断した。被告人O某の行為は故意殺人罪を構成し，その罪状は重大で，死刑に処すべき罪であると認定される。但し，本件が婚姻・恋愛のもめごとによりもたらされたものであって，O某の結婚の希望が容れられず，苦悩と憤激のあまり殺そうと考えるに至ったのであり，身柄拘束後には正直に罪を認めるとともに自らの行為を悔い，被害者側の損害を積極的に賠償しようとしているのに加え，日ごろの行いもよい，といった点を考慮すれば，O某に対しては，これを死刑とした上で，即時執行を行わない，とすることも許されよう。ただ同時に，O某の故意殺人行為の手段が特に残忍で，被害者親族には宥恕の気持ちはなく，法により厳しく処罰することを求めていることにかんがみ，社会の矛盾・衝突を有効に解消するために，「中華人民共和国刑法」第50条2項の規定により，被告人O某を死刑とし，2年の執行猶予としたうえで，同時にそれに対する減刑を制限するとの判決を行ったのである（尚，原文では被告人は実名で記述されている）。

(5) 評　釈

　本件は，中国の刑法に特有の制度であるとされる死刑執行猶予の判断基準に関し，特に直近の刑法修正案（8）で導入された「減刑制限制度」の適用基準を示したものである。

　中国では従来から，死刑が言い渡される場合でも，そこに死刑即執行と死刑執行猶予の区別が置かれていた。このうち後者では，執行猶予期間中に再度犯罪を行うなどのことがない限り，期間経過後に無期刑（または懲役 25 年）に減刑されることになる。

　このように少々迂遠な方法がとられるのは，一つには「殺人は命を以て償う」との観念が根強く残る中で，またもう一つには，経済犯罪・職務犯罪への社会的憎悪が激しく，条文上も少なからず死刑が規定される状況において，情状や背景または更生可能性において死刑を回避すべき犯罪者に，形式上・名目上死刑を言い渡して被害者感情や世論に応えつつ，実質的には死刑という結果を回避するためである（なお，証拠が十分でなく被告人も否認している重大事件について，無罪とすることによる混乱（被害者関係者による暴動や激しい陳情など）を恐れると同時に冤罪の可能性をも懸念して，死刑執行猶予が選択される，というケースもあるとされる）。

　ところが，この名目上の「死刑」は実質上その後の減刑により 14 ～ 18 年程度の有期懲役になるとされ，「命を以て償った」はずの犯罪者が普通に暮らしている，という事実が被害者関係者の怒りと行動をもたらす（おそれがある）ことが懸念された。このような背景から，2011 年の刑法修正案（8）で，死刑執行猶予の減刑制限（原則として出所まで 27 年程度を要する）に関する規定が設けられることとなったのである（王雲海「中国の刑法改正と死刑制度の変更」『法律時報』83 巻 4 号 118 頁）。

　本件はこの改正後の減刑制限規定の適用基準を示すものであるが，これに対しては学説から強い批判が出ている。すなわち，最高人民法院の従前の司法解釈及び「意見」からすれば，本件行為の情状（恋愛関係のもつれによる突発的なものであり，捜査に積極的に協力し，悔恨の情が強くみられ，損害賠償なども行おうと努めた）はそもそも死刑即執行に当たらず，重くとも死刑執行猶予にとどまる，というのである。そして，刑法修正案（8）により新設された本件適用条文は，死刑執行猶予に減刑制限を加重するものであるから，「古きに従いかつ軽きに従う」との刑法適用原則により，被告人にとって不利益な内容を含む同条項は施行前の行為について適用することはできないはずである。ゆえに，本条項を適用する本件指導性案例には重大な法理上の誤りがある，とするのである（第 6 期金杜―明徳法治サロンでの周光権及び梁根林発言など。中国民商法律ネット http://www.civillaw.com.cn/article/default.asp?id = 55459 参照）。

これに対し，最高人民法院も早々に反論している。いわく，死刑執行猶予では軽すぎるが死刑即執行は重過ぎる，という場合（本件もそれに当たるとする），裁判所に裁量的判断が求められることになるが，被害者遺族らの激しい感情（行動）を受けて，往々にして死刑即執行が選択されていた。それゆえ，本規定はむしろ死刑即執行を減刑制限付の死刑執行猶予に減軽するものであって，施行前の行為に適用することに法理上の問題はない，というのである（最高人民法院案例指導工作弁公室「指導案例4号《王志才故意殺人案》的理解与参照」『人民司法』2012年7期43頁）。

　このように，対立の要点は本件が本来死刑執行猶予に当たるものであったか，という点にあるが，指導性案例の内容が過度に単純化されている現状では，考慮された事実の詳細は不明で，裁判官の判断の是非については判断しがたい。私見として，司法解釈等から判断して本件に対する学説の批判は妥当であるが，現実の社会的混乱・暴動に直面する地方の法院・裁判官に対して最低限死刑を避けるための妥協策を示す，という最高人民法院の意識は理解できる，とだけ述べておきたい。

　なお，直近に出された第3期案例にも，減刑制限付き死刑執行猶予の事例（12号）が含まれている。全法領域についての指導性案例が2年間でわずかに12件しか出されていない中で，同事例が集中的に選択されていることには，死刑選択に慎重さを求めると同時に被害者感情と社会不安にも配慮する，という任務の重さと意識の強さが感じられる。但し，12号判例は情状等において本件よりもはるかに悪質・重大であり，これらが同様に減刑制限付き死刑執行猶予として指導性案例となることには，規定により求められる「参照」義務から考えても，実務に混乱をもたらす虞がないのか，大いに疑問である。

第3章 「依法治国」と司法改革
――中国的司法の可能性

はじめに

　習近平総書記の提唱する「四つの全面」[1]の1つとされていることからもわかるように，「依法治国」[2]は「国家の統治理念であり社会の共通認識である」とされ，その実現は「広汎かつ深刻な革命」[3]とまで称されている。

　そのような中，2014年10月には中国共産党中央委員会により，そして2015年2月には最高人民法院により，「依法治国」に関わる文書が出されることとなった。両文書はその射程，分量または重点において違いがあるものの，いずれも司法制度改革について具体的に論及しており，中国の司法制度が直面する問題を解決し，よりよい司法を構築することを目的（の1つ）としている。

　本稿では，上記2つの文書の記述を比較しながら，司法に関わる問題がどのように捉えられ，どのような解決（または改善）が期待されるのかについて検討する。その上で，そこに示される意味ないし変化から，今後中国の司

---

1)「小康社会の建設」「改革の深化」「依法治国の推進」「厳格な党ガバナンス」を「全面的」に行うこと。『人民日報』2015年2月25日1面評論『引領民族復興的戦略布局――論協調推進"四個全面"』はこれを「民族復興を導く戦略的布石」であり「中国の発展を統率する総綱である」とする。(http://opinion.people.com.cn/n/2015/0225/c1003-26591561.html)。なお，URLについてはいずれも2015年4月1日最終確認。
2)「依法治国」（原語）とは，「法により国を統治する」の意。英訳では，Rule the country in accordance with the law などとされる。Cai Dingjian, China's Journey Toward the Rule of Law: Legal Reform, 1978-2008, Brill, 2010, p 2. など。中国では単に「法治」という言葉を用いることも多い。
3) 習近平自身が「重大決定」の「起草状況」について行った「説明」から引用 http://paper.people.com.cn/rmrb/thml/2014-10/29/nw.D110000renmrb_20141029_1-02.thm。 なお，本稿における飜訳はいずれも論者による。

法が向かおうとしている方向とその実現の可能性について考察してみたい。

第 1 節　党による「依法治国」の推進[4]

1　「重大決定」の概要

　習近平指導部における「依法治国」の位置づけを明確に示すことになったのは，2014 年 10 月，中国共産党第 18 期中央委員会第 4 回全体会議（以下「4 中全会」とする）で可決・成立した「中共中央の法による統治を全面的に推進することについての若干の重大問題に関する決定」（以下「重大決定」とする）である。

　これは，党中央がその全体会議において「法による統治」を主題とし，その名称を冠した文書を正式の決定として公布する，という点で画期的なものであり，「社会主義法治国家の建設を加速する綱領的文書」[5]と位置づけられている。

　以下では，まず「重大決定」の内容のうち司法に関する章（第 4 章）[6]を除く部分について，その章立てに沿って簡単に概観し，全体の構造と内容についてのイメージをつかむこととしたい。

(1)「総目標」

　「重大決定」はその冒頭において，「中国共産党の指導の下，中国の特色ある社会主義制度を堅持する……社会主義法治国家を建設する」ことを，「総目標」として提示している（第 1 章）。

　この「総目標」に明確に表れているように，「依法治国」という発想には，Rule of Law または法の支配などの概念で意味される内容と根本的に異な

---

4) 本稿において単に「党」と記述するときはすべて中国共産党を指す。
5)『人民日報』2014 年 10 月 24 日社説「実現依法治国的歴史跨越」http://paper.people.com.cn/rmrb/html/2014-10/24/nw.D110000renmrb_20141024_2-03.htm. 文中では「党の指導の堅持」こそが「西側のいわゆる『憲政』との根本的な違い」とされている。
6)「重大決定」には「第〜章」や「第〜節」といった名称は付されていないが，ここでは便宜上，大項目（原文の一，二，三……）を「章」とし，小項目（原文の（一），（二），（三）……）を「節」として記述した。

ところがある。すなわち，後者2つにおいては，そこに一定の主語がないか，または法自体が主語となっている。これに対し，「依法治国を以て，党が人民を指導して国を治めるための基本的戦略とし，依法執政を以て党が国を治める基本的方法としなければならない」（第1章。文中の傍点は論者による）とされているように，「依法治国」の主語は徹底して党である。要するに，「依法治国」とは，共産党が国を統治する際の1つの方法ということになる[7]。

(2) 原　則

「重大決定」の第1章では，このような「総目標」の実現のために，堅持すべき原則が示される。それは「党の指導」，「人民の主体的地位」と「法律の前の平等」，「依法治国」と「以徳治国」の結合，そして「中国の実情に基づく」こと，である。

「重大決定」はこれらの原則に番号を付さず，単に列挙する形式をとっている。とはいえ，党の指導は「中国の特色ある社会主義の最も本質的な特徴であり，社会主義法治の最も根本的な保証である」とされるように，それは絶対の前提と位置付けられるものであり，「依法治国」実現のための他の諸原則（「法律の前の平等」や「中国の実情」など）と並列的に考えることはできない。

実際に，原則の2番目に掲げられた「人民の主体的地位」の記述では，「人民は必ず党の指導の下で」「法律の規定により広範な権利及び自由を有し，尽くすべき義務を負い，社会の公平と正義を守らなければならない」とされている。このように，その他の原則は党の指導の下位に位置づけられると同時に，それとの関係で意味づけられている。

(3) 憲法の実施

第2章は主に立法について規定するものであるが，その表題（「憲法を核心

---

[7] 海外のメディアや識者には，Rule by (the) law と訳したり，特に引用符をつけて"Rule of Law"とするなど，西洋の概念との違いを強調するものが多い。例えば Shannon Tiezzi, Could China's 'Rule of Law' Lead to Constitutionalism?, http://thediplomat.com/2014/10/could-chinas-rule-of-law-lead-to-constitutionalism/ など。

とする中国の特色ある社会主義法律体系を改善し，憲法の実施を強化する」）に明らかなように，そこでは憲法に基づく法律体系の構築とその保障が強調される。

その内容においても，第1節を「憲法実施・監督制度の健全化」と題して「依法治国を堅持するにはまず依憲治国を堅持し」，「憲法を根本的な活動準則としなければならない」と述べるなど，最高規範としての憲法の実現に意が払われている。

しかし，憲法実施の保障といっても，それは必ずしも憲法に規定される手続により保障されるわけではない。抽象的・宣言的規定の多い憲法の内容を実現するには，具体的な立法の憲法適合性を確保する必要があるが，「重大決定」は「憲法の実施と監督制度の健全化」を述べたすぐ後の第2節（「立法体制の改善」）の冒頭で，「立法活動への党の指導を強化する」として，「凡そ重大な体制・政策調整に及ぶ立法については，必ず党中央に報告し，その討論と決定を経なければならない」とするなど，憲法の実施もまた根本原則たる党の指導により保障されることになる。

(4)「依法行政」

行政に関わる第3章においても，「各級政府は党の指導の下，法治の軌道の上で業務を行う」という形での「依法行政」が提唱されている。具体的には，「法による政策決定メカニズムの健全化」が強調され，「法定の手続」に従った政策決定を行うとして，専門家による議論やリスク評価，合法性審査，そして住民参加などが列挙されるが，ここでも単に手続の名称を掲げるのみで，なんら具体的な要求は見られない[8]。

行政に関する記述で目立つのは，下級政府の統制という意識である。それは大きくは，「中央政府のマクロ管理，制度設計の職責と必要な法執行権限の強化」の下，省レベルにおける「基本的公共サービスの均等化」と市・県レベルにおける職責執行を強化する，という方針に現れる。そして「法律執行の全過程の記録」に基づいて，「行政首長，その他の責任ある指導者及

---

[8] 中国の住民参加については，本書第6章「中国における住民参加の現状と機能」（158頁以下）を参照されたい。

び関連の責任者の法的責任を厳格に追及する」所謂「重大政策決定終身責任追及制度」により，中央の統制確保を目指している。

(5)「大衆」と「法治工作隊列」

　司法について論ずる第4章（後述）に続き，第5章では「大衆」及び「基層」の「法治」が論じられる。そこでは，道徳や文化そして賞罰などを用いて隅々まで教育と宣伝をいきわたらせ，人々の法治意識を高めるとともに，「社会矛盾アラート・メカニズム」や「社会治安防衛・統制体系」，さらに「有機的にリンクし相互に協調する多元的紛争解決メカニズム」などを用いて調和と秩序維持の実現を目指すなど，「社会治安綜合治理」体制による「安定維持」をより「深く推進」することが求められる[9]。

　これに続き，第6章では，法曹と法学者の人材養成と選抜，そして教育などについて規定が置かれている。そこでは，「党に忠実で，国家に忠実で，人民に忠実で，法律に忠実な社会主義法治工作隊列の建設に力を入れる」とした上で，「思想政治建設を首位に置き，理想信念教育を強化し，社会主義核心価値観と社会主義法治理念の教育に深く入り，党の事業，人民の利益そして憲法法律の至上を堅持する」ことが法律家・法学者のあるべき姿として示される。

　このスタンスは政府や司法機関に限ったものではない。第2節の冒頭では，「弁護士隊列の思想政治建設を強化する」として，「中国共産党の指導を擁護し，社会主義的法治を擁護することを，弁護士従業の基本的要求とする」ことが求められる。また法学教育について規定する第3節でも，「マルクス主義法学思想と中国の特色ある社会主義法治理論が，高等教育・科学研究機関における法学教育及び法学研究の陣地を全方位的に占領する」など，軍事的ターミノロジーを用いつつ，「堅強な政治的立場を持ち，理論的基礎も重厚な，中国の国情を熟知した高水準な法学家及び専門家団体を構築すること」が目指される。

---

9)「社会治安綜合治理」については，但見亮「社会管理綜合治理の構造と問題点」『一橋法学』第12巻第3号（2013年11月）143頁以下を参照されたい。

(6) 党と党員

　「重大決定」はその最終章（第7章）を「依法治国の全面的推進についての党の指導の強化と改善」と題し，再び党の指導の「根本性」とその「貫徹」を強調する。

　内容には「党委員会が法に基づいて政策決定を行うメカニズムの改善」や「党の政策と国家の法律の相互連動の促進」，そして党自身が「率先して法律を遵守し，法により物事を処理する」ことなど，指導する党の側の「依法」のあり方に踏み込むものも見られる。とはいえ，その方法は依然として各国家機関における「党組織及び党員幹部が党の理論及び路線方針政策を堅く貫き，党委員会の決定・配置を貫徹する」ことであり，それが党委員会・政法委員会への報告と指導，そして「政治業績考査指標体系」により担保されるという点もまた，従来と変わりはない。

　最後に，「重大決定」は，「全党の同志と全国の各民族人民は，習近平同志を総書記とする党中央の周囲に緊密に団結し，中国の特色ある社会主義の偉大な旗を高く掲げ，全面的に依法治国を推進するという偉大な実践に積極的に身を投じ……法治中国の建設の為に奮闘せよ！」との感嘆符つきの号令を以て文を閉じている。

2　「重大決定」における司法
(1)「合法・独立・公正」[10]

　次に，「重大決定」が特に司法について論ずる第4章について詳しく見てみよう。同章は，まず第1節の頭書に「合法・独立・公正」の確保を掲げる。とりわけ，「公正は法治の生命線である」とするなど，公正の重要性が繰り返し述べられており，管理体制と運営メカニズムの改善を通じた司法への規制と監督の強化によって「司法不公」を防止または除去する，というところに本章の意識の重点があることがわかる。

　第1節ではさらに，司法活動に対する違法な干渉についての通報と責任追

---

10) 原語は「依法独立公正」で，正確に訳せば「法により独立して公正に（裁判権を行使する）」となる。

及，そして重大結果に対する刑事責任の追及などにより，「各級党政機関及び指導幹部」が裁判・検察に干渉することの防止・抑制が求められる。

但し，「各級党政機関及び指導幹部」による司法への干渉が明文で禁止されるのは，「法定の職責に反する」ことを強要したり，「司法の公正を害する」場合のみであり，その他一般的な干渉の防止・抑制については記録と通報頼み，ということになる。また干渉への懲戒についても，「冤罪・誤判またはその他の重大な結果をもたらしたとき」を除き，「党紀政紀処分」にとどまるものとなっており，その効果には疑問が残る[11]。

(2) 管轄改革

司法の諸問題を解決するためには法院の管轄改革が不可欠である，という主張はかねてから見られており[12]，「重大決定」もこの点を重視していることが窺われる[13]。

具体的には，行政区画を越えた重大な行政・民商事事件について，最高人民法院が巡回法廷を設置して処理すること，行政区画を越えた常設の人民法院及び人民検察院の設置を模索すること，さらには行政訴訟事件の管轄制度を調整して処理の困難を解決することなど，所謂「地方保護主義」がもたらす「司法不公」への対策が示されている。

また要件を具備した起訴を裁判所が受理しない所謂「立案難」について，起訴状の受理を審査制から単なるファイリング（登記）に変えることで，「当事者の訴権を保障する」ことが目指されるなど，訴えや紛争の適切な処理が求められている。

---

11) 国内のメディアには「干渉の記録」という手段を賞賛する記事が目立つ。例えば『『無罪也要起訴』背後的干預之手』『北京青年報』2014年11月23日A2面など。
12) 早くも2002年には「行政事件異地管轄」の事例が見られ，その後各地で試行が行われている。鄭春燕・陳崇冠「関於行政案件異地交叉審判模式的思考」『浙江工商大学学報』2005年1期3頁以下参照。
13) 「重大決定」についての習近平による「説明」（前掲注3）でも，説明を行った10項目の問題のうち5つが司法に関するものであり，そのうち2つが管轄に関わるもの（巡回法廷と管轄を越えた法院の設立）である。

(3) 公開と監督

「司法活動における人民大衆の参加の保障」と題する第4節では，文書や手続の公開により，現状の司法手続における「ブラック・ボックスを途絶」して「民を利する陽光司法メカニズムを構築する」とともに，そのような文書や手続における「法の解釈と道理の説示を強化する」ことが求められている。

第5節と第6節はそれぞれ人権保障と司法の監督について言及している。そこでは「罪刑法定」や「違法収集証拠排除」の「健全な実現」，そして「酒食の接待や財物の収受」等の「違法・規律違反行為」の「厳禁」など，既存の制度・規定の言葉通りの実現を目指すものが目立つものの，「疑わしきは無罪に」の原則の実現が求められ，被疑者の身柄拘束など「捜査手段への司法監督の改善」が提唱されるなど，現状の問題を改善しようという意識も感じられる。

但し，法律監督を中心に検察機関の権限強化が求められ，「違法または紀律違反でライセンスを取り消された弁護士」の「法律職従事の終身禁止」が規定されるなど，集権的統制強化の様相も垣間見られる[14]。

3　まとめ＝党が示すもの

以上，「重大決定」の主な内容を，司法以外と司法について概観してみた。そこからわかることは，まず主に司法以外，すなわち「依法治国」に関わる大きな枠組みについては，概ね従来と変わりがない，ということである。

それは「重大決定」の各フレーズからも明らかである。即ち，そもそも「党の指導と社会主義法治は一致している」はずであり，現状の問題は党員・公務員等の腐敗やゆるみによるものなのだ。そこで，「党が立法を指導し，法執行を保証し，司法を支持し，率先して法を守る」ことにより「全党全国の団結と統一を守る」ことで問題は解決できるはずである。

---

[14] 『法制日報』2014年6月30日には，7人の所謂人権派弁護士の資格停止または取消に関する「中華全国律師協会会員部」の「声明」が掲載されているが，その理由や手続などについては触れられていない。

要するに，それは改革と言うよりむしろあるべき姿への回帰，すなわち党の指導を堅持することにより，「中華民族の偉大な復興という中国夢を実現」しようとするものなのである。

その意識を裏付けるかのように，規定は具体性に欠け，既存の制度や標語のくり返しが目立ち，目新しいものはほとんどない。敢えて言えば，文章全体にわたって「党の指導の堅持」が繰り返し強調され，中央の統制と規律という意識が際立っている点，むしろ法治の広がりや膨らみへの警戒すら感じられる。

これに対し，司法に関わる部分はかなり具体的で，いくつか注目すべき部分も見られる。とりわけ，下級裁判所の管轄を同級行政管轄から分離することなど，「地方主義の超越」[15]という問題意識から提唱されてきた施策については，既に各地で試行が行われているとは言え，「重大決定」により党のお墨付きを得た，という事実には重みがある[16]。

但し，同様に問題として意識されてきた脱行政化，すなわち裁判所・司法系統内外での，報告と指示を中心とした上下の命令・服従関係については，他の「党政機関及び指導者」による干渉に対して遠慮がちな予防措置を示したことを除いては，「重大決定」の中にはほとんど有意味な指摘が見られず，隔靴掻痒の感が残る。

ただ，「重大決定」は党中央が「依法治国」という執政の大方針を示した文書であり，国家運営の「全面」「全過程」を論じるものである。その点からすれば，「重大決定」は司法について十分言及していないというより，むしろ司法について特に章を立てて論じている，とするほうが正しい評価であろう。

また，司法内部の権限配分や統制については司法自体の文書に任せる，と考えるならば，それは「司法の運行メカニズム」を尊重するものであり，

---

15) 張建偉「超越地方主義和去行政化 ── 司法体制改革的両大目標和実現途径」『法学雑誌』2014年3期34頁以下参照。
16) 例えば上海での試行について，新華社は特に「脱行政化」と「統一管理」を「キーワード」として掲げる。新華ネット「上海：司法改革試点拉開序幕」http://news.xinhuanet.com/legal/2014-07/12/c_1111583915.html。

「権限行使の独立と公正」にかなうものともいえる。このような点からすれば，司法制度改革について党から全面的な支持という号令が出されたことこそが，正に「重大決定」の要点というべきである。

いずれにしても，「重大決定」に示された司法改革に係る諸方針を実行するには，より具体的な規定が必要となる。このような中で，2015年2月末，最高人民法院は「人民法院の改革を全面的に深化させることについての意見」(以下「改革意見」とする) を公布することとなった。以下では，この「改革意見」の内容の検討を通じて，改革の具体的な実現プランについて考察してみたいと思う。

第2節　人民法院による「改革意見」

1　「改革意見」の経緯

(1) 沿　革

その冒頭で述べられるように，「改革意見」は「人民法院5年改革綱要」[17]の第4 (2014－2018) という性格も併せ持っている。この「5年改革綱要」とは，最高人民法院が1999年以来ほぼ5年ごとに公布しているもので，各時期の今後5年における改革の原則や重点，そして具体的制度についての改革案が示されている。

「改革意見」の理解のために，従前の「5年改革綱要」の様相・特徴について，以下簡単に紹介しておきたい。

① 第1 (1999－2003)　最初に出された「5年改革綱要」は，第15回党大会で打ち出された「依法治国」の実現をめざし，今後の司法改革に向けた大きな方向と目標を示すものであった。その内容は，「地方保護主義」や法院の管理体制といった枠組みの問題から，各法院の経費の困難や裁判官の「素質」の問題など，個別・具体的な問題にまで及ぶものであったが，一つ一つの項目についての記述は短めで，主に改革の対象と指針を示すものとなっている。

---

[17] 第3までは同じ名称が用いられていた (以下「第〜改革綱要」とする)。

② 第2（2004－2008）　第1に比して，「第2改革綱要」にはより切迫した問題の具体的な解決，という意識が目立つ。短めな序文の後の「主要内容」が，まず「死刑事件の裁判手続の改革と改善」から始まることに，それは如実に表れている。この他にも，刑事証拠規則や民事・行政事件の管轄制度，そして簡易手続や公判前準備手続など，具体的な訴訟手続の問題が羅列されているように，全体を通じて実務上の緊急課題への対応という様相が色濃くみられる。

③ 第3（2009－2013）　「三つの至上」[18]と「調和・安定」という言葉に代表されるように，「第3改革綱要」では「正確な政治方向」と「統合・協調」が強調され，「党の指導の下」で「大衆路線」による社会治安の維持が前面に打ち出された。内容にも，具体的な措置よりも精神面での心得というべきものが目立ち，党委員会の監督の下での他機関との協調が重ねて述べられる以外は，簡素かつ箇条的に課題を掲げてそれを「改善する」と繰り返すばかりで，何をどう改善するのかは明らかでない[19]。

(2)「正式に公布」の謎

上記のように，「改革意見」は上記「5年改革綱要」の4番目，として位置づけられているが，従前とはその名称を異にしており，その「改名」には若干不可解なところがあった。

当初2014年7月に，最高人民法院によって「第4改革綱要」の「正式公布」が発表された[20]。ところが，実際に最高人民法院により行われたのは，「全体の考え方」と「主要内容」の説明だけであった。

この説明によれば，「第4改革綱要」は「8方面の核心的内容」（＝8つの節）に「45項目の改革措置」が規定されているとのことであったが，その

---

18)「党の事業，人民の利益，憲法法律」を「至上」とするもので，当時の最高人民法院院長もしばしば強調している。例えば王勝俊「『三個至上』是法院始終堅持的指導思想」http://news.xinhuanet.com/legal/2008-06/23/content_8420938.html。
19)「主要内容」は30条で6000字足らずであるが，その中で80回近く「完善（原語）」が繰り返され，その他にも「健全」「改革」「改進」など似たような言葉が目立つ。
20) 最高人民法院司法改革指導グループ事務局主任の賀小栄の発言。7月26日付『人民法院報』5面記事「人民法院四五改革綱要的理論基点，邏輯結構和実現路径」。

内容について具体的な説明はなく，各項目がほぼ箇条書き的に羅列されるのみであった。この状況は半年以上続くことになり，翌年の2月末になってやっと全文が公布され，その際に名称も「改革意見」に変わったのである。

この点，「正式に公布」された文書を半年以上も内部にとどめておき，その後，党の「重大決定」を受けて大幅に「アップグレードする」[21]，というやり方は，法治という思想に適合的でないばかりか，「開放」「透明」かつ「民を利する陽光司法メカニズムの構築」という自らの宣言に違背すると言わざるを得ない。

(3) 「政法機関」の統合的協調

この「改革意見」に顕著なもう1つの特徴は，「改革の深化」と題する「意見」が，ほぼ同時に最高検察院と公安部から出されていることである[22]。

このうち，公安部の「大枠意見」は近く公布・実施される予定とされているが，その詳細は明らかでない[23]。公安部副部長が記者会見で述べたところによれば[24]，これは「平安中国，法治中国の建設において重大な現実的意義と深遠な歴史的意義」を有するとのことであるが，給与・待遇について「軍より少し低く，地方（公務員）より少し高く」とする以外は，概ね具体性に欠ける「大話・空話」が目立つ。

これに対して，検察院の「深化意見」（公開済）には，「重大決定」への対応という意識が顕著に見られる。その内容は，行政管轄と切り離された管轄制度の構築や，省レベル（高級人民検察院）による財政・人事の統一管理，違法収集証拠排除や取り調べの録画・録音，証人の出廷の確保，そして内部・外部からの監督による「開放」「透明」かつ「民を利する陽光検察メカ

---

21) 葉竹盛「司法改革重返激情年代」http://chuansong.me/n/1229307 参照。
22) 最高検察院「検察改革の深化に関する意見（2013－2017年活動計画）」，及び公安部「公安改革の全面的深化に関する若干の問題についての大枠的意見」。以下それぞれ「深化意見」，「大枠意見」とする。
23) 陝西省で「大枠意見」に基づく「実施意見」の制定がなされるなど，公安系統では早々に下達されたと思われる。「陝西省審議通過全面深化公安改革工作実施意見」http://news.cpd.com.cn/n3559/c28060413/content.html。
24) 人民ネット「公安部負責人就全面深化公安改革有関状況答記者問」http://politics.people.com.cn/n/2015/0215/c1001-26570910.html に掲載。

ニズムの構築」など，一字一句まで「重大決定」にそろえた用語法も見られている。

このように所謂「政法機関」が足並みをそろえたことは，正に各機関がいずれも党の指導に従い，「重大決定」に応じて自らの改革の方針を示したものということができる。とりわけ，法院と検察院は既に自らが示した方針を「重大決定」に沿って「修正」したとされている[25]。これは「党の指導を堅持」するもので，「依法治国」の統一的・協調的実現に資すると言えるのかもしれないが，「公開」や「透明」ひいては「独立」という自らの宣言に違背するとの憾みが残る。

2 「改革意見」の内容
(1) 構造と目的

このように，「改革意見」はその公布や改名の経緯，そして他の政法機関との協調性などを見る限り，党の指導の下でその命令を実現することを宣誓するかのような様相を見せている[26]。ところが，そのようなあり方とは裏腹に，その内容は全面的で実務的な改革を目指したというのにふさわしいものとなっている。

これは，特に精神や目的に関する記述において顕著である。上述のように，「第3改革綱要」では党の指導を中心とした思想・精神に関する訓示（第1章及び第3章）に大きく紙幅が割かれ，具体的な改革内容（第2章「主要任務」）は30項目に止まり，その内容も具体性・積極性に欠けるものとなっていた。

これに対し「改革意見」では，目標や原則[27]の割合自体が少ないばかりか，思想や精神に関わる内容はわずかであり，「裁判権を法により独立かつ

---

[25] 最高検察院は従前の「工作規劃（2013－17）」を「修正した」としているが，いうところの「工作規劃」が公開された形跡はない。

[26] 習近平による「説明」（前掲注3）でも指摘されるように，四中全会では裁判官など人民代表大会の任命する公務員に「憲法への忠誠」を宣誓する制度を決定している。

[27] 第1章（全体構想），第2章（基本原則）及び第4章（活動要求）を指す。但し，「党の指導」や「中国夢」といった文言も見られる。

公正に行使する」ことや「司法の規律の尊重」，さらに「法による改革の推進」など，改革推進の方法や意識のあり方に関する記述がほとんどである。

そして改革の具体的措置について規定する「主要任務」（第3章）は7節・65項目に及び，その内容も現状の問題解決を目指すものが目立つなど，全体的に思想・精神という要素が薄まって，より実務的な改革の推進が重点になっているという印象を受ける。

(2)「地方要素」の排除

「重大決定」でも示された管轄改革について，「改革意見」はこれを「主要任務」の第一に掲げ，9つもの項目にわたり詳細なプランを示している。

その内容を見ると，最高人民法院の巡回裁判所や行政区画をまたぐ管轄の設定，そして「検察機関の提起する公益訴訟とリンクした事件管轄制度の構築」など，「重大決定」の踏襲という姿勢が目立つものの，独立の事物管轄に係る特別裁判所であった鉄道運輸法院を，今後行政区画を越えた重大な行政事件や環境破壊等「地方要素の影響を受けやすい事件」の管轄とするなど，より具体的で実用的との印象を受ける。

管轄制度改革と同様，人事制度そして独立性の確保においても，「地方要素の影響」の排除が重点にすえられている。

その内容は，人事・財政関連の権限を省レベル（高級人民法院）以上に引き上げ，司法系統の「垂直管理」を強化するとともに，裁判への干渉の「記録，通報及び責任追及制度」を構築し，地方の党・政府指導者による司法への介入を排除しようとするものである。

人事に関しては，法によらない降格や免職を禁ずるとともに，弁護士や学者など第三者の参加する「裁判官選任（懲戒）委員会」を設けるなど，「公開・公正」なプロセスを通じた地位の保障により，「裁判権の独立・公正な行使」の実現を目指している[28]。

---

28) 2014年12月3日に公表された上海市の「裁判官，検察官選任（懲戒）委員会名簿」では，学者が6名，党・政府から4名，裁判官3名，検察官と弁護士が各1名となっている。上海政法綜治ネット http://www.shzfzz.net/node2/zzb/shzfzz2013/zdhd/ulai699113.html 参照。

(3) 公判中心主義

「改革意見」は「主要任務」の第2として，「公判を中心とする訴訟制度の構築」を掲げている。

そこでは「公判中心主義」の位置づけが「重大決定」よりも高められているだけでなく[29]，その内容においても，「疑わしきは無罪」の原則や違法収集証拠排除に加え，囚人服のような服を着せて出廷させることを禁ずるなど，「人権保障」に配慮した詳細な規定が見られている[30]。

これらについては，法律上規定されていることが実現していない（ときには全く無視されている）ことの証左，ということもできる。とはいえ，「一切の証拠は法廷での証拠調べを経た場合にのみ裁判の根拠となる」，さらに「争いの大きい重要な証拠についてはその採否と理由を裁判文書の中で明らかにしなければならない」など，法廷運営と裁判文書の内容に踏み込んだ具体的な指示には，問題解決への意欲が感じられる。

(4) 管理と責任

「改革意見」が提示する管理システムは，審級に応じて審理の重点を事実から法律問題へとシフトさせるとともに，上級審による差戻しや再審命令の条件及び回数を限定すること等により，判断の対象と範囲（＝責任）を明確にした上で，その合法かつ適切な履行を評価の重点とする。

また法院内の権力関係については，院長や延長による裁判監督の「全過程の痕跡を残す」ことにより，「相互監督，相互制約のメカニズムを打ち立てる」。同時に，裁判委員会[31]については「主に事件の法律適用問題を論ずる」ものとして，具体的事実の判断・評価から可及的に遮断することが目指され

---

[29]「重大決定」は大きな項目ではなく内容の1つとして触れるだけである。
[30] 但し，「改革意見」の文言には被疑者が含まれず，被告人についても法廷での服装について定めるのみである。「収監を示す服」を着た被疑者が自らの罪を「懺悔」する様子が全国のテレビで頻繁に放送される現状からすると，規定の射程は過度に狭隘で，人権保障の見地からは的外れですらある。このような状況については，但見亮「『憲政』と『依憲執政』——『中国夢』の『法治』を考える」『一橋法学』第13巻第2号（2014年7月）103頁を参照されたい。
[31] 院長，延長その他各法院の指導幹部などで構成され，運営や人事だけでなく，重大事件や難事件について審議する権限を持つが，公判廷の意味を失わせるとの批判も強い。

る。

このような構造的保障の下で，個別の事件の判断を行う裁判官（長）の権限を高めると同時に，そのような権限に基づいて，自ら判断を行い評価を受け責任を負う，という所謂「権限・責任・利益統一原則」を確立し，以て行政的管理の桎梏から脱しようとするのである。

(5) 公開と「説理」

上述のように，「改革意見」は裁判のプロセスと判決の内容を「司法の運営準則にかなうもの」とすることにより，司法の合法・独立・公正を実現することを目指しているのだが，その手段として強調されるのが「公開」である。

「開放的」で「民を利する陽光司法メカニズムの構築」と題する第5章では，「公判廷の公開」「裁判プロセスの公開」「裁判文書の公開」に加え，「減刑，仮釈放，臨時所外執行の公開」など，多方面にわたる公開を確実に行うことが提唱され，それによって「司法に対する理解，信頼と監督を増進する」ことが目指されている。

また裁判文書については，単に公開するだけでなく，「説理」（道理にかなった説明）を十分に行うことが求められ，それが「昇進における重要な要素」とされることになる。

3 まとめ＝司法への信頼？

以上見てきたように，「改革意見」は基本的に「重大決定」の示すプランに沿って，それを詳細・具体化する内容となっている。各章の冒頭で，そこに規定する内容を（5ヵ年内の）いつまでに実現するかが明確に示されているように[32]，それは「重大決定」により命ぜられた任務の実現に向けた行動計画ということもできるだろう。

そしてこれら2つの文書はいずれも，その内容の多くを「法により独立か

---

32) たとえば「陽光司法メカニズム」については「2015年末までに……裁判過程の公開，裁判文書の公開および執行情報の公開という三大プラットフォームを形成する」とされている。

つ公正に裁判権が行使される」ことの確保（若しくはその侵害の防止）に割いている。そこには、法廷における公正な審理を充実させ、それに基づいて担当裁判官が独立して判決を出し、その誤りについても（法により）上級審が法廷で審理し、必要があれば判決でそれを改めることにより、権威と尊厳ある司法を構築する、というロジックが見いだされる。

　このようなロジックが成り立つためには、基層から上層に至る裁判官の能力・資質が信頼に足る程度に達している、という前提が不可欠である。蓋し、そのような前提があって初めて、裁判（官）への外部または上級からの介入を有効に防止すること、すなわち裁判権行使の合法・独立を確保することにより司法の公正（裁判結果の適正）が実現できる、という公式が成立するからである[33]。

　このように、近時出された司法改革に関わる2つの重要な文書は、いずれも司法への一定の信頼を基礎に、その合法・独立・公正な裁判権行使を通じて、司法の権威と尊厳を確立することを目指している。とはいえ、このような思考は現在の統治状況に適合的なのだろうか。また、そのような司法は本当に確立できるのだろうか。以下、このような視点から、今後の司法の可能性について考察してみたい。

第3節　司法の行方

1　改革の射程

　上述のように、「重大決定」と「改革意見」は、司法への（一定の）信頼に基づいて、合法・独立・公正の確保によってあるべき司法を実現しようとするものであるが、このような意識の背後に、昨今の司法に見られる二極化というべき状況があることを看過することはできない。

　すなわち、知財や契約など、マーケットのインフラの根幹として経済発展

---

[33] 公平な証拠調べの徹底や裁判文書における説明の充実など、裁判（官）の質の向上を求める内容も見られるが、そこにも「外部の（違法な）介入を排する」ことを前提に、その状況下で目指すべき司法のあり方を示す、という構造が見られる。

に関わる問題については，国際標準に適合的な規定の整備が進められ，個別のケースの審理や裁判文書の質も高まっている[34]。これに対し，土地収用や官民の対立，そしてNGOや弁護士への取締りなどについては，「公開」や「人権」どころか，明確な法律違反すら厭わぬ処理が横行しているのである[35]。

今次の司法改革についても，このような二極化がその前提にあるのは明らかである。つまり，技術的で非政治的な問題については，独立かつ公正な審理に基づく法による判決を確保するとともに，その質を高めていく。対照的に，「国家の外交，安全及び社会の安定などに及ぶ重大・複雑事件」[36]など「政治的に敏感な問題」については，徹底した党の指導の下，決して手を緩めない処理が行われるのである。

要するに，裁判所・裁判官が合法・独立・公正に事件を処理することへの信頼の背後には，このような問題の振り分け，そして振り分け後の処理に党の指導が徹底されることへの信頼がある[37]。それは，「重大決定」にも現われた思想・教育の徹底，そして官どころか弁護士や法学者をも「隊列」化する統制・管理の徹底により保障される。同時に，このような二極化に人々が慣れてしまった（慣らされた）ことへの確信も，そこに見出すことができるだろう[38]。

---

[34] 契約法の規定が国際的潮流に適合する先進的なものであることは，田中信行編『中国ビジネス法の理論と実務』（弘文堂，2011年）55頁以下に詳しく紹介される。
[35] Against the law — Crackdown on China's human rights lawyers deepens, Amnesty International, 2011 は，多くの実例を挙げた上で，「弁護士に対する中国の法自体にすら反する人権侵害」が「全てのレベルの官憲により益々積極的に行われている」（38頁）とする。
[36] 「改革意見」第3章第32項の裁判委員会の審議対象に関する規定。
[37] 「世紀の裁判」と称された薄熙来事件では，法廷の「生放送」も行われるなど「公開」が徹底され，そこでの「法治」が徹底的に自画自賛されたのに対し，所謂人権派弁護士の事件などでは法廷への証拠提出も近親の傍聴もままならないとされるように，「政治性」の高い事件についても，政治的な判断に基づいて両極の対応が見られる。Lawyers for Chinese Activist Believe Conviction Is Predetermined, ANDREW JACOBS, January 23, 2014, http://cn.nytimes.com/china/20140123/c23trial/en-us/ 参照。
[38] one-party rule による司法改革への限定を "reality with which multinational

いずれにせよ、司法改革は主に政治性の高くない部分について実現が期待されるが、政治性が高いと考えられる領域についての実現は不透明である[39]。それは、「重大決定」と「改革意見」いずれもが強調する人権保障、ひいては合法・独立・公正の射程及び程度にも、大きな限定と疑問をもたらすこととなる。

2　「反腐敗」と司法

上述のような二極化というべき状況による限定に加え、司法の合法・独立・公正には、「反腐敗」という現指導部の中心施策によるさらなる限定がある。

現在強力に推進（または喧伝）される反腐敗は、各地・各部門で党・国家権力を握る幹部に対して、それをさらに凌駕する権力（中央に連なる上級の党委員会及び紀律検査委員会）が強権的な統制を行う、という構造を持っている。

この構造自体は決して新しいものではなく、司法システムから独立した別系統の党機関が、強力な捜査と訴追の権限を掌握し、しかもそこで拷問や自白強要が横行している、というその超法規性がしばしば批判されてきた[40]。しかし、反腐敗が新指導部のキャッチ・フレーズのようにいたる所で強調さ

---

companies must live and cope" とする論調が見られるように、所謂「西側」もこの状況に慣らされた観がある。Judicial Reform Brings Rule of Law under Spotlignt, http://insight.amcham-shanghai.org/judicial-reform-brings-rule-of-law-under-spotlight/

39) Companies look for more fairness as China eyes legal reforms at key meeting (http://www.reuters.com/article/2014/10/18/us-china-politics-idUSKCN0I70R220141018) は、「知財と契約の保護は経済発展の前提」であり、「未来の健全な経済発展のために、法治は一層重要」となる、とする李曙光（中国政法大学）の発言を紹介する。但し、政治性の高低は対象の如何よりも状況・必要により決まる。例えば「最高人民法院『関於正確適用中華人民共和国合同法若干問題的解釈（二）服務党和国家的工作大局的通知』」は契約に関する規定であるが、関連の紛争が社会の安定を害し、ひいては党の統治と国家の大局に関わるとの意識から、それに対する慎重な扱いと上級への伺いを要求している。

40) China unveils legal reform plans, but says party to remain in control, http://www.reuters.com/article/2014/10/28/us-china-politics-law-idUSKBN0IH17G20141028 参照。

れる中，このような超法規的捜査に実質的な制約が及ぶ可能性は低い[41]。

　ただ一層問題なのは，このような反腐敗型統治システムが持つ思想であろう。それは（少なくとも表面上は）正義にその根拠を置き，正しくない者を党から除去することで，あるべき党の姿を維持する，という内容を持っている。

　この思想は，正義の盲信による懲悪の意識をもたらし，拷問と冤罪を生み出す温床となるだけでなく，実体的正義偏重による手続的正義の軽視という傾向を助長し，違法収集証拠の排除や「疑わしきは無罪に」といった改革措置の実現を妨げる要因ともなる[42]。

　地方上層の影響を排除する手段として賞賛される干渉記録制度も，結局上級党委員会・紀律検査委員会の問責権力により頼むこととなる[43]。司法の合法・独立・公正も，当面反腐敗という体制・思想の下で行われることとなり，その実現の射程・程度には一層の限定がかかる。

3　「安定維持」と司法

　上述のように，反腐敗に代表される中央からの強権的統制は，それ自体司法の独立や公正に反する面があるのだが，地方の実力者などによる腐敗と横暴への憎悪もあり，国民からの支持は強いとされている[44]。

　ここで疑問に思われるのは，このような反腐敗型の垂直管理が，司法につ

[41) ビクトリア大学ウェリントン校の Bo Zhiyue は「中国において中央紀律検査委員会とその決定の合法性を問えるものなどいない」と断言する。http://thediplomat.com/2015/03/is-chinas-anti-corruption-campaign-at-odds-with-the-rule-of-law/ 参照。
[42) 尋問中の不審死や自殺については，As China's Antigraft Efforts Increase, a Call for Padded Interrogation Rooms, http://sinosphere.blogs.nytimes.com/2014/09/23/as-chinas-antigraft-efforts-increase-a-call-for-padded-interrogation-rooms/#more-19340 が言及する。
[43) 中国新聞ネット「専家批領導幹部干預司法活動：制造大量冤假錯案」http://politics.people.com.cn/n/2014/1208/c70731-26168900.html は，「幹部管理権限」のため「上級党委と紀委のみが指導幹部への問責権力を有する」とする。
[44) 中国社会科学院が行った調査でも，「反腐敗」に信頼を寄せる人は75％以上にのぼり，その数値は2年の間に大きく上昇したとされる。http://opinion.people.com.cn/n/2015/0313/c1003-26690150.html 参照。

いても可能なのか，ということである。

　上述のように，「重大決定」と「改革意見」はいずれも，下級法院を同級の党・政府による支配から解放し，それを主に省級の高級法院の管轄に置くことによって，独立かつ公正な裁判権の行使を確保し，以て「依法治国」を実現する，という構造を持っている。

　ここで「重大決定」の社会治安に係る記述をもう一度見てみよう。そこでは「依法治国」を実現するための手段として，従来通りの「社会治安綜合治理」をしっかりと行っていくことが強調されている。すなわち，暴動や陳情など特定の不安定要素の発生防止という指標実現のため，党政機関を挙げて「平安」や「安定維持」を目指すキャンペーンが展開され，そこでの成績が党員・公務員の賞罰と人事に直結するのである。

　このような構造の下で，法院などの司法機関もキャンペーンの実現に向け一体として行動することとなり[45]，政府機関ばかりか国有企業や関連の事業体など，一定の行政区画内で統治に関わる幅広い組織体とその構成員が，指標という利益により緊密に結びつけられる。そして，この結びつきは同地区の行政首長により統括され，最終的に党委員会書記により総覧されることとなる。

　独立・公正な裁判を実現するためには，法院を地方の利益から切り離すことが必要であり，中央と省の統括下に垂直管理を行う，という方法は妥当な選択と言える。しかし，上記の構造は強固であり，司法の垂直管理を阻む力は強い。

　さらに，現在の「社会治安綜合治理」の構造を改革しようとすれば，それは必然的に各地の党委員会を頂点とする党の指導に及ぶことになるが，それは「重大決定」の趣旨に反するだけでなく，「安定維持」という至上命題すら揺るがしかねない。

---

45) 雲南省普洱市党政法委により掲載された記事では，2015年1月7日，同市所管の鎮遠県において「綜合治理安定維持業務目標責任書」の指標実現についての考査が行われ，同県法院院長が同県人代常委副主任らの考査団に対し，「党委員会の堅強な指導の下」「各種業務目標の任務を円満に完成した」ことを報告している（http://www.pecaw.gov.cn/zfbm/fy/02806348501251360512）。

「重大決定」が出された後の状況を見ても，地方では相変わらず「公安・検察・法院」の一体性が強調され，司法が一体として「社会治安綜合治理」に深くかかわっている姿が確認できる[46]。この状況は，司法の独立・公正どころか，「重大決定」と「改革意見」がいずれも強調した垂直管理すらおぼつかないことをあからさまに示している。

4 司法がめざすもの

このように，司法改革を取り巻く現状は，その範囲と程度に疑いを抱かせるだけでなく，その重点となる事項についてすら実現を疑わせるものとなっている。とはいえ，司法改革は結局いつも通り，スローガンだけ勇ましいプロパガンダに終わるかと言うと，そうとは言い切れないようにも思われる。

「改革意見」には，控えめではあるものの，興味深い表現が含まれていた。それは，「司法準則に反する考査指標及び措置を廃止し，如何なる形式のランキングも取りやめる」というものである。

上述のように，現行の「社会治安綜合治理」体制では紛争を未然に防止することが何より重視され，機関・組織体を問わず「安定維持」指標の実現が求められる。それは法院も例外ではなく，「能動司法」の理念の下，「業務の先見性を高め」，「問題に先んじて計画を謀り，事前に対応する」ことにより「社会の矛盾を解消し，社会管理を刷新する」ことが「重大な課題」とされる[47]。もしこのような指標が廃止されるならば，それは司法の独立・公正に大きく寄与することとなるだろう。

---

46) 貴州省党委員会による「重大決定」貫徹実現に関する意見（2014年11月3日）は，司法について定める第4章（「司法の公正の保証」）において，「公安機関，検察機関，裁判機関，司法行政機関が……相互に協力し，相互に制約する」と規定する。また，「切実履行綜治維穏責任営造更加和諧穏定的社会環境」(http://www.fujian.gov.cn/zwgk/zfgzdt/szfldhd/201501/t20150127_909182.htm) は，福建省において「党委員会・政府の指導の下，各部門が一体として共に管理を行い，協同かつ分担する」ことを目指す「2015年綜治（平安建設）責任書」の「締約儀式」を紹介するが，そこには法院院長と検察院院長も含まれている。

47) 最高人民法院編写組『当代中国能動司法』（人民法院出版社，2011年）。引用は1－2頁の王勝俊院長（当時）による序文から。

また「重大決定」に比して，「改革意見」では弁護士の役割がより肯定的に位置づけられている。例えば「改革意見」には「訴追・弁護側対等の訴訟理念の強化」,「弁護士に対する差別的なセキュリティ・チェックの禁止」,そして「弁護士の意見が採用されなかったときには裁判文書中でその理由を説明しなければならない」といった文言が見られるが，これは「重大決定」には見られない。ここには，司法関係者を1つの法曹という集団あるいは共同体として捉える可能性が感じられる。

　さらに，最高人民法院が近時見せたもう1つの変化も，「改革意見」を読み解くヒントとなるように思われる。

　2014年，内モンゴルと河北の死刑冤罪事件が注目を浴びた[48]。いずれも10年以上前の事件であり，既に執行も終わっていたが，真犯人の判明などもあって，冤罪であることは明らかであった。法院は長らく門前払いを貫いていたが，つい最近になって，1つの事件では明確に冤罪であることを認め，（中国の基準としては）破格の賠償がなされており，もう1つは裁判地を変更して再審を開始するよう指示されている[49]。

　これら一連の状況を踏まえつつ，再度「改革意見」の司法観を見直してみると，そこでは，司法とはどのような作用なのか，そのような作用にふさわしい構造はどのようなものなのか，という問いが立てられ[50],「司法準則」にふさわしい裁判官・裁判所そして司法システムの構築がその答えとして示されている。それは,「中国特色社会主義の裁判権力運行体系の構築」を謳いながら，むしろ普通の司法というべきものの実現を求めているようにも見え

---

48) 呼格吉勒図事件と聶樹斌事件（いずれも処刑された人の名前）。『『聶樹斌案』確定真相還有多遠」http://hlj.rednet.cn/c/2015/02/11/3601208.htm など参照。
49) 最高人民法院の周強院長は，2015年3月の全人代における活動報告で，冤罪事件への賠償額を引きつつ，このような事態の改善の意志を示している。
50) このような意識は，修正前の「第4改革綱要」に関する最高人民法院の説明の冒頭で,「法院は果たして何をするところなのか？」「追求すべき価値目標は果たして何か？」という「基本問題」を提示し,「判断主体に高度の独立性，中立性と専門性を賦与」し,「すべての法律事件において人民大衆がみな公平正義を感じることができる」司法を確立する，との答えを出していることに顕著である。賀小栄・前掲注20参照。

る[51]。

　もちろん，このような「改革意見」のスタンスは「重大決定」と乖離するものではなく，むしろその位置づけは，正に「重大決定」という「重大な歴史的チャンス」に面して，党中央の示す「精神を貫徹するため」，とされている[52]。

　ただ，2つの文書が有する若干の違いは，今後の司法改革の規模，速度そして深度に影響するだけでなく，最終的にその先にある，目指すべき司法のイメージを異にするように思われる。今後，どちらに近い方向で変化が進むのか，その動向に注目しなければならない。

おわりに

　「改革意見」で司法が打ち出したプランが，普通の司法すなわち法的なことを法的に処理することを目指すものであるとしたら，その最大の難点は，その実現如何が結局「政治」（＝党の方針・政策）にかかっている，というところにある。今次の改革も，「大局」「全面」の動向を見据えつつ，「政治」が許す範囲・程度で進行することになる。

　とはいえ，司法がその目指すものに向かって改革を深め，またそのような改革に伴って裁判官の意識が変わっていくならば，いずれ現状の統治システム及び思想との対立は避けられないように思われる。そのときに，もう一度司法は何のためにあるのかを真剣に考え，司法の独立に真摯に向き合うこと

51）「改革意見」が出される直前に最高人民法院の周強院長が所謂「西側の普遍的価値」を否定する発言を行ったことに対し，これはむしろ法院系統における新しい思考を守るという政治的な意図によるものだ，との指摘があるように，今次の司法改革の内容は「中国特色社会主義」の見地から問題視されうるものと思われる。Don't Call it Western: China's Top Court Unveils Vision for Reform, http://blogs.wsj.com/chinarealtime/2015/02/26/dont-call-it-western-chinas-top-court-unveils-vision-for-reform/ 参照。
52）冤罪事件への対応について，「重大決定」は「冤罪・誤判の有効な防止と迅速な是正メカニズムの構築」を打ち出しており（第5節），一連の最高人民法院の姿勢と軌を一にしている。

ができたならば，それは真に「広汎かつ深刻な革命」をもたらすことになる，かもしれない。

第4章　宅地使用権問題とその周辺
―物権法制定における議論を中心に

はじめに

　中国において，土地問題が統治の安定に決定的な意味を持つことは，いまさら言うまでもない。歴代の王朝が，民政安定と秩序維持，そして財源確保を目的に，理想的な土地制度を打ち立てることを重要な政治課題とし，それを巡って争いを繰り返し，最後は中央からのコントロールが効かなくなり，農民蜂起または異民族の侵入により終末を迎える，という歴史を繰り返してきたことは，中国の歴史を知る者なら誰でも思いを巡らすところである。中国共産党が土地改革を錦の御旗に掲げ，土地問題を常に政策の重点に置いてきたことも，それが統治にとって持つ意味を知るからこそである。

　このような土地を巡るコントロール権の問題は，社会主義体制の下での二元的土地所有構造，すなわち，都市＝国有／農村＝集団所有という基本構造の確立により解消されたかに見えた。しかし，改革・開放後に国有土地使用権の有償譲渡が導入されて以降，都市の国有土地使用権の爆発的高騰を目のあたりにして，自由譲渡を原則的に禁止された集団土地使用権の現状こそが，一向に改善しない「『三農』問題の核心」[1]とされ，現状の二元的土地所有構造の有効性が厳しく問われるようになっている。

　本稿では，そのような農村の集団所有土地使用権のうち，特に宅地使用権（原語は『宅基地使用権』）を取り上げて，その理論と現状，そして制度改革のプランについて分析を行い，中国の農村における住宅使用土地に関して現在生じている問題を明らかにするとともに，そこで示される将来像について

---

1) 孫憲忠『争議与思考―物権立法筆記』（中国人民大学出版社，2006年）243頁。「三農問題」とは，農村・農業・農民問題の略称で，荒廃・停滞・貧困などの諸問題を包括的に意味するもの。

展望を行うこととした。

　農村の宅地使用権を特に題材に選んだのは，現在宅地使用権の理論的位置づけに関して生じている議論・対立に，中国における法制度改革について考察する上で重要な要素が含まれている，と考えたからである。

　すなわち，農地に関してはその用途変更が禁止され，農民が経済的価値を実現する方途も厳しい制約の下におかれるだけでなく，その譲渡には集団の同意が必要とされることから，農民の自己決定による価値の実現という側面は見出しにくい。

　これに対し，農民は自らが居住する住宅について所有権を有しているが，その経済価値を実現するためには，底地の使用権譲渡（または賃貸等）を認めることが必要となる。これは従来からの規定及び理論と抵触し，既存の「所有制」の構造を脅かしかねないものであるが，物権法における私的所有権の（国家・集団所有権との）平等な保護，ひいては憲法における人権の保障という近時の立法・改正に親和的であって，そこに激しい対立が生じることになる。

　要するに，ここでは法制度を支える基礎理論ないし基礎構造の変遷の存否または変更の必要性が問われているのであり，本稿はこの問題の検討を通じて，今後の制度改革全体が向かおうとする方向を照らし出してみたいと考えるのである。

　なお，集団の土地所有権及び集団土地の使用権については，本稿の問題意識に即して，必要な範囲で若干ふれるに止まる。また，農村土地請負経営権についても，物権法の制定にあたり多くの議論が交わされ，その位置づけが問題とされているが，同問題については，宅地使用権及びそれに関わる集団所有土地使用権の議論とは異なる視点・問題意識からの検討が必要となり，本稿で扱えるものではない。これらの問題についてはそれぞれ特に同問題を題材とした研究が見られるので，そちらを参照されたい[2]。

---

2) 集団所有の問題については，小口彦太「中国の農地所有制度についての歴史的考察」（『法学研究の基礎〈所有〉』早稲田大学法学研究科等編著 2010 年 123 頁以下）が，共同体の不在という歴史的事実を引きつつ，集団所有が「歴史的前提を欠いた，空想的政策で

第1節　宅地使用権概観

1　宅地使用権を巡る制度史

中国において，「宅地使用権とは農村居住者及び少数の都市居住者が，自己所有家屋の建設のため，集団土地について有する占有，使用の権利を指す」[3]とされ，これは新中国の成立以後に，農村における土地の集団化が進む中で打ち立てられたものである，とする記述が一般的である[4]。この点，宅地使用権は集団による土地所有を前提にしているのだから，それが新中国による創出だというのは当たり前である。但し，「我国の歴史から見れば，新中国成立後に土地改革により接収または没収された宅地の国家所有，及び社会主義改造により打ち立てられた集団所有制度を除けば，歴史的に大部分の時期，宅地は私有であった」[5]，とされるように，こと農村における宅地所有に関して言えば，そこには連綿たる私有の歴史があったのである。

新中国においても，当初この私有の歴史は継承された。共産党がその政策の中心に据えた土地改革において，農村の土地については農民の所有が認められ，宅地についても，農耕に従事する農民の所有となり，自由譲渡さえも認められていた[6]。この段階では，土地は農民に無償で分配され，その所有者は農民ということになる。このような状況は，農業集団化の初期段階においても，少なくとも規定上はゆるやかに維持されていた。1956年の「高級農業生産合作社模範規則」第16条が「社員が従来から有する墓地及び建物底地（原語：『房屋地基』）については，合作社に編入しなくてもよい。社員

あった」と鋭く批判する。また，農村土地請負経営権については，長友昭「中国物権法と農村土地請負経営権をめぐる議論」（『中国研究月報』2007年11月号）が，物権的構成と債権的構成それぞれの立場からの主張と議論全体の様相を詳しく論じている。
3) 王利明『物権法研究（修訂版）』（中国人民大学出版社，2007年）下巻186頁。但し，後述のように，都市居住者の宅地使用権取得は特殊な状況においてのみ生ずるものである。
4) 劉俊『土地権利潜思録』（法律出版社，2009年）86頁。
5) 陳小君「我国現階段宅基地使用権制度規範研析―以実証調査為背景」（陳小君等『農村土地法律制度的現実考察与研究』（法律出版社，2010年）所収）220頁。
6) 劉俊・前掲注4・87頁。

が家屋を新築するために必要な底地もまた合作社に編入しなくてもよい」とするように，建物底地については，所有権を私人に留保することも許されていたのである。

　しかし，1962年の「農村人民公社工作条例修正草案」で，宅地所有権は生産隊に属するものとされ，生産隊の所有する土地については賃貸及び売買が一律に禁止されることとなった。思うに，高級合作社において，建物底地の所有を合作社に「編入しなくてもよい（原語：『不必入社』）」という規定の持つ意味は，編入することが原則で編入しないことが例外，という程度であったのかもしれないが，土地の換価可能性もなく，その割当が各級政府・機関により場当たり的に行われていた[7]という状況から考えれば，実際に使用・居住ができさえすれば所有が誰に属するかということなどどうでもよかったのかもしれない[8]。

　いずれにせよ，「高度の社会主義化が実現」したはずの人民公社体制下で，宅地の所有権を始め，農村の土地所有権は基本的に集団（一般に生産隊）に属することになった。しかし，改革・開放への転換後，人民公社体制下の「公社―生産大隊―生産隊」という構造が，概ね「郷鎮―村―村民小組」という構造に移行するのに伴って，従来生産隊として集団所有の主体であったはずの村民小組は，多くの地域で経済組織としての実体を失うこととなった[9]。しかるに，現行憲法を始め各法規では，村や村民小組を含む「集団経済組織」を集団所有の主体とし[10]，宅地についても依然として「集団所有に

---

[7] 公社時代は，生産隊や国家機関が口約束で必要な土地を融通したり，相互に事実上使用している等の状況がしばしば見られたようである。彭彩虹「浅論農民集体之間土地所有権糾紛中行政確権的証拠採用」『法制与経済』2008年2期124頁など。
[8] 江蘇省・広東省では，調査対象農民の80％以上が村または村小組が農村土地の所有者であると答えたのに対し，四川省・河南省では60％程度の農民が国家と答えており，所有に対する知識・関心が土地の経済的利用・処分の可能性と直接結び付くものであることを明確に示している。高飛「当前集体土地所有権制度中存在的問題及対策研究」（陳小君等『農村土地法律制度的現実考察与研究』（法律出版社，2010年）所収）199頁参照。
[9] 王衛国『中国土地権利研究』（中国政法大学出版社，1997年）96頁。
[10] この点，規定の文言に基づいて，条文上集団経済組織は集団所有権の管理者に過ぎず，所有権は村民全体に総有的に帰属する，との見解もみられる。例えば，郭明端「関於

属する」と明確に記載している。

　このような変化の中で，宅地の使用権については，その主体も農民ではなく同居家族（原語は『戸』）[11]に変わっている。また，宅地の無償性についても政策の変動が見られ，1990年の政策[12]により一定額の徴収による有償化が推奨され，各地で試行が見られたものの，反発が大きく，1993年の中共中央弁公庁・国務院弁公庁による「農民負担に係る項目の審査・承認についての処理意見に関する通知」で，農村宅地の使用費徴収と超過面積分の費用徴収が禁止されることとなっている。

　さらに，宅地使用権の譲渡についても一時規定に揺れが見られていた。上述のように，宅地については当初「所有」だけでなく，自由譲渡も認められていたが，使用権しか認められなくなった後も，その譲渡については有限ながらも開放されていた。これは法律の規定にも見られており，1986年の土地管理法41条では「都市の非農業戸住民が，家屋建造のため集団所有の土地を使用する必要があるときは，県級人民政府の承認を経て…併せて国家の建設用地収用基準に照らして補償費及び立退き転居補助費を支払わなければならない」とされ，一定の費用負担による宅地使用権取得が明確に認められていた。しかし，1998年の改正を経て同条の規定は削除されることとなり，1999年に国務院弁公庁が出した「土地譲渡の管理を強化し，土地投機売買を厳禁することに関する通知」で，都市住民による農村家屋の購入が禁止され，その後同様の政策的文書が続くなど，「都市住民の農村家屋購入厳禁」の様相が固まっている。

2　現行規定概観
(1) 憲法と法律

　法体系のヒエラルキーにおいて最上位にあるとされるのは，中国において

農村土地権利的幾個問題」『法学論壇』2010年1月29頁以下。
11)　この「戸」については「定義が不明確である」との問題が指摘される。廖洪楽『中国農村改革三十周年和建国六十周年』（中国財政経済出版社，2008年）211頁。
12)「国家土地管理局の農村宅地管理業務を強化することに関する指示請求を伝達することに関する国務院の通知」（1990年1月3日）

もやはり憲法であり，土地制度についてもそれは同様である。現行憲法は，82年の制定以後所有制を巡る改正を度々行っているが，その最初の改正は，正に全国各地の土地有償使用制度改革の結果として行われたものであった[13]。しかし，こと宅地使用権に関しては，憲法では10条2項後段のごく一部において，しかも並列的に「宅地，自留地，自留山もまた集団所有に属す」とされるのみで，所有はともかく使用についての言及は全くない。そのため，宅地使用権について明文で定める最上位の法は，2007年に制定された物権法ということになる。

　物権法では，第3編の用益物権のうち特に一章を割いて（第13章），宅地使用権の規定を置いている。この点，従来の土地管理法では，構成上宅地使用権は第5章「建設用地」のごく一部に過ぎなかったということから考えれば，物権法において，宅地使用権の位置づけが従来よりも格段に高められたということができる。とはいえ，具体的な規定をみると，条文数はわずか4条であり，その内容もまた，宅地使用権は「法に基づいて」集団所有土地を占有・使用する権利であって，住宅建設目的の利用に限定される（152条）とする規定のほかは，何ら具体的なものはなく，153条によって，詳細は「土地管理法等の法律及び国家の関連の規定」に丸投げされている。

　では土地管理法の規定はというと，土地の管理・利用規制に関する一般的規定ばかりで，宅地使用権に言及する規定はわずか3条に止まり，そのうち特に宅地使用権について規定する条文は1条だけである（62条）。その規定によれば，「農村村民は一戸が一か所の宅地のみを使用することができ，その宅地面積は地域で定めた基準を超えてはならない」（1項），また「農村村民が住宅を建設するときは，郷（鎮）の土地利用総合計画に従う」（2項)，そして「譲渡または賃貸を行った後に，さらなる宅地申請を行っても，これを許可しない」（3項）とされている。

(2) 行政法規，地方性法規，規則及び政策

　宅地使用権に関する基本法とされる両法が，それぞれわずかな規定を置く

---

13) 劉俊・前掲注4・39頁。但し，1988年に出された最初の修正案の第1条は私営経済の地位及び管理に関する規定であり，第2条が土地使用権譲渡に関する規定である。

のみである以上，宅地使用権についての具体的な規定は，必然的にそれより下位の行政法規や地方性法規，規則さらには政策により規定されることになる[14]。

これら下位法規・政策の内容については，歴史的に大きく変化していることもあり（後述），ここで細かく論じることはしないが，大まかに見ると，まず地方性法規は，例えば土地管理法の規定に対応して各地で一戸当たりの面積について細かい基準が設けられたり[15]，また国土資源部の「農村の宅地管理を強化することに関する意見」が示した手続きに沿って，各地で宅地使用権申請に関して同様の内容の規定が設けられているなど，一般に，法律による委任事項と政策による指示事項の具体化，という内容になっているものと思われる。

これに対して，国務院各部門の「意見」や「通知」では，法律が留保した内容について創設的に禁止を宣言するものも多く，特に，都市住民の農村での宅地（家屋）購入の禁止を強調するものが目立つ[16]。但し，その内容をみると，宅地の購入だけでなく売却も禁止するものが見られているように，都市住民・農民がいずれも名宛人とされ，また宅地だけでなく家屋の売却（及び購入）も禁止されているなど，「農民が家屋と宅地を都市住民に譲渡する

---

[14] 中国で「政策」というとき，そこに含まれる規定の種類・範囲には注意が必要である。立法法の見地からすれば，行政法規，地方性法規及び規則については，その定義及び制定手続などが明確に規定されている（56条〜77条）ので，「政策」とはこのような定義に入らない各部門の「通知」や「意見」などを指すことになる。これに対し，民法通則の規定では，「法律に規定がないときは，国家の政策を遵守しなければならない」（6条）とされ，「政策」とは「法律」以外の国家による規範的文書全体を指すことになる（但し，ここにいう「法律」も，立法法にいう「法律」と同じものとは限らず，また「国家」というときそこに党が含まれるのか，という問題もある）。とりあえず，本稿では立法法の制定以後の問題を主に論じることから，主に最初の意味で「政策」という言葉を用いるが，党の文書がその頂点にあることは本稿の検討からも明らかである。

[15] 例えば，四川省の「土地管理実施弁法」第21条では，同居家族一人につき20〜30㎡，4人以上の場合は4人として計算する，と規定される。

[16] 1999年以来，少なくとも5つの「政策」において，農村の宅地使用権（またはその上にある建物）を都市住民に譲渡すること（または都市住民が購入すること）が禁じられていることが確認できる。

こと」を一体として禁止する，という意識が強く，法律構成についての分析的な意識（家屋所有権と宅地使用権それぞれの性質・処理及びその関係）は感じられない。

(3) 司法解釈

法文上，司法解釈の権限を有するのは最高人民法院と最高人民検察院だけであるが，中国では法院の上下で指示・監督が広く行われており，それを目的とした規範的文書も作成されている。宅地使用権についても同様であり，例えば北京市高級人民法院は，「農村私有家屋売買紛争事件の契約の効力認定及び処理原則についての討論会会議要綱の印刷・発布に関する通知」（2004年）において，同一集団経済組織の構成員内での売買以外はこれを無効とするよう「規定」している。このような規定は他の法院でも見られており[17]，上記「政策」に沿った事件処理が意図されていることが分かる。

3 理論的位置づけ

以上のような宅地の所有と使用の変遷，そして現行各規定の内容に垣間見られるように，現在の宅地使用権については，これを農民という身分に基づく社会保障的な性格のもの，とする見解が一般的である。つまり，農民とその家族は，都市居住者が受けるような医療・失業・養老など各種社会保障を受けることができず，都市居住者のような幅広い職業選択もなく，経済的発展の余地・可能性も低い，という現状認識に基づいて，最低限の生活の拠り所を保障するために，同居家族（戸）を単位として一定面積の宅地を提供する社会保障制度である，とするのである。

この身分的な社会保障という理解は，現状の宅地使用権の申請及び承認の基準に合致している。一般に，各地の基準では，当該農村に戸籍を持つ村民で宅地をもたない者，同村民で結婚などにより戸籍を分ける必要がある者などとともに，転入者で宅地のない者も，同村に戸籍を移せば宅地使用権の申請ができるものとされている[18]。また，地域ごとに特定された使用面積内で，

---

17) 青島市中級人民法院「農村宅地家屋売買紛争事件の関連問題の審理に関する意見」2006年など。

宅地使用目的に限定されること，都市に移住しても容易には回収されないこと[19]，さらには生存中無期限・無償での使用が許される，という点にも，社会保障としての性格が色濃く表れている。

このような社会保障的な位置づけから考えれば，上記のような有償化及び都市住民への譲渡の試行がいずれも挫折した（または撤回された）ことは，ある意味当然である。しかし，ここで一つ疑問が生じる。このように一貫した，確固たる性格付けとそれに基づく政策が，なぜ物権法の条文に反映しなかったのだろうか。農民にとって生活のよりどころとされる土地の中でも，居住場所を確保するための社会保障的施策としてとりわけ重要なはずの宅地使用権に関する規定が，物権法ではわずか数条，しかも無内容な規定を置くにとどまり，下位法規や政策にほぼすべて委ねられている，ということは，奇異に感じざるを得ない。

もちろん，土地の利用状況は地域による違いが大きいという事情を考えれば，規定の詳細をそれぞれの地域にゆだねることも理解できる。また，社会状況に応じて変化が求められることを考えれば，政策による柔軟な対応が望ましいとも考えられる。しかしそうだとしても，憲法や物権法の規定はあまりにぶっきらぼうで，そこには何の指針・基準も見られない。

確かに，中国ではこれまでも，しばしばこのような規定方法が見られており，「原則的で運用に適さない」などとよく批判されるところであるが，この宅地使用権の規定に至っては，権利の位置づけ，理念，そして枠組みなど，原則的な要素についても規定がなされず，いわば「原則的でもないし運用にも適さない」のである。

このような規定をとる原因は，単純に考えて二つある。つまり，規定する必要がないか，または規定することができないか，である。この点，まず必

---

18)「河北省農村宅地管理弁法」7条,「山西省『中華人民共和国土地管理法』実施弁法」38条など。
19)『人民法院案例選』2009年2期237頁以下に掲載の事例では，その「要点提示」において，農民が自ら望んで都市戸籍となった場合でも，「都市の社会保障システムに組み込まれていないか，または国家公務員の一員となっていない都市戸籍転換者は，依然として従前の村民小組の集団経済組織構成員の資格を有する」との基準が提示されている。

要性という見地から，宅地使用権は建設土地使用権の一つに過ぎず，かつ集団土地使用権の一つに過ぎないのだから，宅地使用権について原則的な規定など設ける必要がない，という理由が考えられる。建設土地使用権の章のわずか一条で宅地使用権の規定を置く，という土地管理法の構造は，このような認識と合致するものといえよう。しかし，あえて建設土地使用権とは別に，特に一章を割いて宅地使用権についての規定を置くという物権法の構造からは，このような認識は導き出されない。

それどころか，宅地使用権の都市住民への譲渡を無効とした事件として有名な「宋庄画家村事件」[20] が引き起こした議論は，宅地使用権の原則そして運用に適した規定が，正に基本的な法律のレベルに必要であることをいみじくも明らかにしている。

すなわち，同事件の処理に関して，一方では法律のレベルで宅地使用権の都市住民への譲渡を明確に禁ずる規定はなく，あまつさえ家屋については間接的に譲渡を否定するような規定すら見られないとして，私的自治・契約自由の見地から，本件譲渡は当然有効である，との主張が展開された[21]。しかるに，他方では，土地管理法で集団土地使用権の非農業建設目的での譲渡が禁止されている以上，宅地使用権の譲渡も禁止されることになり，また宅地使用権譲渡を必然的に伴うことになる家屋の譲渡も当然禁止される，との反論がなされており，鋭い対立を見せていたのである[22]。

このような点に鑑みれば，宅地使用権についての原則と運用に適した規定がいずれも必要であったことは明らかであり，それでも宅地使用権に関する規定が原則的でもなく運用にも適さないものとなったのは，正に原則や運用

---

[20] 同事件二審判決では，宅地使用権は村民という「特定の身分に関連するもの」であるとして，都市住民への譲渡が無効とされている。同事件における法的争点と訴訟の経緯などについては，本章後掲の補足資料「宋庄画家村事件」(110頁以下) を参照されたい。なお，本判決は頻発する同種事件の処理において「全国に強く影響するもの」とする裁判官の指摘がある。安徽省高級人民法院ネット「農村房屋買売合同効力問題探析」http://www.ahcourt.gov.cn/gb/ahgy_2004/llyt/mssp/userobjectlai23659.html 参照。
[21] 陳耀東等「小産権房及其買売的法律困境与解決」『法学論壇』2010年1月53頁参照。
[22] 任輝「"小産権房"買売合同的効力及救済―以宋庄画家村案為例」『西部論壇』2008年12期77頁。」

に適した規定を置くことができなかったためであると考えられる。では，何が規定の設置不能または回避をもたらしたのだろうか。以下では，物権法立法過程における議論の分析を通じて，この原因の所在とその様相を探ってみたい。

第2節 物権法の限界

1 制定過程の議論

物権法の起草過程においては，「宅地使用権についてかなり大きく議論がなされた」とされている[23]。具体的に見ると，例えば物権法草案第二次審議稿には「宅地上に建造された家屋の所有権が譲渡されたときは，宅地使用権も同時に譲渡される」との規定が見られた。この規定に関する法律委員会の答申では，「宅地は村内で分配し無償で取得されたものであり，農民の基本的生活保障であるから…集団外部への宅地上の建物譲渡については慎重な考慮が必要である」との見解と，「家屋の所有権は農民に属するのだから…農民の融資ルートの確保という点を考慮して，宅地使用権の譲渡を許すべきである」との見解が対立している，という状況が報告されている[24]。

さらに，第四次審議稿では，「農家（戸）の占有する宅地の面積は規定の基準に適合しなければならない」「一戸は一か所の宅地のみを有することができる」「宅地使用権者は法による承認を経ずに用途を変更してはならない」「都市住民が農村で宅地を購入してはならない」といった細かい規定が見られており[25]，そこでは社会保障としての位置づけの下，規制の範囲・基準・用途内で，宅地使用権の一戸一か所制の確立が企図されるとともに，具体的な適用の場面での有用性が強く意識されていた。

---

23) 黄松有編『『中華人民共和国物権法』条文理解与適用』（人民法院出版社，2007年）455頁。
24) 全国人民代表大会常務委員会法制工作委員会民法室編『物権法立法背景与観点全集』（法律出版社，2007年）22頁。
25) 黄松有・前掲注23・458頁。なお，「有する」の原語は『擁有』であるが，これは所有や使用という意味ではなく，それを持つ，享有するという意味の一般的な用語である。

このように，物権法制定時の宅地使用権規定に関する議論では，農民の社会保障という理論的位置づけに対して，宅地使用権の換価可能性の実現と農民の自己所有財産（家屋）の処分の自由という主張が対抗的に提示されており，その対立の焦点は，「都市住民への宅地使用権譲渡が認められるかどうか」というところにあった。しかし，このような激しい対立を前にして，立法担当者は「この問題はかなり複雑であり，一層の検討を必要とする」として，論争のある条文について態度を保留したまま修正を先延ばしにしていた。そして結局のところ，上に列挙したような草案段階で激しく争われた各規定は，その根拠・立場のいずれに関わらず，成立の時点ではいずれも仲良く消失することとなっている[26]。

　つまり，このような立法過程での対立の未解決こそが，物権法のぶっきらぼうな，ノンコミッタルな規定のあり方の根源なのである。正に，「社会各界には常に異なる意見があり，かつその違いは非常に大きかった」[27]ことから，「開放的でリンケージのある規定が形成され」，結果として「立法の原義として，既存の法律規定を維持するとともに，将来的な改正の余地を残す」ということになったのである[28]。

　となると，ここでまた疑問が持ちあがってくる。少なくとも90年代後半以降の一連の政策をみる限り，宅地使用権の社会保障的位置づけに依拠した都市住民への譲渡厳禁には一貫性が見られたはずである。ではなぜ，このような一貫性に沿った上述のような規定が，いずれも物権法に規定されなかったのだろうか。このような規定の成立を拒んだ社会各界の異なる意見，即ち宅地使用権の換価可能性の実現と農民の財産処分の自由という主張が有力なものとなりえたのは，どのような背景があったからなのだろうか。以下，宅

---

[26] 物権法制定時における論争の尻すぼみ的結末を，田中信行は「理論的な矛盾には封をしたままの政治的な決着が図られ，論戦に参加した者はひとしく勝者であり敗者でもあるような結末」と評する。田中信行「中国物権法の曖昧な到達点—制定過程と所有権論争」（星野栄一／梁慧星監修『中国物権法を考える』商事法務，2008年所収）285頁。
[27] 黄松有・前掲注23・458頁。
[28] 王文軍「論農村宅基地上房屋的買売—"小産権房"的另一種形式」『清華法学』2009年5期77頁。

地使用権を巡って提示される問題を概観しながら，宅地使用権自由譲渡理論の背景とその深層を探ってみたい。

2 現状の問題と変化の兆し

上記物権法の制定過程において，社会保障を強調する立場から提案された各規定は，当然，それに反する現状が存在するために，そのような現状に対する取締・改善を目的として提示されたものである。まず，規定面積を厳守せよとの規定が求められるということは，農村で規定面積を超える「大邸宅」が乱立している，という意識に基づく。また「一戸が一か所の宅地のみを有する」との規定は，一戸の農家が数か所の宅地を占有している，という問題の所在を浮き彫りにする[29]。

このような大邸宅・一戸多宅地問題は，宅地使用権の社会保障・福利的位置づけに明確に反するばかりか，村・郷鎮の有力者の放縦の手段・場として政治腐敗・汚職の温床となり，何よりも，農地の違法占有・違法転用による農地減少の主要因として強く警戒されている。しかし，それが有効に抑制されていないことは，立法過程から見ても明らかであろう。そして，都市住民に対する宅地使用権売買もまた，これが頻繁かつ広範に行われているからこそ，各級・各地の規定で「厳禁」されることになったのであるが，それが再三禁止されるのは，やはり多くの農民が家屋の譲渡や賃貸をどうしてもやめない，という現状があるのである。

これに対して，都市に移住した農民の土地使用権を回収する旨の規定を置くかどうかについても議論がなされたが，ここには少し様相の違う現状が顔を見せる。すなわち，内陸部・貧困農村において，出稼ぎ・棄農等の増加に

---

[29] 農村で行われた調査では，例えば山東省の調査対象のうち13％程度の農家が2か所以上の住宅を有しており，また3％程度が3か所以上の住宅を有していた，とされる。この点，全国での調査を通じて，14％の調査対象が金があれば宅地を多く得られると答え，5％が権力・地位が高ければ宅地を多く得られると答えたとされる。陳小君等『農村土地法律制度的現実考察与研究』（法律出版社，2010年）18頁。「大邸宅」「一戸多宅地」問題は都市近郊ではより深刻化しており，北京市郊外の鎮には全戸数の57％が宅地を超過占有するものもあると報告される。劉俊・前掲注4・92頁。

より，農村家屋の「空心」（原語。中抜けという意味）の増加が問題となると同時に，人口に比して土地が狭小な地域では宅地の分配が困難となり，空心住居の回収による再分配が強く求められる状況となっていた[30]。しかし，空心といってもその建物は当該村に戸籍のある者により所有されており，また出稼ぎに行ったとしてもそのうち帰ってくるかもしれず，さらに社会保障としての最後の拠り所という位置づけからすると，おいそれと回収して他の者に配布するというわけにもいかない。

このように，農村の宅地使用権を巡る問題は，各地域の状況に応じて様々な様相を呈しており，その原因や対策もまた様々な角度から論じられている。上記の問題についても，例えば大邸宅・一戸多宅地問題などは，社会保障的規定の徹底が求められる反面，このような規定の実効性の無さを示す格好の材料ともなる。また，空心家屋の回収問題については，自由譲渡を認めるべきであるとする主張の有力な根拠となる反面，同時に社会保障的見地からの規制・介入の必要の高さ・逼迫性を示すものとも言える。まさにこのような複雑な現状こそが，激しい議論の対立と，何も言わないに等しい条文規定の根源であったのである。

3 まとめ

以上のように，宅地使用権を巡る現状から考えれば，立法の停滞状況はある意味不可避的であり，物権法規定がほとんど何も語らないままであったのも当然，とも言えよう。これとある意味対照的とも言うべきは，宅地使用権を取り巻く理論状況である。そこでは，宅地使用権の有償化と譲渡の承認が

---

30) 陳栄清等「農村宅基地閑置的時空変化特徴研究―以文登為例」『中国農学通報』2010年7期268頁は，山東省文登市の調査によれば，16年間で放置された宅地はほぼ倍増し，同市の宅地の10%を越えたと指摘する。また，江蘇省徐州市国土資源局の調査では，「空心房」が市全体で30%程度，個別の農村では50%を超えるところもあるとされている。苗清「関於農村宅基地集約利用的思考」『国土資源通訊』2006年1期43頁参照（なお，文登市は観光・工業都市の烟台市に隣接する沿海地域，徐州市は比較的内陸であるが工業・流通の要所である）。この点，張子任「農村宅基地使用権流転法律問題探析」『中国司法』2010年1期103頁は，内陸の「空心房」問題の解決策として，宅地使用権の有償化と譲渡の促進を提唱する。

力強く主張されており，しかもその実現は時間の問題であるかのように語られているのである[31]。

このような主張においては，昨今全国的範囲で試行が行われている集団建設土地使用権（集団が所有する土地を企業・工場などの建設目的で使用する権利）の直接譲渡，すなわち，当該土地を所有する村などが企業等に使用権を直接譲渡する制度の広がりにより，集団・郷鎮の開発による「小産権房」が合法化され，ひいては農民個人による宅地使用権譲渡の合法化を招くのではないか，ということが期待されているのである。

そこで，以下では，「小産権房」問題について概観したうえで，それとの関係という意識から，集団の建設土地使用権の直接譲渡について検討し，そこに示される農村土地使用権の自由譲渡の可能性について展望してみたい。

第3節 「小産権房」と集団土地使用権

1 「小産権房」問題

「小産権房」（原語：「房」とは家屋の意）という概念は，法的な用語・概念ではないため，その用いられる状況によって内容を異にする側面があり，また論者によってしばしばその定義が異なっているようであるが，一般に「大産権」との区別から，「農村の集団所有土地上に建てられた居住用の建物で，当該集団の構成員以外に売却される（た）もの」とする認識が多くみられるようである[32]。国有土地上に建てられた居住用建物には国（県級以上の政府）が認める土地使用権証や建物所有権証などが交付されるが，上記の建物についてはそのような証書は交付されず，交付されたとしても，村や郷鎮などに

---

31) 李佳穂「試論小産権房的法律症結与改革路径」『河北法学』27巻8期（2009年8月）133頁は，「一定の時間の後に，それが自由譲渡となるのは必然である」としている。
32) 楊海静「小産権房拷問《物権法》」『河北法学』2009年7期194頁。これに対して，小産権房とは「農民集団所有の土地を無償で使用・占有して建設された建物」であるとして，合法的な宅地使用権（及びその上の建物）などを広く含む定義もみられる。龍翼飛等「対我国農村宅基地使用権法律調整的立法建議―兼論"小産権房"問題的解決」『法学雑誌』2009年9期32頁など。

よる「集団土地使用権証」などに止まる。つまり，財産権が国によりフルスペックで認められたものではなく，郷鎮政府や村により限定的に認められたに過ぎないという点が，このような不動産が「『小』産権房」と呼ばれる所以である。

　この「小産権房」は，当初は主に，国の号令による「新農村建設」において，郷鎮政府などが旗振り役となって，農家住戸の近代化・集合住宅化を進める過程で生み出されたものとされている。そこでは，当初から余剰を出すことを意図しつつ建設が進められ，余剰部分を外部に販売することが財源確保の手段とされたこと，そして風光明美な地域で「レジャー村」「景観地域」等と称する別荘などの開発が推奨されたことなどから，いわば違法されど合政策的に推進されたのである[33]。

　さらに，2003年以降の不動産価格の高騰につれて，「小産権房」は飛躍的な発展を遂げる。この頃から，都市近郊の農村で大規模な集合住宅が大量に建設されるようになり，2008年に北京で販売されていた住宅の20％，2009年に深圳で販売されていた住宅の60％超が「小産権房」であったとの指摘もみられる[34]。そこでは，主に郷鎮などにより，農村の集団所有土地が，国を通さずに直接かつ大規模に利用・開発されていた。そしてこのような「小産権房」は，都市周辺の住宅では，付近の国有地上の「大産権房」よりも40〜60％ほど安い価格で販売されたことから，「大産権房」には手の届かない庶民の好評を博することとなったのである[35]。

　ただ，考えてみると，この名称には多少詐欺的なところがある。というのは，実際のところ，ここには権利の「大小」などはなく，そこにあるのは権利の「有無」だからである。いくら郷鎮や村が立派な証書を交付したからといっても，それは国によるものと同等ではないばかりか，それに準ずるものですらなく，法的に「無」なのであって，法院はこれを無効と判断すること

---

33) このような経緯及び郷鎮・村の関わりについては，宋志紅『集体建設用地使用権流転法律制度研究』（中国人民大学出版社，2009年）172頁以下参照。
34) 王彦「小産権房問題現状及対策研究—以河北省石家庄市為例」『河北青年管理幹部学院学報』2010年1期73頁。
35) 王才亮『反思　中国房地産制度与実践』（法律出版社，2008年）268頁。

になる。その点からすれば、「小産権房」問題は上述の宅地使用権譲渡と同質ということができる（実際に、多くの論者は宅地使用権譲渡の問題を「小産権房」問題の一部として論じている）。

2 集団土地使用権の直接譲渡

このように、「小産権房」問題が重視されたのは、集団所有土地を利用した郷鎮等による大規模宅地開発が横行し、国の再三の「厳禁」にもかかわらずそれが後を絶たなかったからであるが、「下」が「上」の逆鱗に触れるリスクを冒してまで違法行為を続けるのは当然理由がある。宅地使用権同様、土地管理法の規定によれば、集団所有土地の使用権については様々な制限が課されており、農地については厳格に転用が制限され、非農地についても、郷鎮企業または公共設備若しくは公益事業の利用を除き、国が土地の公用収用を行ってこれを国有とした上で、公開入札などにより土地使用権を得た開発者が、直接または転売を経て各種用途に応じた開発を行う、という道筋を経なければならない（土地管理法43条、63条）。

しかし、国の公用収用を前提とする集団所有土地の利用に関しては、補償額が最終売却価格の数百分の一にも満たない事例があるなど、土地が取り上げられることに比して補償額があまりに少ない、という問題が常に指摘されていた[36]。また、この方法が迂遠で中間マージンによるロスが大きいこと、国が所有権を完全に取り上げてしまうこと、さらに、開発業者・政府担当者が村の幹部と結託して違法に利益を山分けすることなど、様々な問題が指摘されていた。このような問題を回避し、さらには国に支払うはずの各種税・費用負担をも回避するうってつけの方法が、「小産権房」だったのである。

ただ、このような状況は昨今大きく変化している。集団が所有する建設用地について、所有権は各集団に留保したまま、その使用権を直接開発者に譲渡する、という方法が各地で試験的に行われており、全国的にも広がりを見せているからである。このような試行は、各地でその譲渡方法・譲渡対象・

---

[36] 陳小君等『農村土地法律制度研究―田野調査解読』（中国政法大学出版社、2003年）77頁。

収益配分などを異にするものの，国有化の手続きをとることなく所有権を集団に帰属させたまま，集団（とその構成員）が使用権を用いて収入を得る，という構造は共通している[37]。

さらに，このような流れを受けて，中国共産党第17期中央委員会第3回全体会議は，2008年10月に公布した「農村改革発展推進の若干の重大問題に関する決定」において，「都市・農村の統一的建設用地市場を徐々に打ち立てる」とし，「農村集団経営建設用地」については，「公開かつ規律された方法で土地使用権を譲渡し，土地計画に適合する前提の下で国有土地と平等な権益を享有する」と宣言することとなっている。土地法制における政策の重要性と政策における党の優越性を考えれば，同「決定」が持つ意味は非常に重大である[38]。

現在，土地管理法の改正作業が進められており，所謂「建設土地使用権」については，集団経済組織が開発者・企業に直接使用権を譲渡することが土地管理法により明確に認められるのではないか，と期待されている[39]。もちろん，物権法制定の結末を考えれば，土地管理法の大胆な改正が実現するかは疑問である。また，人民公社時代の公社—生産大隊—生産隊という構造を反映した各規定上の「集団経済組織」[40]には既に実体がなく，またぞろ村民

---

37) 各地の試行については，宋志紅・前掲注33・18頁以下に詳しく紹介されている。
38) 刑法学者の曲新久（中国政法大学）は，労働教養制度改廃を巡る現状の議論では「それが政策であるという問題が見落とされている」とし，「政策」を論ずるうえでは，「問題のカギは，それがどの権力から来たものかというところにある。…党の指導は疑いを容れないものであり…それは非常に強い合法性を有するのである」と述べて，党の強力な推進なくして「政策」の改廃は困難であるとの見地を示していた（現状はそれが正しかったことを証明している）。「労働教養立法的理論探索」『犯罪与改造』2001年5期9頁。
39) 主力軍編『中国農村土地流転法律実用指南』（上海社会科学院出版社，2009年）154頁では，このような趣旨の修正案が「2010年前半には上程されるのではないか」とされており，行政法学の権威である姜明安も，土地管理法について同様の改正を主張している。「姜明安談『土地管理法』修改」http://blog.sina.com.cn/s/blog_53697df40100no59.html
40) 土地管理法の条文上は，郷鎮，村，村小組，さらに郷鎮・村企業の集団経済組織が集団所有権の行使主体とされるが，前述のように実体はないとされる。なお，「集団所有」における所有者については，これを「村民小組」とするものが目立つ（廖洪楽・前掲注

委員会や郷鎮政府がその権限を濫用するおそれも指摘されている。

とはいえ，現在全国各地の集団経済組織について，旧生産隊に対応する村民小組などの株式合作社化[41]が進められ，同時に土地所有権・使用権の範囲の確定と登記が進められるなど[42]，集団経済組織の実体化・実質化を通じた所有権主体の確立と使用権者の確定が急がれている。これらの動きは，正に今後実現すべき使用権直接譲渡をにらみ，そこでの収益主体を確定するとともに，そこから利益を受ける構成員の範囲とその権利の内容を確定する必要がある，との認識を裏付けるものといえよう。

しかし，各地の試験的運用に関する法規を見ると，集団所有土地について現在認められる直接譲渡は，その目的が建設に限定されており，宅地使用目的については依然として厳しく制限されている。また上述のように，近時の各種規定においても，都市住民による住宅取得についてはこれを保護しない，という方針が再三強調されている。では，今後「小産権房」問題，そして宅地使用権譲渡はどうなるのだろうか。以下，集団所有土地使用権に生じつつある変化を踏まえつつ，再度，宅地使用権及び住宅開発の現状と問題について考察してみたい。

11・202頁など）。これに対し，王洪亮「小産権房与集体土地利益帰属論」『清華法学』2009年5期36頁は，そもそも「集団所有」は一定地域の村民全体によるものであり，「集団経済組織」は単に管理者としてそれを代理又は代表して行使するにすぎない，とする。
41) 沿海部の発展地域では，「経済聯合社」「経済合作社」等の「組織条例」が整備されており，浙江省では全村の93％で経済合作社が設立されたとされている。鄭水明「村集体経済組織在浙江的立法実践」『農村経営管理』2010年2期11頁。
42) 集団土地の所有権・使用権登記の推進については，「広西：集体土地有了"身分証"」（『中国土地』2009年11期8頁以下）が詳しい。また宅地使用権についても，2008年には国土資源部の「宅地使用権の登記・証書発行業務を一層速めることに関する通知」が出され，各地で登記業務が進められている。

第4節　宅地使用権再考

1　社会保障の虚と実

　ここまで見てきたように，農村における宅地使用権は一般に社会保障制度の一つとされている。都市住民が各種の社会保障を受けられるのに比して，農民は農地と農業に依存するしかない。そこで，農民（とその同居家族）に宅地使用権を無償かつ半永久的に賦与することを通じて，彼らに居住権とセイフティーネットを提供するのである。このような理論的位置づけは，改革開放後，一時有償かつ譲渡可能な財産権への転換がはかられながらすぐにそれが取り消された，という経緯からも明らかである。そして，このような社会保障的構成のため，農村宅地使用権には多くの制限が課されているのであり，その最たるものが，都市住民への譲渡の禁止なのである。

　しかし，現在この前提自体が大きく揺らいでいる。そもそも，宅地使用権は農民の社会保障をその根拠としているのだが，実際に規定上宅地使用権者とされるのは「村民（農村村民）」である。ではこの「村民」とは誰か，というと，それは単に都市区画外の地域に戸籍を持つ者を指すのであって，保護対象身分としての「農民」とは必ずしも一致しない。近時，都市化地域及び都市計画地域の「城中村」問題が各地で叫ばれるように，既に農業など全くしていない都市内・都市近郊の「村民」が，宅地や農地（用途上）の使用権を譲渡し，または高層建築物を建て賃貸して莫大な利益を得ていることが，都市住民との間でこれまでとは逆の不平等を生んでいる[43]。ここでは，既に完全に都市化している地域で，農地など全くないにもかかわらず，「農民」という身分の持つ価値を利用せんがため，都市戸籍に変わることをかたくなに拒む「村民」の姿が浮かび上がってくる[44]。

---

[43]「深圳崗厦"小産権房"漂泊探源」（『南風窓』2009年12月上旬号）78頁では，同地域の村民の「大部分の住民の建物は7階以上」で，毎月の収入は5万元を超えるとされる。

[44] 知風「"農転城"此等好事何須"強迫"」（華声在線ネット）では，都市戸籍と農村戸籍の統一化が進められる重慶で，農民が都市戸籍への変更を拒否し，それに対し政府が都市戸籍への変更を強要する，という問題が論じられている。http://www.voc.com.cn/artic

加えて，北京や上海だけでなく，全国の都市部でマンション価格が高騰した結果，無償で宅地を得られる農民と住宅購入など望むべくもない都市住民，という構図が広く見られるようになった。しかも，親などが戸籍上農村の村民であれば，都市住民であっても農村の家屋を無償で手にすることができるという畸形的不平等もしばしば存在する[45]。加えて，農業関連の税・費用徴収が完全に撤廃され，医療や失業・年金など農村の社会保障制度も改善しつつあり，このような現状が政府により盛んに宣伝されたことも手伝って，都市部の住民の中には，手厚い保護を受ける「農民」に比して，自分たちこそが差別的・不平等な扱いを受けている，との不満がくすぶるようになったのである。

思うに，従来都市住民も，国有地上の「単位」（職場などの所属先）の住宅等に廉価で居住しており，これも国による社会保障の一環であったはずである。90年代の「房改」（住宅制度改革）により，都市の国有地上の住宅は都市住民の私有住居となり，都市住民の住宅居住権の保障は失われたが，これと引き換えに自由な売買が許されたのである。この経緯に着目し，農村の集団所有土地上の住宅も「房改」と同様の道をたどるとして，これを「第二房改」と位置付ける主張が見られている[46]。

これについては，都市住宅と農村家屋はその価値や意義が異なり，一部の都市周辺農村はともかく，広大な貧困農村では住宅の買い手もなく，単に権力者の豪邸と貧困農民の失地を招くだけだ，との批判が見られる[47]。しかし，「房改」においても，同じく「都市」とされる地域で住宅価格に顕著な差があったはずである。また，有償で住居を手放せば路頭に迷いかねない，という点は都市住民にとっても同様である。加えて，山村貧困地域における放置家屋問題の調査が，農村建設用地の集約的利用のために宅地の流通を実現することが必然であると結論づけるように，貧困村の問題解決のためにも宅地

---

le/201010/20101031224028166.html
45) 上述の「宋庄画家村事件」が正にこのような状況であった。
46) 王彦・前掲注34・77頁。
47) 孟勤国「物権法解禁農村宅基地交易之辯」『法学評論』2005年4期25頁以下。

使用権流通が有用とする見解もある[48]。

現在，都市区域の所謂「城中村」では，村内の宅地を都市区域の高層住宅と交換することが推し進められており，これによって宅地を回収された「農民」は都市戸籍となり，住宅については所有権を獲得して自由な譲渡を可能とする政策が進められている[49]。また，重慶市などの試験地域では，農村戸籍と都市戸籍の統一が進められており，身分制・社会保障上の格差という前提も崩れつつある。もちろん，重慶市が2020年を戸籍統一の目標としているように，この実現はまだ先のことであろうし，また地域ごとに進度が異なるものとならざるを得ない。とはいえ，社会の安定・調和が最優先される中で，都市・農村格差の解消は当面の急務であり，その進行につれて，二元的土地制度の諸前提にも変化が生ずることになるだろう。

2　理論的重点の変化

このように，現状では，農村の建設土地使用権の集団による直接譲渡，そして土地使用権市場の統一に向けた制度が模索されているのだが，このような変化との対比において際立つのは，宅地使用目的での土地使用権譲渡「厳禁」という姿勢の徹底ぶりである。集団にとってなけなしの土地，あまつさえそれが農地であったとしても，国（実際は地方政府）が必要であると判断すれば容赦なしに収用し，ごくわずかの補償を支払った上で彼らを「都市住民」として放逐していた。そして，国（地方政府）はそのような土地を宅地開発であれ何であれ自由に処分することができるのに，主体が集団や農民となれば途端に「厳禁」されることになるのである[50]。

ここには，宅地に関する土地利用・開発における利益配分と決定権限を国

---

48)　陳栄清等「農村宅基地閑置的時空変化特徴研究―以文登為例」『中国農学通報』2010年7号272頁。

49)　呉智剛等「城中村改造：政府，城市与村民利益的統一」『城市発展研究』2005年2期48頁以下。ただ「村民の積極性は低い」とされる。

50)　李佳穂「試論小産権房的法律症結与改革路径」『河北法学』27巻8期（2009年8月）132頁は，国家による土地取引卸市場の独占の正当性が，物権法制定過程で激しく議論されたと指摘する。

（地方政府）に留め，農民と集団には全く認めない，という姿勢が一貫して示されている[51]。考えてみると，宅地使用権の都市住民への譲渡禁止にせよ，集団の建設土地使用権に課されていた厳しい制約にせよ，すべて農民の利益保護を旗印に，社会保障政策として行われてきたはずであるが，このような姿勢が農民保護という趣旨に適合的なものとはとても思われない。逆に，放置された土地の換価・有効利用を認めて農民の利益獲得手段を増やし，かつこれを農民の自由な判断に委ねるほうが，余程農民の利益保護に合致すると言える。

　思うに，宅地使用権や「小産権房」の取引が認められるかどうか，という問題における理論的重点は，所有制に基づく社会保障的見地からの国家統制的な農民の利益保護から，経済的価値の把握という自由保障的見地からの市場主義的な農民の利益保護に移ってきているのではないだろうか[52]。そもそも交換可能性がなければその価値は実現不可能である。さらに，現行の規定によれば，宅地使用権は同一集団経済組織内では売買が可能で，売却後は新家屋の申請ができない，とされる。要するに社会保障の実質も，最終的には売却により金銭を得られること，即ち交換価値により担保されることになるのである。

　「宋庄画家村事件」の判決は，宅地使用権の身分性にこだわり，売買を通じた交換価値の実現を認めなかった。しかしその処理にもかかわらず，その後各地の司法実務では，宅地使用権譲渡及び「小産権房」についてのなし崩し的な承認が広がりつつある[53]。

---

51) 任輝「利益衡量視角下"小産権房"的出路探求」『西南政法大学学報』2009年1期54頁は，「小産権房の禁止」の目的は「政府財政収入の最大保障」であり，「暴利の独占を維持し続けるため」である，と切り捨てる。
52) 宋志紅・前掲注33は，「土地発展権の帰属」という見地から，集団土地の直接譲渡が「都市・農村二元構造解消の必然的要求である」（80頁）とするとともに，これが「宅地使用権の譲渡」，そして「小産権房問題の根本解決の制度的前提を提供するもの」（178頁）と指摘する。
53) 例えば2009年の深圳市「農村都市化において歴史的に遺留された違法建築の処理に関する決定」は，「原村民と原農村集団経済組織の利益を適宜考慮し」「異なる状況の基礎の上で処罰及び土地価額の補てんを受ける」ことにより登記を認め，不動産証書を交付す

もちろん，これは（主に郷鎮政府主導による）「小産権房」の蔓延という現状により，現居住者の立退き・建物撤去が招く社会不安を回避するための応急措置に過ぎず，「小産権房」開発の自由化を認めるものではない[54]。加えて，昨今の不動産価格の高騰という状況下で，都市国有地の払い下げが国（地方政府）の大きな財源となっている以上，国（地方政府）がその独占的な不動産開発権を自分から手放すとは考えにくい。また土地高騰を利用した農地などの違法転用や違法な宅地開発を防ぐという点からしても（地方政府がそれを大規模・広範に行っているという事実はともかく），宅地開発目的の土地使用権の譲渡主体を分散・零細・多様化することは合理的ではない。これは，集団土地の建設使用権直接譲渡に関する地方性法規において，不動産開発目的の土地使用権譲渡がしばしば明確に禁止されていることから見ても明らかである。

　とはいえ，既存の「小産権房」がおとがめなしということになれば，それは当然さらなる増殖を導くこととなる。その拡大を無理やり阻止するならば，幾層にもわたる利害関係者との深刻な衝突を招くだけでなく，本問題に関する民意からも大きくかい離してしまう[55]。そう考えると，現状を追認し，「小産権房」等から改めて各種税・費用を徴収するほうが，経済的に見ても秩序の面から見ても得策ということになってくる。また，90年代初頭に宅地使用権の有償化実験が行われ，都市住民への譲渡が認められたことからもわかるように，宅地使用権についての無償・身分性という原則も絶対ではな

る，としている。また，鄭州市中級人民法院の裁判指導意見（2008年）も，「小産権房」の都市住民への譲渡は「一般的に無効と認定すべき」であるが，売主が「既に都市住民となっている」場合や「多数の宅地を有している」場合などは，「具体的状況に応じて異なる認定・処理を行う」としている。「鄭州如何突破"小産権房"法律難題」（『法人』2008年11月号47頁）

54）劉仰「画家与農民的小産権房官司」『中国経済週刊』2007年29期50頁は，「このような状況を作り出した真の原因は，正に我々の現在の土地政策である」と指摘する。

55）ネット上の調査では，87％を超える人々が物権法の公布により小産権房は承認を得ると答えたとされる。斉東文等「従"小産権房"的合法化到土地管理体制改革―重慶統籌城郷的一個視角」『西南農業大学学報』第6巻第1期（2008年2月）39頁。

く[56]，その前提としての所有制や社会保障原理も変容しつつある。このような理解からすれば，「大産権房」とのバランスをとるべく一定の費用徴収を行いつつ，「小産権房」（と宅地使用権譲渡）が漸次的・限定的に合法化されていく，というのが当面の見通しということになるだろう[57]。

おわりに

　農村宅地の使用権譲渡，そして「小産権房」を巡っては，その合法化を巡って激しく議論が展開しており，広く農村の発展に関する諸問題と結びつけながら，自説の利点と反対説の欠点が声高に叫ばれている。しかし，宅地使用権や集団土地使用権をどのように構成するかということは，必ずしも農村の現状の問題を解決することに直接結びつくものではないようである。それは，農村の現状の問題，例えば農地の違法転用，集団経済組織・村の赤字財政，村の空洞化，村・郷鎮など政府関係者の乱脈等等の問題が，合法化肯定説からも否定説からも，自らの主張の根拠または相手方の主張の問題点として叫ばれている，ということからも明らかである。

　結局，これらの問題の抜本的改革は，宅地使用権の譲渡解禁や，集団土地使用権の直接譲渡の承認のみでなしうるはずもなく，農民自身の自己統治や村・郷鎮に対する監督・参加の強化，そして農村地域での産業振興など，様々な方法に期待するしかない。ただいずれにしても，これには農民自身の意識を高め，彼らが被保護者たる「戸」ではなく，集団を支える力強い

56）「調査によれば，宅地使用権の有償取得は既にかなり普遍的である」とする指摘もみられる。任中秀「農村宅基地使用権制度存在的問題及其完善対策探討―以山西省農村宅基地的調査為基礎」『山西農業大学学報』7巻6期（2008年）606頁。
57）この点，清華大学教授（民法学）の韓世遠は，「宅地使用権法定賃借権」という構成で農村家屋の自由譲渡の「実」を遂げることを主張する。韓世遠「宅基地的立法問題―兼析物権法草案第十三章"宅基地使用権"」『政治与法律』2005年5期34頁。中国人民大学の王利明も，「宅地の長期賃貸を許すべきであり，賃貸の対象者は法律上制限するべきではない」としている。王利明『物権法論（修正版）』（中国政法大学出版社，1998年）475頁。ただ賃貸という構成が，「自分の家を持たなければならない」という中国の「伝統」「観念」（陳小君・前掲注5・221頁）にかなうものかは疑問である。

「個」として，集団を経営し，資産を運用していくことが不可欠である。この点，現在農村で進められる株式合作社化と村統治の民主化は，まさにこのような方向に合致するものと言える。

では，農村の土地使用権をどうするか，ということを最後にもう一度考えてみると，それは結局のところ，この国をどうするのか，どういった理念で国を治めるのか，という問いに行き着くことになる。

上述のように，物権法制定時には，宅地使用権を巡る状況が大きく変わりつつあることを見越して，開放的で柔軟な規定がとられることとなったが，このような立法者たちの予想に違わず，現実の状況は変革を余儀なくしているようである[58]。その一因は，正にその物権法自身が，国家所有・集団所有・私人所有を平等なものとし，その権利を平等に保障するとしたことにある。これが，集団及び私人が集団所有土地を利用・開発する権利を主張する上での原則となり，あまつさえ，宅地使用権が「本来的私法領域」であるとして，それに対する「公権力の介入」を排除すべきであるとの見解すら招いているのである[59]。

宅地使用権・宅地開発を巡る違法状態の遍在という現状は，正に政策主導の公法的統制としての土地法制が生み出した必然であり，その限界を如実に示すものである。確かに，激しい変化・変革の時代には，強権的な統制を政策により柔軟かつ迅速に行っていくことが不可欠であっただろう。しかし，法治が強調され，私有財産の不可侵と保護が憲法上高らかに謳われる今日，集団そして私人の利益に直結する土地制度の内容が政策により突然変更されるような構造と現状とのズレ・矛盾は，既に覆い隠すべくもない[60]。土地制

---

[58] 主力軍・前掲注39・23頁は，地方での宅地使用権の換地及び抵当の試行により，「未来の立法では農村宅地使用権の譲渡が許される可能性が高い」としている。また，試行的実験ではあるが，成都市では，2007年の成都市国土資源局「成都市集団建設用地使用権譲渡管理暫定弁法」に基づいて，農民住宅の「統一的賃貸」が行われている。斉東文等「従"小産権房"的合法化到土地管理体制改革——重慶統籌城郷的一個視角」『西南農業大学学報』2008年2月42頁参照。

[59] 朱紅英等「論宅基地使用権取得的公法控制」『浙江工業大学学報』第7巻第1期（2008年3月）99頁。

[60] 但し，宅地使用権・小産権房の合法化主張を最も勢いづかせているのは，上述の17

度の目的と理念を明確にし，それに沿った法制度の枠組みを，憲法・法律（原理）→行政法規（基準）→地方性法規（具体化）という階層的・規範的な関係に再構築することが，今求められている。

期3中全会における中共中央の「決定」中の文言であり，政策の持つ力，とりわけ党中央の政策が持つ力に頼らざるを得ない，という矛盾した構造に変わりはない。

第4章　補足資料
──宋庄画家村事件──

はじめに　事件の背景

　1990年代半ば頃から，北京市郊外の通州区宋庄鎮では，都市近郊の田園地域に活動場所を求める芸術家たちが次々と移住し始め[1]，それがさらに呼び水となって，全国から多くの芸術家が宋庄鎮に移り住むこととなり，アトリエやギャラリー，絵画や画材具のショップ，そして美術館などが林立し，「宋庄画家村」と称される中国随一の芸術文化地域を出現させることになった[2]。移住した芸術家たちには，同地の農村家屋の持ち主から家屋を買い受けて移住したものが多くいたが，その際に同家屋の底地の使用権（＝宅地使用権）についても譲渡を受け，これを内容とする契約書を交わしていた。訴訟となった事件の証拠によれば，このような契約に基づいて，村民委員会の印章が押された「集団土地建設用地使用証」及び「建物所有権証」などが交付されていたようである。

　しかし，このような互恵的関係は長くは続かなかった。都市部の地価上昇と，何より宋庄鎮が「画家村」として名声を博したことにより，一帯の風景は様変わりし，地価は年々上昇することになった[3]。村民は，もとより村民同士の売買に比して5倍から10倍の高値[4]で住居を売り払っていたのであるが，このような状況を目にして，虎の子の資産を売却してしまったことを次第に後悔するようになり，結果として，売り主側が売買契約の無効を主張する訴訟が，次々と提起されることとなったのである。

　以下では，このような経緯により，別訴を含め2年近くを費やし，社会の注目を広く集めた代表的な事例（この事件を特に「宋庄画家村事件」として扱う記述が多い）について，その審理の経緯と結果及びこれに対する様々な評価について概観

---

1) 移住熱の高まる前の宋庄鎮では，人の住まない家屋が全体の30%以上に及んでいたとされる。趙静「誰動了我的房子？─宋庄画家村案的実地調研」『現代社区』2007年12期27頁。
2) 同地に移住した者は，所謂芸術家だけでも2000人を超えていたとされる。中央電視台「今日説法」2008年5月10日放送での指摘。
3) 同地域の地価については，4年間で5倍以上上昇したとされるが，本件契約締結時の北京市の平均販売価格と比べても，既に41倍もの開きがあった，とする指摘も見られる。http://news.xinhuanet.com/local/2008-03/12/content_7770292.htm（2009年12月3日最終確認）
4) 後述のように，本件での売却価格は45000元とされている。

するとともに，事件の背景と関連問題の展望についても若干の検討を加えたいと思う5)。

1　一審の経緯と判決

(1) 事実の概要

　本件の被告，画家の李玉蘭は，2002年，宋庄鎮辛店村に馬海涛（原告）が有する家屋6)を45000元で買い受け，夫とともに移り住んだ。同家屋は原告が父から譲り受けたものであるが，購入時には2年以上も放置されていたため廃墟同然でとても住める状態ではなく，必要な補修に12万元以上を費やしたとされている。
　契約の締結時には，双方が「家屋売買契約書」に署名するとともに，同村の村民委員会主任（俗称として一般に「村長」と呼ばれる）が「公証人」となり，同契約書上に村民委員会の公印が押された上，同村民委員会が「李玉蘭の使用を認める」旨を付記した「集団土地建設用地使用証」が交付されている7)。しかし，4年後の2006年，売主である馬海涛は，契約の無効と建物の引渡を求めて訴訟を提起したのである（なお，村民委員会の責任については，本件・別訴を通じて問題とされていない）。

(2) 原告・被告の主張8)

　双方の主張は，以下のようなものであった。まず，売主である原告の請求は，買主は宋庄鎮辛店村の村民ではないから，同村の宅地を使用する権利はなく，家屋売買契約は無効でありその返還を求める，というものである。
　これに対し，被告である芸術家側は，①（少なくとも）家屋についての売買契約は有効に成立している，②売主である原告は，売買契約当時，既に同村に戸籍もなく，都市住民だったのだから，原告の主張に基づくならば，原告もまた同土

---

5) 判決文は，以下紹介する一審及び二審については中国人民大学の本科精品過程—教学案例サイト（http://lesson.calaw.cn/article/default.asp?id = 54）に掲載されたものを参照した。別訴は中国法院ネット（http://www.chinacourt.org/html/article/200810/22/326572.shtml）に掲載されている。
6) 二審判決書にあるように，馬海涛自身は売買以前にすでに北京市内に住む都市住民となっており，戸籍も都市に移していた。家屋は父の所有するものを相続したものであった。
7) 但し，法律上土地使用権の内容変更については県の承認を得て登記することが必要であり，本件被告は土地使用権に関する登記を経ていない。
8) 双方の主張と訴訟の経緯については，陸振華「"小産権房"風暴下的画家村」深度閲読2008年3期6頁が詳しい。

地の使用権を持たないことになる，③売主である原告は，違法と知りながら自ら積極的に本件売買契約を結んだのであり，契約の無効を主張することは信義に反する，といった主張を展開した。

(3) 一審判決

一審の通州区人民法院は，法律，行政法規の強制的規定に反する契約は無効である，との原則に基づき，被告は都市住民であり，農村集団経済組織構成員（≒村民）の家屋を購入することはできないから，本件売買契約は無効であるとして，90日内に建物を明け渡すよう命じた。同時に，一審判決は原告に対し，被告夫婦が被った損失 90000 元余りを「補償」するよう命じている。李玉蘭はこれを不服として上訴した。

2 二審判決

二審の北京市第二中級法院は，一審の判断を支持し，契約を無効として90日以内の立退きを命じている。但し，契約が無効となった原因について，「その主な責任は農民が（売却を）後悔したことにある」として，無効により生ずる損害については，別訴を提起してその賠償を請求することができる，と判示した。

(1) 契約の有効性について

二審判決は，契約が無効とされる理由に触れ，「宅地使用権は農村集団経済組織構成員の享有する権利で，権利享有者の特定の身分に関連するものであって，当該集団経済組織の構成員でない者は，これを取得したり，または別の形に仮装して取得することはできない」とする。そして，原告と被告の締結した「『家屋売買契約書』の目的物は家屋だけでなく，相応の宅地使用権が含まれる」とした上で，「原審法院が，我が国の現行の土地管理に関する法律，法規，政策の規定に基づいて契約の効力について行った認定は正確」であり，契約が有効であるとする上訴人（被告）の主張は認められない，とした。

(2)「損失の賠償」について

契約の無効による「損失」について，二審判決は，建物・代価の相互返還及び価値増加部分の価額の「補償」を命ずるとともに，「売主は売却時に売却家屋及び宅地が譲渡禁止の範囲にあることを明らかに知りながら，売却後何年も経た後に家屋の違法譲渡を理由に契約の無効を主張したものであり，売主は契約の無効について主要な責任を負わなければならない」とした。また賠償の範囲について

は，「売主が土地の価格上昇または立退き若しくは補償により得る利益」等を「全面的に考慮して」「信頼利益の損失についての賠償を確定しなければならない」との判断を示した上で，原審では「損失」についての主張が十分でなかったとして，「賠償問題」については別途これを審理する，としている。

(3) 別訴の結果

本件を受けて，李玉蘭は改めて通州区人民法院に訴えを提起し，被告馬海涛に，契約の無効による損失 48 万元を請求した。通州区人民法院は，係争家屋の現地調査や，不動産価格評価会社による価格の鑑定，さらに周辺での聞き取りなどを経た上で，「契約が無効となった後」「『過錯』（≒故意・過失）のある側は，これにより相手方に生じた損失を賠償しなければならない」として，前審の判断に沿って被告の「主要責任」と「賠償範囲」を認め，最終的に 18 万 5 千元余りの賠償を命じており，二審でもこの判断が維持され，確定している（但し，判決文上では，「信頼利益」の根拠または認定方法等は示されていない）。

3　分析と評釈

(1) 問題の所在

本件は，農村の宅地使用権[9]を都市住民に譲渡することができるか，という問題について，それを否定する判断として注目を集めた。そのような注目は，都市近郊での同様の事態の蔓延という社会現象，そしてその背景にある土地価格の高騰と土地政策の是非，という意識に基づくものが多いようであるが，ここではまず本件の判決にみられた法律の適用及び論理操作の内容について分析し，その具体的な問題点について検討した上で，上記意識についても若干の考察を試みることとしたい。

(2) 判決の論理的枠組み

① 「集団経済組織構成員」の身分関連性

本件二審判決は，宅地使用権の身分関連性を理由に，都市住民による宅地使用権の取得を否定している。これは，宅地使用権の社会保障的な性格づけ，すなわち，農民とその家族は，都市居住者が受けるような医療・失業・養老など各種社

---

[9]「宅基地使用権」（原語）については特に定義規定はみられないが，「農村村民の住宅用地」（土地管理法 63 条），「当該土地を利用して住宅及びその付属施設を建造することができる」（物権法 152 条）とされるように，農村における住宅の底地使用権，という内容となっている。

会保障を受けることができず，また都市居住者のような幅広い職業選択も発展の余地・可能性も低い，という認識に基づいて，農民と家族の最低限の生活の拠り所を保障するために，同居家族（戸）を単位として一定面積の宅地を無償かつ無期限で提供するのだ，という位置づけによるものであり，関連の土地管理法の規定にも合致するものである[10]。上記判決は，この理由づけに基づいて，宅地使用権の取得権者は当該村の「集団経済組織構成員」（一般に当該村の「村民」を指す）に限られる，という結論を導き出している。

② 家屋と宅地使用権の関係

同様に，本件二審判決では，家屋の売買は必然的に底地である宅地使用権の移転を伴うことを理由に，本件契約を無効としている。判決の他の個所を見ても，本件契約に基づく家屋の所有権移転の有効性については論じられておらず，間接的・付随的に生ずる（または契約の内容に含まれる）宅地使用権の移転が禁じられる以上，家屋の譲渡が有効かどうかに関わらず，本件契約は全体として無効となる，との結論が導かれたことになる。これに対し，一審は明確に，都市住民は「農村集団経済組織構成員の住宅を購入することはできない」としており，理由づけに若干の違いが見られている。

③ 判決の根拠となる規定

規定上の根拠として，本件判決はいずれも，「法律，行政法規に違反する契約は無効」（契約法53条）との原則に基づき，本件契約は「土地管理の法律，法規，政策の規定」に反し無効である，とするものであるが，具体的に何の法規に反するかについては明確に示されていない。

この点，本件判決についての評釈等を見ると，判決の根拠として「農民の集団所有の土地使用権を，譲渡，移転または賃貸により非農業建設に用いてはならない」（63条）とする土地管理法の規定を挙げるものもあるが，ほとんどの場合，1999年以来の国務院等による政策[11]が主要な根拠とされているようである。これら各政策では，都市住民の宅地使用権購入と農村家屋の購入，そして農民によるこれらの譲渡が明確に禁じられており，本判決の結論を容易に導くに足る具体的な内容となっている。

---

10)「農民」は一戸あたり一つの宅地を使用することができ，その面積は地域で定めた基準を超えてはならず，家屋の建築にあたっては郷（鎮）の土地利用総合計画に従うものとされ，譲渡または賃貸を行ったときは，さらなる宅地申請を行っても許可されない（62条），とされている。
11) 特に，国務院弁公庁の「土地譲渡の管理を強化し，土地投機を厳禁することに関する通知」(1999) と，国土資源部の「農村宅地管理を強化することに関する意見」(2004)，そして国務院弁公庁の「農村集団建設用地の関連法律及び政策を厳格に執行することに関する通知」(2007) がしばしば挙げられる。

（3）判決に対する批判

① 身分関連性への疑義

本件の各判決は，「集団経済組織構成員」以外は宅地使用権（及び住宅）を取得することはできない，ということをその主要な根拠とするが，これを批判する見解が少なからず見られる。それらによれば，1986年の土地管理法41条では，「都市の非農業戸住民」が一定の費用を負担することによって宅地使用権を取得することが明確に認められていたのであって，確かに1998年の改正を経て同条の規定は削除され，その後国務院弁公庁等の上記「政策」により都市住民への宅地使用権譲渡が明確に禁止されているものの，改正後の土地管理法，そして直近の物権法を見ても，都市住民への農村家屋の譲渡及び宅地使用権の譲渡はいずれも禁止されていない，とされる。

また本件が正にそうであったように，都市住民が農村の家屋及び宅地使用権を相続することを禁止する法律はなく，実際に広く行われている[12]。さらに，相続法の規定から見れば，都市住民が遺贈により家屋ひいては宅地使用権を取得することも認められている，とする見解が見られるなど[13]，身分関連性と現状または規定とのズレ，という点に批判が集まっている。

② 家屋と宅地使用権の一体性への疑義

本件の二審判決は，所謂「地随房走」（土地は家屋に従う）原則の裏返しとして，必然的に宅地使用権移転を伴うことになる家屋の売買は認められない，との結論を導き出している。そもそも上述の政策では農村の住宅購入も禁止されており，事件処理にこのような理屈が必要であったかは疑問である。これが政策についてわざわざ行った理由説明といったものでないとすると，二審判決には，家屋自体の売買契約は有効に成立している，若しくはその有効性を一概に否定することはできない，という認識があったということができるだろう。

この結論に批判的な立場も出発点は同様であり，農民の所有物である家屋自体の売買は禁止されておらず，その根拠は憲法で認められた土地使用権譲渡と私有財産保護にある，とした上で，正に判決が言うように中国における「房地不可分」の原則[14]により，宅地使用権についても移転の効果が生じる，と主張する。

ただ，少なくとも上記各政策の規定を見る限り，そこでは宅地使用権の売却

---
[12] 国家土地管理局の「土地権利帰属問題の確定に関する若干の意見」（1989）では，「家屋の相続により取得した宅地については，相続者が使用権を有する」と明確に規定される。
[13] 首都師範大学の杜強強副教授の指摘。http://lesson.calaw.cn/article/default.asp?id＝5
[14] 中国における不動産譲渡の原則と位置付けられる。物権法146条，147条にも明確に規定されているが，146条が「房随地走」，147条が「地随房走」である。一般に，どちらがより優先されるかはあまり問題にされていないようである。

（購入）だけでなく家屋の売却（購入）も禁止されており，家屋と宅地使用権の譲渡という一体的事態を禁止する，という意識が強く，法律構成についての分析的な意識（家屋所有権と宅地使用権の関係）は感じられない。そのため，政策が判決の根拠であるとすれば，このような理屈そしてそれへの批判はいずれも筋違いであるということになる。

③　根拠規定への疑義

本件二審判決は，法的根拠を「法律，法規，政策」に求めている。これに対しては，法律上契約が無効とされるのは法律または行政法規の強制的規定に違反した場合のみ（契約法 52 条 1 項 5 号）であって，しかも契約法の適用に関する最高人民法院の解釈（1）(1999 年)によれば，行政規則ですら根拠としてはならないとされるのだから，契約無効の根拠を「政策」に求めることは当然できない。上述のように，宅地使用権または家屋の譲渡が禁止される根拠は「政策」にあるのだから，本件契約を無効とする法的根拠はなく，契約は有効ということになる，との批判がなされる。

この点，確かに国務院弁公庁や国土資源部そして建設部等の「通知」「提示」「意見」などは行政機関の内部指示というべき形式をとるものであり，これは多くとも「規範的文書」であって，判決が示したカテゴリーに従えば「政策」ということになる。しかし，それらは農村宅地使用権等の譲渡を禁止するもので，実質的には外部的効果を持ち，広く国民全般の権利の制限または義務の賦課に及ぶものであって，「行政法規」ひいては「法律」の規定すべき内容を含むものとなっている。

もちろん，「政策」での禁止はそもそも法律に基づくものである，との反論はありえようし，本件二審判決の上記のような羅列はそのような意識を反映したものともいえる。しかし，このような二審判決における漠然とした羅列こそ，まさに契約を無効とする（すなわち家屋および宅地使用権の譲渡を禁止する）直接の根拠の弱さについての法院の懸念を如実に表すものということができるだろう。この点は，一審が簡単に「都市住民は農村の家屋を購入することはできない」としたことと明確なコントラストを見せており，その判断の違いは興味深い。

但し，民法通則では「民事活動は必ず法律を遵守しなければならず，法律に規定がないときは，国家の政策を遵守しなければならない」（6 条）とされ（傍点は筆者による），さらに「社会の公共の利益に反する」民事行為，そして「合法の形式で違法の目的を覆い隠す」民事行為などが広く無効とされる（58 条 1 項 7 号）ことから，本件契約を無効とする根拠を「法律」に求めることも，あながち困難とは言えない。

④　判決の沈黙

本件の判決には，被告側の主張について全く回答しない，という姿勢がいくつか見受けられる。例えば被告は，売主（原告）は売買契約当時すでに農民ではなく，都市戸籍を持ち都市に居住していると主張し，それは二審判決において事実として認定されているが，そのことが売買契約の効力，そして無効とされた場合の宅地使用権の帰属先にどのような影響を及ぼすか，といった問題については，判決では全く触れられていない。

　さらに，売主（原告）が現在になって契約の無効を主張することは不誠実であり，信義に反するという被告側の主張についても，このような場合に契約の無効を主張することが許されるかどうか，またその理由はなぜかについて，何ら示すことはなかった。

　加えて，判決は「信頼利益」の「補償」なり「賠償」なりを命じてはいるものの，この「信頼利益」の範囲と計算方法はいかなるものなのか，またそれが「補償」とされる場合と「賠償」とされる場合の根拠と範囲はどのようなものなのか，といったことについては全く触れぬまま，どこからともなく一定の金額を導き出し，その支払いを命ずることで了としているのである。

　このような，当事者の主張（及びその法的構成）への無関心・無回答という状況は，中国の判決文書に往々にして見られるところであるが，これは判決の論理を不明確にし，「案例」の蓄積による紛争解決基準の形成を阻むというだけでなく，裁判に説得力を失わせ，ひいては当事者の納得と司法への信頼を大いに減ずるものと言わざるを得ない。

4　若干の検討

　本事件は，芸術家に金を渡して出ていってもらう，という形での決着，ということになっている。ところが，このような状況は，「安定第一」の「調和社会」実現を任務とする統治者側にとって望ましくないというだけでなく，「画家村」の推進と発展を目指す宋庄鎮政府にとっては，金の生る木を失いかねない危機的なものであった[15]。そのため，宋庄鎮の党委員会と政府は，在住芸術家の大量流出を防ぐため，上級政府・党の指示を仰ぎつつ，「一方で法院に働きかけて協調を求めるとともに，他方では村民に対して不断に思想工作を行った」[16]のであり，このような働きかけが功を奏したか，または本件村民に対する27万元の賠償命

---

15) 2006年には北京市が宋庄鎮の地域を市内の十大文化創造産業地区に指定し，鎮政府もアート・ビジネスの発展に向けた政策を打ち出している。趙静・前掲注1・27頁参照。
16) 趙静・前掲注1・27頁。

令が影響してか, 本件の前後に提起された訴訟は結果として和解により終結したとされている[17]。

そうすると, 法院のほうも, 一方では契約を無効としながら, 他方では無効な契約について当事者同士の調整を仲介し, 無効な契約により形成された状況を黙認ないし保護する, という矛盾した振る舞いに出ていたということになる。これは本件の処理に止まるものではないようで, 実際に各地の法院が出している「指導性意見」「会議紀要」などには, 居住状態や金銭の交付など様々な状況に応じて, 本来無効の契約を保護するものもみられている[18]。

ここには, 宅地使用権の身分関連性を形式上は維持しつつ, 実際にはその譲渡を黙認し, 紛争に際しては不誠実な「身分者」に不当な利得を得させない, さらにはそのような威嚇を手段として無効主張を控えさせ, 社会不安を招くような土地紛争を事前に抑制する, という意識が見出される。もちろん, このようなやり方自体, 身分関連性が名分に過ぎず, 利益配分こそが問題の本質である, という認識をあらわにするものとも言えるのだが。

いずれにしても, このようなうやむやの解決によっては, 本件の根本的原因を解決するべくもなく, 畢竟本件を取り巻く議論も終息するどころか, 一層の深化と膨らみをもって拡大しつつあるのだが, そこに提示される問題意識は明確かつシンプルである。すなわち, 公民の所有財産の処分, しかも公民間で自由意思に基づいて取り交わされた契約（村民委員会がご丁寧に「公証人」を務め, 公印まで押している点別の問題も提起するものではあるが）が, なぜ無効とされるのか, それが法的根拠によるものであるならば, それは妥当なものと言えるのか, また妥当でないならば, そのような結果を招く法・制度をどのように変えていく必要があるのか, というものである。

このような問いは, 本件の処理に止まらず, また本件のような個人の宅地使用権譲渡にも止まることなく, 自己所有財産の処分, さらには一般に自由に対する国家による制限の可否またはその根拠の当否, という問題について, 各法領域を巻き込んだ広い議論を巻き起こしている。ここには,「所有権」を基礎にした権利意識が,「所有制」を基礎にした漠然たる呪縛を法的に否定しようとする潮流

---

17) 上記「今日説法」放送中での指摘。いずれも「画家」が継続して居住することとなったとされる。なお, 本件でも訴訟中に和解勧試が行われたが, 結局不調となっている。
18) 王文軍「論農村宅基地上房屋的買売―"小産権房"的一種形式」清華法学 2009 年 5 期 79 頁では, 上海市でこのような処理が行われていると指摘される。また, 浙江省高級法院の「家屋紛争事件の審理に関する研究会紀要」(1992 年), そして鄭州市中級人民法院の「指導性意見」(2009 年) も, 同様の処理を規定している。「鄭州如何突破"小産権房"法律難題」(『法人』2008 年 11 月号 47 頁) の記事参照。

ないし方向性が見てとれる。本件を巡っては憲法保障・憲法訴訟をもターゲットに据えた制度改革の主張も展開されており，全体的な制度構造及び理念の再構築という意識の高まりが感じられている。

第5章　中国における公法と私法の関係
―― 「美濃部理論」を手がかりに

はじめに

　現代の学生に美濃部達吉とは誰かと尋ねれば，大方の学生はその名前の響きから，何か昔の人か高齢な人のようだ，と思うだけかもしれないし，ちょっと気の利いた学生であっても，歴史の授業で天皇機関説の話を聞いたことがある，という程度かもしれない。もちろん法学部の学生であれば，日本の憲法学・行政法学の草創期に支配的な学説を打ち立てた大学者であると答える学生もいるかもしれないが，それにしても，時代を画した過去の学説の提唱者，というような認識にとどまるものであろう。

　ところが，驚いたことに，昨今「美濃部達吉」という文字が，中国で公法を冠する学術論文に少なからず登場している。もちろん近時の研究者の著書からの引用も見受けられるが[1]，筆者が目にした論文や著書に限って言えば，美濃部達吉という文字が圧倒的に目立ったように思われる。

　本稿は，中国の諸論文における「美濃部理論」への頻繁な言及を手がかりに，そこで意識されている問題を析出し，議論のもつ意味を問うことを目的とする。考察の対象は主に中国における公法関連の議論と制度の現状であって，日本の理論・学説に言及するところはわずかであるが，願わくはこの考察を通じて，中国で公法と私法，とりわけ公法に関して展開される理論とそれを必要とする現状について紹介するとともに，日本の理論の中国への影響・示唆の様相について，何かしらでも思索・対話のきっかけを提供したい

---

1) 行政法に限っても，日本の体系書が数多く翻訳されており，引用もひんぱんになされる。ただ一般的に言って，行政法の領域において一つの経典的・体系的理論として受けとめられ，かつそのようなものとして研究の対象となっているのは，美濃部の議論だけなのではないかと思われる。

と考える。

第1節　中国における「美濃部理論」

1　引用の頻出と価値

中国の法学論文における美濃部の記述の引用ないしそれへの言及として，例えば，楊解君は，「『現代の国法はその全部に通じて公法と私法との区別を当然の前提として居るもので，国の総ての制定法規に付き，其の定めが公法又は私法の何れに属するかを明にするのでなければ，其の定めから生ずる効果と内容とを明にすることは不可能である。両者の区別は実に現代国法の基本的原則をなしているものとも言うべく，国法の総ての規律は或は公法に属するか或は私法に属するかの何れかでないものはなく，而して其の何れに属するかに因って其の規律の意義を異にする』」との美濃部の記述をまるまる引きつつ，このように「現在，公法と私法の共存およびその区分は，すでに理論上通説となっている」（傍点部は論者）と結論付けている[2]。

また，朱紅英らは，「日本の学者美濃部達吉はこのような『私法関係を形成する行為それ自身は当事者の法律行為であるが，唯其の効果を生ずる為めの一要素として国家の公の意思行為が加わって』いる事例を類型化し，そこには受理，認可，代理，公証および確認の五種類が含まれるとしている。その中で，所謂『認可とは当事者の法律的行為が国家の同意を得るのでなければ有効に成立するを得ない場合にこれに同意を与えて其の効力を完成せしむる国家の公の意思表示を謂う。法律的行為の当事者は別に存し唯当事者の意

---

[2] 楊解君「公法（学）研究："統一"与"分散"的統一」『法商研究』2005年3期10頁。中国語の論文・条文等の日本語訳は本稿論者によるもの。本稿において紹介する各論文において引用されている美濃部の記述は，いずれも「公法と私法」の中国語訳からのものであり，その出典は黄馮明訳『公法与私法』（中国政法大学出版社，2003年）となっているが，本稿では訳文の記載箇所ではなく，原典から直接引用箇所を紹介することとした。上記引用部分の原典の該当箇所は，美濃部達吉『公法と私法』（日本評論社，1935年）3頁。なお，原典から引用する際には読み易さに配慮して，旧字体の漢字を現代の字体に改め，また送り仮名についても一部現代的用法に改めている。

思だけでは其の行為が完全には効力を生ぜず国家の認可を受くるにより始めて効力が完成する』ものである」として，美濃部の「公法と私法」の記述をくり返して引用した上で，上記の認可概念を根拠として，中国の農村における宅地使用権の取得申請に対する地方政府の審査・承認の問題を論じている[3]。

さらに，北京大学の魏武の論文などは，その考察の対象を美濃部のケルゼン批判に限定するものであり，畢竟そこで展開される議論はほぼ全て美濃部の「公法と私法」第1章第1節の記述に関するものとなっている[4]。そして，極めつけは華東政法大学の童之偉である。童は近年中国の法学界で物議を醸した「物権法違憲論争」の中心的人物であるが，正にその論争の中で公法と私法の極端な分類を批判するよりどころとして，「中国法学界において非常に大きい影響のある『公法と私法』，かの名著の作者である美濃部達吉がまさにはっきりと述べている」ように，「両者の区別を余りに強調」することは「自分の賛成し得ないところ」とする美濃部の記述を絶賛とともに引用しているのである[5]。

2 引用の傾向とその理由

このように，中国での美濃部への言及は，その数だけでなく，経典的理論としての位置づけにおいても注目すべきものとなっている。ではそこでの引用ないし言及にはどのような特徴があるのだろうか。以下では，各論文での引用ないし言及を詳細に検討することを通じて，中国の論文中での美濃部理論の用法について検討するとともに，その背景にある目的ないし理由を考えてみたい。

---

3) 朱紅英　楊秋嶺「論宅基地使用権取得的公法控制」『浙江工業大学学報』2008年3期101頁。
4) 魏武「評公法与私法区別的必要及其根拠」『黒龍江省政法管理幹部学院学報』2008年5期6頁以下。なお，魏は美濃部のケルゼン批判を「解釈及び批判においてケルゼンの観点の要点を正しく捉えきれていない」としている。
5) 童之偉「『物権法（草案）』該如何通過憲法之門」『法学』2006年3期16頁。なお，童が美濃部『公法と私法』から引用した箇所は序の1頁中の記述である。

(1)「公法と私法」への集中

　美濃部の記述を引用する論文は、少なくとも最近の記述に限れば、その引用元が「公法と私法」に集中している。今回主に 2005 年以降の論文について、美濃部に言及する論文を探してみたのだが、それでも 20 近くの論文を見つけることができ、そこでの引用はいずれも「公法と私法」の中国語訳からとなっている[6]。

　これについては、一つ単純な理由が見出される。美濃部の「公法と私法」は、早くも 1941 年には中国語の翻訳が出版されており、以前から中国において権威的書物として認識されていた[7]。そして、2003 年に版が改められて再度出版されるなど、中国語訳された外国の権威書として一貫して利用されやすい状態にあったのであり、引用・言及の積み重ねが更なる引用・言及を招いていると考えられる。

　加えて、同書が公法と私法という対象について論ずる希少な体系書であった、ということも、多くの引用・言及を招く理由であった。この点につき、「全面的、系統的に公法私法関係を研究したいと考えるならば、日本の著名な法学者美濃部達吉の『公法と私法』は疑いなく第一の必読書である」と指摘する北京大学の魏武は、その理由をいみじくも「美濃部達吉の『公法と私法』は…公法私法及びその相互の関係を研究する法学の著作として、中国語のテキストではほぼ唯一のものである」としている。ここには美濃部の「公法と私法」が、中国において、この問題についての「ほぼ唯一の」経典的理論書として、確固たる地位を占めていることが明確に現れているのである。

---

6) これはあくまでも筆者が調べることができた限りであり、実際にはこれをはるかに上回ることは想像に難くない。また、美濃部理論に言及する論文を探す際には、「美濃部」というタームではなく、美濃部に関連しそうな表題ないしテーマの論文を探し、その文中に美濃部理論への言及を探すことになる。そうすると、畢竟ある程度時期を区切らざるを得ず、また言及が多く見られそうな論文名、とりわけ論文名に「公法」を冠するものに美濃部理論への言及を求める、という作業を行わざるを得なくなり、必然的に上記のような傾向が出ている、という側面も否定できない。

7) 華東政法大学の童之偉は、自らの主張する「観点自体が歴史的恒久性を有していることを強調する」ために 1941 年版の『公法と私法』から引用させていただいた、としている。童之偉「憲法民法関係之実像与幻影」『中国法学』2006 年 6 期 177 頁脚注。

(2) 権威のつまみ食い

次に，昨今美濃部理論に言及する論文は，多くの場合，美濃部理論自体の紹介・分析，または関連の外国理論の紹介・分析を主眼とする内容ではなく，「公法私法」や「公法」といった表題で中国の現状と自らの理論を論証する際に，その根拠または関連する外国の古典的・権威的理論として紹介されている，という傾向が見られる。そして，美濃部の記述を詳細に数多く引用したり，文脈上一まとまりの部分を丹念に説明・分析するような論文はごくわずかであり，多くの論文では，一言程度の引用にとどまるか，引用も示されずに理論提供者として紹介されるのみで，しかもその引用のされ方はかなり恣意的であるように見える。

例えば，胡波は，公法私法区分の基準としての利益説を批判する際に，「国家は公益の保護者であると同時に私益の保護者でもある」[8]との記述を引用し，利益説は公法私法区分の基準とはできない，という結論を導いているが，その引用頁などはまったく示されず，しかもこれ以外にはなんらの引用・言及もなされていない。

また引用先が示されないものも多い。鄧娟は，「美濃部達吉先生の『公法と私法』では」「『一部分は私法に属し一部分は公法に属するもので，茲に混合的の法律関係を生ずる』との言葉が述べられる」として[9]，公法と私法の混合という状況の一般性を示しているが，やはり，その引用先は示されず，しかも原典における「単一な営造物利用関係において」という文脈が無視されている。

さらに，郭明端は，文章中わずかに一箇所，しかも「このような（公法私法の）区分は確かに客観的に一定の制限的役割を果たしている」という文末につけた脚注の中で，参照先として日本の美濃部達吉「公法と私法」の参照ページを示すのみであるし[10]，金自寧などは，「公法と私法の二元的区分は基

---

8) 胡波「従公法私法角度看民法的性質」『北方工業大学学報』第20巻第2期（2008年6月）59頁。原典はおそらく「公法と私法」29頁であると思われる。
9) 鄧娟　劉路「公法与私法界限浅議」『今日南国』2008年3月号136頁。なお，原典はおそらく『公法と私法』164頁であろう。
10) 郭明端　於宏偉「論公法与私法的劃分及其対我国民法的啓示」『環球法律評論』2006

本的枠組みとしての役割をもつ」との自らの記述について，脚注で美濃部「公法と私法」3－4頁参照とするのみで，引用の箇所もその意図も明らかではない[11]。

(3) 引用・言及の時期

このように，中国での美濃部からの引用とそれへの言及には，中国語のものがそれしかなかったからとかちょうど都合いい記述があったから，あまつさえ権威への言及により論証の手間を省くといった理由も垣間見られ，その引用・言及の恣意性を疑わせるようなものもあるのだが，それを差し引いて考えても，このように美濃部理論に言及する論文がごく最近に，しかも数多く見られているということは十分注目の価値があるものといえよう。

上述のように，今回美濃部に言及する論文を探すにあたり，主に2005年以降の論文に限定しているのだが，驚くべきことは，そのような限定をしても容易に20本近い論文が見つかり，さらにその多くがごく最近のものであった，ということである。もちろん，これには近時の論文のほうが探しやすかったという理由もあるわけだが，たいした工夫もせずに，少なくとも2007年と2008年のものだけで，10本を越える論文を容易に見つけることができた。このことは，美濃部理論の重要性が過去の話ではなく，直近の出来事であることを示している。そして，何よりも，美濃部の「公法と私法」の中国語版が，2003年に新しい版となって再度出版された，ということ自体が，中国における美濃部理論への注目の高さ，とりわけ「公法と私法」への注目の高さとその今日性とを如実に物語るものといえよう。

3 まとめ──契機としての「公法と私法」

以上のように，中国では美濃部の「公法と私法」からの頻繁な引用とそれへの言及が見られているのだが，たとえ中国語訳が以前から存在していたからといって，また公法と私法についてのほぼ唯一の権威的書物であるからと

年4期426頁。
11) 金自寧「解読『治安承包』現象─探討公法与私法融合的一種可能性」『法商研究』2007年5期127頁。

いって，もし現在中国で公法と私法という問題意識が高まっているのでなければ，同書がこのように高い注目を浴びるはずはない。

とりわけ，上述のように最近益々美濃部の「公法と私法」の引用・言及が増えている，という傾向にかんがみれば，中国における公法と私法の問題もまた，現在正に注目されている問題なのだ，ということができよう。

この点，2008年後期に出された若手研究者の論文において，「現在わが国の国内での公法私法問題の研究は，未だ美濃部時代を出るものではなく，美濃部の研究成果を超えていない」[12]との認識が紹介されている。ここからは，中国で美濃部の「公法と私法」がいまだ若々しい光を放ち，人々に多くの啓発を与えている，ということがわかると同時に，この領域・テーマが中国の国内で重要な対象として意識され，美濃部の「公法と私法」が権威的経典として，また超えるべき目標として挑戦を受け続けている，という事実が読み取れる。

このように，中国における美濃部の「公法と私法」への頻繁な言及とそこからの引用という事態は，中国において公法と私法の問題が論争の焦点とされ，これをめぐって激しい議論が交わされている，ということを示している。では，中国における公法と私法の問題，そしてそれを取り巻く議論とは，どのようなものなのだろうか。以下では，中国における公法私法論の様相について，昨今交わされた激しい議論を中心に，紹介と分析，そして検討を行ってみたい。

第2節　公法私法論の様相

1　公法私法関係論の沿革

(1) 社会主義計画経済における私法の欠缺

中国における公法と私法の関係の経緯を紹介する文章では，一般に，まず従前の中国は「公法が私法を完全に飲みつくした状態であった」といった表

---

12) 魏武・前掲注4・6頁脚注③。ただし，この記述は物権法違憲論争で憲法側の論客の最先鋒となっていた童之偉教授の記述を引いたものである。

現がなされる。そして，所謂改革前の高度な社会主義計画経済期においては，「国家権力が空前の勢いで社会の全ての隅々にまで侵入し」「政府の統制力が各家庭にまで浸透し，さらには各個人の心理の奥深くまで入り込んで」「私人が財産を処理し自由に取引を行う市場は否定され」「市民社会の運行ルールである私法はその成長のための土壌を失ったのである」との認識が示されている[13]。

ただ，このような状況については，所謂伝統中国における私法の欠落にその理由を求める立場もあり，近時このような伝統的制度構造を，私法の欠落の根源とするものも多い。この立場の論文には，例えば「日本の学者滋賀秀三氏がかつて卓越した論断を行っている」として，中国の伝統法は刑法と官僚統治機構組織法のみにより構成されていたとする指摘を紹介し，「自己の伝統からは私法の体系が生まれることはなかった」として「わが国の古代法律構造体系は，『私法の欠缺』とすらいうことができる」と結論付けるものなどが見られる[14]。

いずれにせよ，改革・開放以前の中国社会は，「公法が私法を完全に飲みつくす」というべき状態となっていたのであり，このような状況は法学においても相応の理解を招くこととなった。すなわち，歴史的・土壌的には伝統的な私法の欠缺により，制度構造的には「長期にわたる高度集中的計画経済体制の必要のため，法律が社会経済生活の隅々にまで全面的に関与することが必要となった」ことにより，そして理論的にはマルクスレーニン主義，とりわけレーニンによる「社会主義国家では…如何なる私法も認められず，…経済領域においては一切のものが全て公法の範囲に属し，私法の範囲には属さない」[15]との見解，すなわち公法と私法の区分を否定し，私法の存在が否定されたことにより，「わが国の法学理論においても相当長期にわたって，公法と私法の区分が否認された」[16]。そして，全ての法が公法であって，しか

---

13) 引用箇所はいずれも金自寧「『公法私法化』諸観念反思」『浙江学刊』2007年5期149頁。
14) 石紹斌「論公法在中国的演進」『西南政法大学学報』第10巻第5期（2008年10月）5頁。
15) レーニン全集3巻（中国語版）258頁。

も人民と国家の階級性と根本的利益が絶対的に一致している以上，私法を語る余地は全くなくなり，また公法の問題，すなわち非対等性や権力性の問題を論ずる余地もまったくなくなったのである[17]。

(2) 社会主義市場経済下の私法の存在の可否

一般に，中国において公法私法関係論が活発化したのは90年代以降であるとされている。もちろん，中国では法制度に限らず，何事も改革開放の起点とされる1978年が画期とされるのが一般的だが，公法私法関係論に限って言えば，「80年代以前は…レーニンの公私法に対する明確な態度に倣い，社会主義国家における公法と私法の二分という問題の存在が否定され，20世紀の80年代から90年代までは…『回避』の態度がとられ，20世紀の90年代に中国で市場経済体制が確立した後，公私法という論題は次第に広汎かつ多くの注目を集めるようになった」[18]と指摘される。

そこで，「広汎かつ多くの注目を集めるようになった」とされる90年代以降の公法私法関係論についての記述を見ると，まず，民法学界の重鎮とされる中国社会科学院の梁慧星が，1992年の『法学研究』誌において，公法と私法の峻別を主張しており，これが90年代の公法私法区分論の基点と考えられているようである[19]。但し，ここでの梁の議論は市場経済に関する座談会での発言の要約に過ぎず，またその内容も，公法と私法の関係を体系的に論ずるものとなってはいない。

では公法と私法の関係を正面から論ずるものは，というと，90年代にこのような問題を扱う論文には往々にして「公法と私法の区分の可否」との論題が掲げられているが，その内容は，実質的に「社会主義における私法の存

---

16) ここまで引用はいずれも馮玉軍「従民法的基本原則来認識公法与私法的劃分」『雲南師範大学学報』2000年5期15頁。
17) もちろん，社会主義イデオロギー下での「法の道具化」と「政治の万能」，そして文革期などの「無法無天」とまで称される法虚無主義においては，「公法と私法」の問題以前に，法制度や法学そのものが壊滅的な状態にあったということは，いたるところで指摘されている。
18) 魏武・前掲注4・6頁脚注①。
19) 梁慧星「市場経済与法制現代化―座談会発言摘要」『法学研究』1992年6期2頁以下。

在の可否」という問題を中心に議論が展開されている，ということが注目される。

　例えば，謝桂生は，公法私法の区分を論ずる論文の第1章を「社会主義は私法を承認すべきか」と題し，「社会主義市場経済という条件下で公法と私法を区分する社会条件が存在するかどうか」等について「改めて再認識する必要がある」とし，第2章で「レーニンはなぜ社会主義社会における私法の存在を否定したか」との議論を展開して，「社会主義法に公法と私法の区分があるかどうかは，社会主義経済の基本理論と社会主義経済建設における具体的実践の中に求められるべきである」とする。そして，第3章「市場経済体制を打ち立てるには私法を区分する必要がある」において，「公有制の基礎の上にある商品生産経営者にも同様に独立の経済的利益が認められることは客観的事実であり，これこそが社会主義私法の存在の基礎である」として，「わが国が打ち立てる社会主義市場経済体制においては，法学理論上法律を公法と私法に区分する必要がある」との結論を導いている[20]。

　このように，上記の議論は，社会主義市場経済の下での公法と私法の区分の必要性を主張する，という内容であり，そこでは論者の立場が明確に示されている。しかし，この時期の論文には，関連する議論の状況を紹介するのみで，自らの姿勢や考えは示さないというものも少なからず見られている。

　例えば，李茂管は，「社会主義制度下には私法を区分すべき社会的条件があり」「私法の原則により」「商品経営者の独立の利益を保護しなければならない」とする肯定論と，「民法が私法であるとの観念を打ち破ることは，社会主義市場経済体制下での要求であり」「公有制の主導的地位を守る必要がある」として，公法と私法の区分を行うべきではないとする否定論，そして，「公法と私法の概念で区分する必要があるかどうか」については「なお一層の検討を待たなければならない」，とする検討論が紹介され，論者自身の主張または立場というべきものは全く示されないまま終わっている[21]。

---

20) 謝桂生「市場経済与公法、私法的劃分——一個需要重新認識的問題」『法学』1994年5期2頁以下。
21) 李茂管「法学界関於公法与私法劃分問題的争論」『求是雑誌』1995年22期45頁以

また，張永志は，同様に，「社会主義国家には公法と私法の区分は存在せず，公法と私法の区分はブルジョア階級法学及び資本主義法制に特有の現象である」とする第一の観点，「公法と私法は市場経済の法律制度を打ち立てるための前提である」とする第二の観点，そして「公法と私法の区分は理論的には一定の科学性はあるが，それは一種の法律構造に関する理論であり，実際の法律部門それ自体ではない」とする第三の観点を紹介し，そのまま記述を終えているのである[22]。

この点，上述した学説の時代区分では，80年代から90年代にかけて，学者がその態度の表明を回避するという傾向が見られる，と指摘されていたが，90年代半ばから後期にかけても，やはり同様の姿勢がみられることがわかる。

もちろん，学説の潮流は個別の論文が呈する傾向のみで図れるものではなく，また何れの時期にも時代先行的な，或は逆に旧時代的な論文も見られるであろうから，これらを一般化することは危険である。ただやはり，この時期には既に社会主義市場経済が憲法にも書き込まれ，私営経済の保護が正面から認められているのに，なぜ上記の論者たちがその立場を決めかねていたのか，またはその立場の表明を回避したのか，ということは疑問に思わざるを得ない。

この点敢えて勘ぐるならば，いずれの議論でも紹介されている公法私法区分否定論，とりわけその重点としての私法存在否定論が，依然として各議論の示すような確固とした地位を占めていたとすれば，その主要な根拠として示される社会主義経済体制のイデオロギーの存在が，当時なお無視できない重みを持っていたものと考えられる。そうだとすると，イデオロギーというものの内容の漠然性とも相まって，公法私法の区分についても「敬して遠ざけるべし」との姿勢が学説に現れたことも，あながち理解できないものではないだろう。いずれにせよ，「社会主義市場経済下での私法の存在の可否」

下。
22) 張永志「公法私法劃分与我国構建社会主義市場経済法律体系的関係」『法学雑誌』1997年5期12頁以下。

という問題設定と，旗幟を鮮明にしない論者の姿勢が，この時期の議論に垣間見られるものといえよう。

(3) 公法私法区分論の興隆

　中国における公法私法関係を覆う社会主義的イデオロギーの影響は，少なくとも学術的記述の上では，2000年前後からかなり薄れてきたように思われる。もちろん，ここまで支配的であったイデオロギーが政治的に消失したわけではないし，街を見れば社会主義的標語・スローガンの類はむしろ一層強調されているかの感もある[23]。しかし，「向銭看（金向け，金！）」と揶揄されるほどに人々が富を求めてうごめく社会状況の中，憲法の数次の改正では私営経済の地位が徐々に高められ，かつてあらゆる法学書で強調された「資本主義と異なる社会主義法制度の優位性」は次第にトーンダウンし，大学の社会主義思想教育の支柱ともいうべき政治学の授業（必修でマルクスの政治思想を学ぶ）においてすら，教師がまじめに聞かなくてもいいと言っている，などという話が当たり前のように聞かれるようになっていた。

　このように，変化は徐々に訪れていたというべきであるが，それでも敢えて理由を探すとすれば，やはりＷＴＯ加盟の影響が挙げられるであろう。行政法学者の傅思明は，2002年の著書で特に1章を割いて「ＷＴＯ加盟と法による行政」を論じ，国家がＷＴＯの強制的な規則によって規律され拘束されるという事態を一つの突破として捉えている[24]。傅が言うところの突破の意味内容，そしてＷＴＯの具体的ルールがどのように中国の行政・司法機関を統制するか，という問題はひとまずおくとして，ここでは，経済的取引の公平，自由，透明性と合理性の確保という目的に政府が服する，という構図に注目したい。この構図，すなわち私人の経済的利益（主に他国の，ではあるが）のために，国家が強制的・拘束的なルールに服することとなり，しかもその強制的なルールが，国家に対して国家自身の権限行使を制限するようなルール作りを強要し，同時に既存のルールの廃止・変更を強要する，とい

---

23) このような政治宣伝の現状については，拙著「『矛盾』から読み解く中国」『ワセダアジアレビュー』2号（2007年8月）53頁以下で紹介している。
24) 傅思明『中国依法行政的理論与実践』（中国検察出版社，2002年）369頁以下。

う構図は,これまでのような,イデオロギーを根拠に私法関係の存在を否定したり,私法関係は国家の管理・監督下にあると主張したりする発想とは全く相容れないもの,ということができるだろう[25]。

　もちろん,これはイデオロギー的視点の後退の理由と言うよりは,フェードアウトを求める意識の変化がもたらした結果と言うべきかもしれないし,また後退を追認する政府の姿勢の象徴という評価を与えることもできるかもしれない。ただいずれにせよ,このような社会・理論状況は,当然中国における公法私法区分論のあり方にも鮮明に反映することとなっている。

　例えば,馮璩は,2000年の論文において,「民法の基本原則から公法と私法の区分を認識する」べきであるとして,レーニンの言うような「私法の否定」は社会主義経済の基礎樹立のために不可欠であったが,「マルクス・レーニン主義の古典理論の束縛は深すぎる」と批判した上で,実際にエンゲルスは早くから公法と私法の区分という視点を持っており,その記述において「公法,公共権力は私法のためにこそ設立される」と指摘していたのに,「われわれは,これまでこの記述が法律の分類にとって持つ意味を見落としていたのである」と指摘する[26]。

　この議論に限ってみれば,ここでは従来の私法の存在の可否という問題意識が色濃く残り,その方法においても,レーニンの主張をエンゲルスの主張によって否定する(または補う)という点で,依然として社会主義の古典理論に依拠するものとなっている。実際に,類似の論証は少なからず見られているのであり,例えばレーニンの「私法の否定」はレーニン全集の訳出ミスによるものであって,そもそもレーニン自身「私法の否定」というような発

---

25) 郁建興　劉娟「国家与社会関係視野中的中国公法変遷」『浙江社会科学』2002年5期9頁は,「公法体系の刷新を進める際に明確に認識しなければならないこと」を論じる中で,「WTOへの加入によりWTOの規則が国内法となることは,ただ一般的な経済貿易・取引の問題ではなく,同時に憲法解釈さらには憲法の改正にも関わる憲法的問題なのである」として,「これにより,我国の公法の変遷は『開放,刷新』モデルへと向かわなければならない」,と結論づけている。
26) 馮璩「従民法的基本原則来認識公法与私法的劃分」『雲南師範大学学報』第32巻第3期(2000年5月)15頁。

言をしていない，という主張なども，本質的には古典理論依拠型であるということができる[27]。

このように，この時期においても，社会主義イデオロギーが依然として無視できない存在であること，そしてこのようなイデオロギーに関わる古典理論を否定しうるのはそれ自身のみであることを示す議論が見られるが，しかし注目されるのは，その位置づけないし重要性の低下である。従来の私法の存在可否論では，イデオロギー的視点から私法の領域を否定する見解の内容の紹介またはその検討が，少なくとも論文の構成上かなりの部分を占めていた。しかし，上述の馮璩の議論では，これに関する記述は論文のごくわずかを占めるだけで，しかもその内容は，過去の状況の紹介といった程度の重みしか与えられていない。

このようなイデオロギー的視点の位置づけの変化がより極端なのは，蕭也紅の論文である[28]。蕭は，歴史的に中国には「私法（私権）の空間はほとんどなかった」とし，改革開放前の中国について「公法と私法の分類は階級分析の方法により完全に否定された」として，このような「制度的欠缺」が，現在もなお「政府機構が（公法主体の身分で）各種の方法で私人の領域又は私権の空間に干渉する」という事態を招いている，と批判する。

なによりもこの議論では，すでに「社会主義において私法の領域が認められるか」という問題意識が消失している（または乗り越えられている）ことが注目される。すなわち，上記蕭論文では，従来の私法の否定について，単に過去の高度な社会主義体制下で，「当然あるべきものが否定された」との認識を示した上で，「我国の現状において，公法と私法の分類を強調し，公法主体と私法主体の位置を確定することは，公法主体と私法主体の適正な関係を再構築するために必要である」[29]とするのであり，議論の重点は既に社会

---

27) 張永志・前掲注22・13頁では，従来レーニンが「…如何なる私法も認められず，…一切のものが…私法の範囲には属さない」と述べた，とされていたのは，中国語への翻訳の際に，本来「私的なもの」と訳すべきところを間違って「私法」と訳されたからだ，としているが，牽強付会の感は否めない。
28) 蕭也紅「公法与私法的分類及其対現今中国之意義」『北京広播電視大学学報』2003年1期21頁以下。引用部分は24頁。

主義経済体制における私法領域の可否ではなく，公法と私法の区分による適正な関係の再構築に移っているのである。

このように，2000年前後に見られる議論からは，従前のイデオロギー論争の後退と，それに伴う論点のシフト，即ち私法の存在の可否から公法と私法の分類及び関係へ，という問題意識の変化が見られる。このような議論は，主に民法学の立場から，私法領域の公法からの区分→確立→独立という意識によって提唱され，推し進められてきた，とされている[30]。しかし，このような私法側からの攻勢は，旧来のイデオロギー的視点からの反発だけでなく，私法による侵食を危惧する公法側からの抵抗も招くこととなり，正に私法領域の確立・独立を高らかに謳わんとした物権法の内容をめぐり，激しい論戦が展開されることとなっている。そこで，以下ではこの物権法違憲論争における公法私法関係をめぐる議論について概観し，そこでの議論において浮かび上がってきた公私法融合論について検討してみたい[31]。

2 物権法違憲論争と公私法融合論

(1)「姓社姓資」の実像

物権法違憲論争とは，立法過程で一般に公開され審議されていた物権法草案について，2005年に全国人民代表大会常務委員会の呉邦国委員長宛に出された「公開状」（同時にネット上で公開された）をきっかけに，主に民法学者と憲法学者等により展開された論争を指す。

この口火を切ったのは，いまや有名人となった北京大学の鞏献田（法理学）である。鞏の主張は激しい憤怒で埋め尽くされているが，その言わんと

---

[29] 同上25頁。
[30] 上述のように，公法私法関係論の発端とされる議論を展開した梁慧星は，1999年に完成させた物権法草案建議稿における「平等保護原則」について，「旧来の経済体制の影響を徹底的に否定し，市場経済の必要に合致する財産法の基本的ルールを真に打ち立てるため」と説明している。梁慧星『中国物権法草案建議稿』（社会科学文献出版社，2000年）96頁。
[31] 同議論の詳細については，拙稿「物権法草案違憲論争の諸相」『中国研究月報』第61巻第11号（2007年11月）3頁以下を参照されたい。

するところは要するに，物権法はあまりに「資本主義的」であり，その内容は「資産階級の民法概念を盲目的に模倣し奴隷のように模写したもの」であって，「社会主義の基本原則に違背するもの」で「違憲行為の産物である」，というものであった[32]。

このような激しい批判を受けつつも，民法学界の側は，当初このような批判は「荒唐無稽」で「筋が通らないもの」であるとして，団結して物権法を制定すればよいと決議するなど，強行突破は容易だと考えていたようである[33]。しかし，この問題は，成立間近であったはずの物権法の制定を一年以上も先延ばしすると同時に，民法と憲法の関係，ひいては公法と私法の関係について長くに渡る議論を巻き起こすこととなっている。

ここでまず注目されるのは，社会主義的イデオロギーの地位の変化である。鞏は，とりわけ民法学界から見れば，特異な旧時代的存在に映ったかもしれない[34]。しかし，このように社会主義性を前面に押し出した批判であっても，それは「社会主義において私法の領域を認めるか否か」というものではなく，平等保護原則，すなわち国家所有・集団所有・私的所有を平等に保護するという原則が，社会主義原則ひいては憲法原則に違背することを糾弾するものであって，そこでは「私有化プロセスのさらなる加速」，いわば私法による公法の侵食というべき状況が批判されている，という点は注目に値する。

このようなイデオロギー的意識の変化は，当然，私法領域の確立を提唱する民法学者の側の言説において一層明らかである。本論争で民法側の主要な論客の一人となっている趙万一は，本来的に危険な存在である国家権力からの市民の解放と自由の確保の必要を唱え，私人の領域を確保して国家の恣意的介入を防止することが私法の基本法たる民法の役割である，と主張す

---

32) 鞏献田の「公開状」については，王忍之（総顧問）『鞏献田旋風』―関於『物権法（草案）』的大討論』（中国財政経済出版社，2007年）25頁以下に全文が紹介されている。
33) 「法学界的『郎顧之争』―『物権法』『叫停』的背後』『法律与生活』2006年1期30頁以下。
34) 実際に，民法学界の集まりでは鞏献田を「法盲」，鞏のやり方を「文革式」などとする発言が見られている。拙稿前掲31・6頁。

る[35]。ここでは，ブルジョア的概念であったはずの「市民社会」が人類共通の歴史的叡智のように捉えられており，社会主義的視点からの考察は欠片も見られない。

このように，「文革式」と揶揄される旧来のタイプの議論ですら，私法領域の加速的拡大から公法領域を守るという主張となっていることに如実に現れているように，すでに社会主義において私法の領域が認められるかという私法存在可否論は完全に過去のものとなっている。また，私法領域の確立を主張する者からは，（旧来の）社会主義的言説を完全に無視したかのような主張が当然のように展開されている。では，実際に今回の論争の中で交わされた民法と憲法の学者の議論において，公法と私法の関係はどのように理解されているのであろうか。

(2)「姓公姓私」の限定性

この点について，本論争ではまず憲法と民法の関係が問題とされているが，その議論は，憲法の諸原則が物権法（民法）に及ぶのか，及ぶとすれば，憲法はどのように物権法（民法）を規律するのか，といった様相を呈していた。この論争自体は，結果的に，修正を経て最終的に成立した物権法は憲法の諸原則に照らして違憲ではない，とされることにより収束することになっている[36]。しかし，肝心の関係そのものについては，民法側からは趙万一らにより民法の私法基本法論が展開され，私法の基本法たる民法と公法の基本法たる憲法はそれぞれ異なる領域を規律するものであり，「民法は憲法を根拠とする必要はない」（梁慧星）とまで主張されているのに対し，憲法側も，憲法こそが唯一公法と私法全体の根本法であるとして，あらゆる法規

---

35) 趙万一「従民法与憲法関係的視角談我国民法典制定的基本理念和制度架構」『中国法学』2006年1期117頁以下。趙万一は法律系の名門である西南政法大学の教授（民法）である。

36) 憲法と民法，具体的には童之偉（憲法）と梁慧星（民法；ほかに趙万一など）の間で交わされた激しい議論により生じた険悪な関係を修復することを目的に，わざわざ「民法と憲法の対話」と称する懇談会がもたれている。夏正林（整理）「『民法学与憲法学学術対話』紀要」『法学』2006年6期118頁以下には，同会において件の教授らが双方の誤解を解くために行った「手打ち」的発言が紹介されている。

がその一字一句について厳格に合憲性審査（立法機関による）を受けるべきである，と応戦される（童之偉）など，議論は全く一致を見ることなく終わっている。

　ここで興味深いのは，少なくともこの論争における各当事者の主張を見る限り，そこでは公法と私法の関係が激しく論じられているものの，結局何が公法で何が私法か，という意識は終始低いままであったように思われることである[37]。思うにその原因は，本件論争が当初から，物権法の規定と憲法の関連規定との関係を問題とし，物権法を含む私法の基本法たる民法と，公法（及び私法）の基本法たる憲法との位置関係を問うものとして展開されたというところにあるだろう。即ち，趙万一らの主張は，私有財産・私的領域に関して物権法（民法）を至高のものと位置づけ，それに対する干渉は憲法によるものであっても拒む，というものであるため，干渉の内容，性質または構造などを考察する余地はまるでない。これに対し，童之偉は，そもそも憲法が私法をも含む最高価値であり，それとの矛盾・抵触がある以上は如何なる法規であれ違憲であり無効となる，とすることから，やはりその審査の対象が何であるかを問う必要など全くないのである。

　このように，今回の議論では公法と私法の関係が華々しく論じられたものの，それは具体的には，私法（とりわけ民法）に対する関係での憲法の機能，とりわけ物権法に係る憲法の特定条文が論じられるにとどまり，「公法」「私法」の内容すら明確にされないまま，そしてそれらの関係についても憲法と民法との間で終始双方が自らの地位の優越性を一方的に唱えるという状態のまま，幕引きを迎えた。

　このことから考えれば，物権法違憲論争における公法私法関係論は，何かまたぞろ労多くして実り少ないものであったかのように見える。ところが，この議論については，その後行政法学者から，物権法自体に内在する公法私

---

37) この点，童は「ここ十年余り，中国法学界の一部の学者は，本国の全ての法律を二極化に区分，すなわち公法と私法に区分」しているが，その理論は「美濃部達吉の発表した『公法と私法』のレベルにとどまるもの」で「既に時代遅れだ」と批判している。童之偉・前掲注7・177頁。

法関係に特化した積極的な考察が展開され，新たな問題意識が提示されているのである。そこで，以下ではこのような変化を概観し，物権法における公法私法関係に関して，行政法学者から提示された公私法融合論について分析・検討を加えてみたい。

(3) 物権法「公私法融合」論

　物権法違憲論争で巻き起こった公法私法関係論に対する行政法学者の主張は，主に，2007年に成立した物権法の内容は果たして純粋に私法と呼ぶべきものなのか，との疑問という形で展開されている。

　このような議論として，まず楊解君は，物権法には「行政関係と司法関係を含む」「公法関係」の規定が大量に含まれているとして，「物権法は大まかに私法であるとみなすべきではない」と主張する[38]。そして，「物権関係には，私法上の関係だけでなく公法上の関係も含まれるというべきである」[39]として，そこで保護されるべき利益には私益だけではなく公益も含まれ，その保護には公法私法の別なく協力してこれを行うことなどから考えれば，「公私法相互不可侵という伝統的認識の限界を打破し，これを公私法規範の融合する総合法と見なすべきである」[40]との結論に至る。

　ただ，この記述を見る限り，楊は何が公法関係であるかについて詳しく論じてはいない。というよりも，「立法者は…公法による調整に属するか私法による調整に属するかなど論じなかった」[41]とする指摘に明確に現れているように，楊においては公法自体への問いそのものが希薄であるように見える。

　これは，要するに楊が，物権法は「混合法」であるからその区分云々を細かく論ずる必要はない，と考えていることによるものであろう。そのような考え方は，私法と公法の区分に関する利益説を批判する際，同説では「一般に公益を目的または内容とする法が公法であるとされる」が，「実際の状況

---

38) 楊解君「物権法不応被籠統地視為私法」『法学』2007年7期43頁以下。
39) 同上・46頁。
40) 同上・51頁。
41) 同上・45頁。

はそのように簡単ではなく，一つの法律さらには一つの条文においても，その規律する内容が同時に公益にも私益にも及ぶものが往々にしてある」[42]とされ，また，「公権と私権」に関する記述において，「非常に多くの状況で，公権と私権の混合性が現れている」との現状認識を前提とするところなどに如実にあらわれている。そもそも楊にあっては，最終的に「公私法相互不可侵という伝統的認識の限界」が「打破」されるわけであるから，少なくともこの問題について公法と私法の内容を明確にする必要はなかったのである。

このように，楊の主張は，物権法関連規定での公法私法関係のみに関わるものではあるが，そこでは公私法融合という状況が前提とされ，現状に基づく実際的問題解決のための理論構成，という意識が明確にされていた。と同時に，まさに公私法融合規定による実際問題解決という意識のために，言うところの公法関係の内容を明確にする必要もなくなり，さらに一つの規定が公法的でも私法的でもあるとされるに至ると，公法私法の区分の必要性さえも疑わしいものとなる。

しかし，考えてみると，その存在を認められることすら困難であったはずの私法の基本的法規である物権法に公法関係の大量かつなし崩し的混在を認めるということは，私法領域における公法の遍在または超越というべき従前の状況を容認することにほかならない。そうだとすると，このような公私法規範の融合が，基盤の脆弱な私法の発展を妨げることは容易に想起しうることであり，それが楊の言うような「私法と公法がともに発展する」[43]未来を招くとはとても思えない。

これに対し，行政法学の中心人物の一人である応松年は，「『物権法』テキストを分析対象として」との副題をつけた論文において，「『物権法』は合わせて247条の条文のうち，少なくとも40余りの条文が直接行政機関又は行政権に関するものである」として，登記，紛争解決手続，強制収用，国家・集団所有に関する規定などを引き，それぞれの規定と行政権との関係を論じている[44]。

---

42) 同上・49頁。
43) 同上・51頁。

応の議論では，例えば「物権とは『権利者が法により特定の物に対して有する直接的支配の排他的権利』を指す」という規定についても，これは「物権が行政権を排する」という点で行政権と関係する規定であるとされる[45]。また，登記に関する諸規定についてはこれが行政権による物権の確認という点で，また行政機関の関わる紛争解決手続についても，行政権による物権の保護であるという点で，いずれも行政権に関する規定であるとする。

このように，応の議論は「行政権と物権の複雑な関係についての全面的かつ詳細な整理」という目的の下に行われているわけであるが，このような整理によって，「伝統的意義において私法である『物権法』には，実は数多の公法内容（注：原語ママ）が含まれているのであり，物権と行政権又は行政機関との間には，幾千幾万筋にも及ぶ繋がりがある」[46]との見解が導き出される。そして，「物権による行政権の排斥と行政権による物権の消滅，制限という矛盾する関係においては，物権による行政権排斥こそが矛盾の主要な側面であり，ゆえに行政権は必ず物権を尊重しなければならない」[47]と結論付けられるのである。

つまり，応は物権法のテキストに内在する行政権との『矛盾関係』を，物権による行政権の排斥＞行政権による物権の制限，という原理で解きほぐすものであるが，この議論において興味を引くのは，「行政機関または行政権に直接及ぶ」規定がすなわち「公法内容」である，との理解である。とりわけ，上述の物権定義規定などは，文面上は行政権に関する記述など全くないにもかかわらず，対世効である以上当然行政権も他者として排されるのだ，という論理で[48]，行政権も含まれる→行政権に直接及ぶ→公法内容，とされることになる。

---

44) 応松年「行政権与物権之関係研究―主要以『物権法』文本為分析対象」『中国法学』2007年5期66頁以下。応教授は国家行政学院教授であるとともに，立法機関で行政関連の立法や改正に数多く携わっている。
45) 同上。なお，『』内は物権法第2条第3項。
46) 同上・69頁。
47) 同上・70頁。
48) 同上66頁1章の（1）における論理構造。

しかし，このような理解によるならば，言うところの「公法内容」は限りなく広がってしまう。また，応の議論では，物権による行政権の排斥＞行政権による物権の制限，ということが原理とされているが，結局公益的見地からの必要があれば，物権に対する制限も已むなしとされるのは応の議論も同様である。この点応は，公的利益の客観的存在，行政権に対する手続統制，公平な補償，行政・司法救済の確保，という条件を付すことによって，行政権による物権の制限を統制するとしているが，これについても，既に存在するこれらの条件が統制として機能しているのか，という疑問が生じざるを得ない。

　このように，応の議論は一定の限界ないし危険を含むものとなっているのだが，公法と私法の関係についていうならば，そこには重要な視点が見出される。それは，まず楊と同様，従前当然のように私法とされていた物権法の中にも多くの「公法内容」がある，と指摘したことである。もちろんこのような混合性は，物権法の立法者や件の論争の当事者にも明らかではあったであろうが，論点が過度に単純化された物権法違憲論争では，このような視点が正面から問題にされにくかった。これに対し，物権法における「公法内容」という視点は，まず理論的な問題として，従来の公法たる法と私法たる法の対立（又は関係），という構図を，（ひとつの法の中での）公法的規定と私法的規定の融合，という構図へと転換させることになる。

　しかし，より重要な点というべきは，私法規定における「公法内容」の役割と関係，そしてその統制のための手続という視点である。これは応の問題意識が，理論的な公法私法関係よりも，具体的かつ実効的な「公法内容」の統制へと移っていることを示している。応によれば，物権法における「公法内容」の役割は「物権の保護」であり，その関係においては行政権が物権に奉仕するものと捉えられ，そしてまさにそのような目的の実現のために，行政権の行使についての統制ルールが要求されることになる。確かに，そこで示される「公法内容」と統制ルールは，その実効性に疑問が残るものの，本質的に私権の中核たるべき物権法における「公法内容」の存在という事実とそれにともなう危険性を認識し，同時にそのような「公法内容」の役割及び位置づけを明確にして，それに基づいて公法私法の内在的関係を再構成す

る，という姿勢は，理念的な公法対私法という構図を超越し，本質に基づく機能的な関係を指向するという点で興味深い。

このように，物権法に関わる公法私法関係の議論は，公私法融合状況での「公法内容」の統制へと展開しているわけであるが，では，このような公私法融合状況（またはそのような認識）は，どのような公法私法関係論を指向しているのであろうか。上述の意識に示されるように，公私法融合という状況（または認識）は，公私法区分の希薄化，ひいてはその消滅を指向しているのだろうか。以下ではこれらの問いを中心に，公私法融合状況（または認識）とそれに関わる公法私法関係についての議論を概観してみたい。

3　公私法融合と公法私法の区分

上述のように，中国における近時の公法私法関係論は，「公法の私法化」「私法の公法化」などのいわゆる「公私法融合」状況を問題とするものが多い。それらの内容は往々にして，「西側の理論を一種の模範として借用して中国の法律と社会を研究する」[49]との記述に象徴されるように，まずローマ法におけるウルピアヌスの公法論から始まり，ドイツにおけるオットー・マイヤーやケルゼンなど諸説の展開に触れ，さらに美濃部「公法と私法」からも関連の記述を引用するなどした後に，現代における各国の公法の私法化と私法の公法化状況を紹介し，最後に中国における公私法融合状況の展望について論じる，といったものになっている。

このような議論の中には，公法の私法化，私法の公法化または公私法の融合という現状認識に基づいて，公法と私法の区分の必要性を否定する見解も見られる。例えば，王禄生は，中国における「公法と私法の区分の不存在」，そして新中国成立後長期間の「ソ連法学の影響による」「公法と私法の否認」という伝統を尊重することを基礎に据え，「英米法には公法と私法の分類が存在しなかったにもかかわらず，英米法系の法治の発達は世界が一致して認めるところ」であるという「事実」と，公法の私法化，私法の公法化及び混

---

[49] 易軍「論公法和私法劃分在中国的局限性」『重慶工学院学報（社会科学版）』第21巻4期（2007年4月）144頁。

合・融合法領域の出現と拡大という現状にかんがみれば，「公法と私法というような区分の消滅は既に避けようがなく」「公法と私法の理論は歴史的舞台から退出するべきである」と主張する[50]。

しかし，このような議論は少数というべきであり，一般的に，公私法の融合を論ずる際，現状における混在一体性に惑わされることなく，公法の私法化，そして私法の公法化という現象を正しく認識するためには，まず公法と私法の区分と公法私法関係の把握が何より必要である，とする主張が目立つように思われる[51]。

そのような主張においては，まずその理念的・思想的意義が強調される。すなわち，「公私法の区分はその観念において法治の意義，即ち個人の権利を保護し，国家権力を制限するという意義を持つ」のであり，「このような精神の指導を欠くならば，移植された法律制度の実践における形式化を免れない」として，公法私法の区分の重要な意義が強調される[52]。

さらに，公法私法の区分のより現実的な意義として，公法による私法への日常的侵食の統制が指摘される。このような主張によれば，「中国大陸の状況から見れば，公法私法二元論の影響を受けてはいるものの，国家と社会の対立を欠き，行政権の領域の合理的限定をも欠くために，…私人の空間が常に行政からの規制を受けている」とされ，「改めて規制と自治の関係，公法と私法の関係を再考しなければならず」，「公法と私法を如何に区分するか」を「基礎と起点」とした上で，改めて「公私法融合の現象に注目すべきである」とされるのである[53]。

---

50) 王禄生「対公法和私法分類的再次否定」『四川教育学院学報』第 22 巻第 7 期（2006 年 7 月）24 頁以下。
51) 例えば，韓清懐「私法与公法：体系的対立与規範的混合―兼以民法的公私法属性為視点」『貴州警官職業学院学報』2008 年 5 期 77 頁では，「私法の公法化や公法の私法化といった風潮」があるからといって「異なる生活領域に異なる属性の法規範を適用して個別に調整することの必要性及び意義を否定してはならない」として，「私法，公法の区分の必要性を承認すべきである」との主張がなされている。
52) 曹治国「公法与私法劃分否認説及評価―兼論公私法区分的必要性」『法治研究』2007 年 4 期 79 頁。
53) 高秦偉「行政法中的公法与私法」『江蘇社会科学』2007 年 2 期 160 頁。

このように，公法私法の区分の必要性を主張する記述には，①過去の行政権の遍在（または過剰）の影響，②その影響下での公私法融合がもたらす諸問題，③その解決のための公私法区分の確立と関連理論の構築の必要性，という共通した内容が見られている。それは，「公法と私法の区分が確立していない状況下で，公法と私法の相互作用と協力，又は交錯の問題を研究する」ことの危険性を指摘し，現在の潮流は「決して公／私法の区分の消失を意味するものではない」として，「我が国において公／私法関係をしっかりと位置づけることは重要な意義を有している」とする見解に如実に現れている[54]。すなわち，「公／私法区分の必要性」の根拠として，「目下我が国の主要な問題である私的権利に対する公権力の干渉過多と干渉過剰」という状況に鑑みれば，まず「公法が従前に侵食した私法領域を私法に返還する」ことが，まさに現在の中国における公法私法関係論の現実的意義なのである，と指摘されているように，公私法融合という現実的状況における諸問題を適正に処理するためには，公法と私法の区分の確立が必要である，という意識が明確に提示されているのである。

では，公法と私法の区分が必要とされるような現実的諸問題とはどのようなものであろうか。また，そのような問題の解決のためには，どのような理論が必要とされるのであろうか。以下では，公法私法の区分という意識から問題とされる中国の現実的諸問題について概観し，そこで求められる理論構造について検討してみたい。

4　現状が求める理論的枠組み

上述したように，公私法融合状況での公法私法の区分の重要性を主張する見解は，その根拠として，従前からの公権力の偏在の影響の下での公私法融合が持つ危険性，という問題意識に基づいて，そのような状況によりもたらされた諸問題に対処しうる理論的枠組みの必要性を指摘していた。

では，そこでいう現実における諸問題とはどのようなものであり，またそ

54）金自寧「『公法私法化』諸観念反思」『浙江学刊』2007 年 5 期 149 頁。以下の引用部分も同。

れに対してどのような理論的枠組みが求められているのだろうか。

　この点，まず上述の物権法の規定における公私法の融合についてみれば，物権法には私人の所有権とは別に集団の土地所有権に関する規定がおかれ，その構成員に認められる宅地使用権は，物権という位置づけにもかかわらず，「使用権の取得，行使及び譲渡については土地管理法等の法律及び国家の関連の規定を適用する」[55]として，まさに他の公法的法規に丸投げということになっている。そして，土地所有権を有するはずであった集団[56]でさえ，結局これらの関連法規によってその所有権の行使を妨げられ，直近のまたは上級の政府による統制に服することとなる[57]。このように，物権法の集団土地所有権の規定では，それに対する広範な公法的統制の存在が，所有権主体における複雑性とも相まって，公権そして公法関係の明確化などの問題を突きつけている。

　このように，公私法融合状況については，まず従前から課題とされてきた私法的領域への公法の侵食という問題が指摘されるわけであるが，このような私法的領域への公法的介入の問題は，近時私的教育団体への取り締まりや，狭隘な住居の居住人数制限など，私人の活動への公益目的規制の問題として顕在化しており，公益の意味とそれによる規制の可否，という問題として議論されている[58]。

　また，公私法融合状況として，近時，特定の団体とその加入者又は構成員等との関係がしばしば問題とされている。それは例えば，強制加入の資格者団体や，公益性の高い各種協会，そして学校や労働組合などについて，団体等とそれを構成する個々人との関係を規律する規範の問題として論じられて

---

55) 物権法153条。
56) 集団とは，ここでは主に農村部の集団経済組織体などを指す。
57) このような問題に関する「公法的統制」について論ずるものとして，朱紅英　楊秋嶺・前掲注3・98頁以下がある。
58) 出稼ぎ労働者などが狭隘な住居に多数入居することを禁ずる「区分所有者モデル規約」における「公権の私権への関与」について，徐洪軍　薛東琦「私法公法化視野下的公権干預私権―従上海市政府介入『群租房』現象考察」『長春理工大学学報（社会科学版）』2008年3期69頁以下では，「行政権の合理的介入」を考察する上で，「公権力の存在価値」や「公共利益」の内容を問題とする。

いる。そこでは，これらの諸団体等の行政主体性とその根拠，公益性と公法関係の内容，さらにはそこでの権力行使に関わる非対等性と強制性の内容と根拠が問われている[59]。

さらに，新しい状況としては，従来伝統的に国家権力の専権に属すると考えられてきた領域での公私法融合が問題とされている。このような問題としては，都市・農村接合地帯での治安悪化に対応するために，現地の警察当局が「治安請負」と称して，地域住民または商工業者などに治安関連業務や住民登録関連業務などを請け負わせる，という事態について，公法関係の意味が問われ，権力性から考察した公私法融合の限界が問われているのが注目される[60]。

このように，現在の公私法融合状況下で生じている現実的諸問題の解決のため様々な考察が行われているのだが，そこでは公私法融合という状況を無批判に前提とするのではなく，私法領域の公法からの区分という必要性を踏まえつつ，公法がカバーすべき領域とは何か，それを支える概念の内容，そしてあるべき理論の構造はどのようなものか，ということが問われている。つまり，漠然とした消去法（「私法を除く全て」）やなし崩しの公私法一元論に陥ることなく，公法領域を適切に画するとともに，各概念を具体化し，統制ルールの基礎となるような公法学を打ち立てることが，喫緊の課題として浮かび上がっているのである。

---

[59] 呉文霊「作為公法社団的高等学校―兼論高等学校的行政主体資格」『首都師範大学学報（社会科学版）』2008年3期111頁以下では，大学等の「行政主体性」を問題とし，「公法人概念」を採用すべきだと主張する。また，劉昆嶺「論民辦高校的公法主体地位」『鄭州大学学報（哲学社会科学版）』第40巻第6期（2007年11月）は，やはり「行政主体性」の問題について，教育の公共性と公益性から，「国家権力としての教育権を私人に委託することができるか」という問いを提示し，「教育は国家により行われるべきであるが，独占すべき公共サービスではない」との結論に至る。なお，強制加入の資格者団体における管理の性質という問題については，余翾「強制性行業協会成員管理権的性質定位―以公法与私法的関係為視角」『広西政法管理幹部学院学報』第24巻第1期（2009年1月）26頁以下に詳しい。

[60] 金自寧・前掲注11・127頁以下。

5 まとめ——公法学という問い

このように，中国において問われてきた公法私法関係論は，主に公法の過度の干渉を排除することにより私法の独立した領域を確保する，ということを目的とするものであったが，私法領域の存在自体が当然のこととされていくにしたがって，次第に私法と公法の関係の実質が問題となり，そもそも公法とはなにか，公法学という学問領域はどのようなものであるべきなのか，という問いに変じてきている。

そこで，次節では，中国で形成されつつある「統一公法学」について，その構造を概観し，その問題点と意義について考えてみたい。

第3節 「統一公法学」の課題と可能性

1 「統一公法学」の様相

中国における「統一公法学」の提唱は，「統一的公法学を打ち立てることを論ず」とする北京大学の袁曙宏による論文に端を発するものと言ってよいだろう。そこでは，まず「公法が国内法学界のホットな話題となったのは，21世紀に入って以降のことである」として公法学自体新しい学問であることが指摘される。そして，「公法概念とは何か，公法はどのような機能を持つのか，公法にはどのような法律部門が含まれるのか」ということが問題意識として提示されている[61]。

残念なことに，同論文は統一公法学の必要性を訴え，その形成を提唱する，という内容に終始し，何が公法なのか，何が公法規範なのか，といった問題について全面的な考察が展開されることはなく，今後研究を通じて「答えを出さなければならない」とされるにとどまる。とは言え，その学究について，「公共権力の規律と公民の権利保障を内容として展開される」として，「公共権力と公民の権利との関係」が「公法学研究の核心である」[62]とされ，

---

[61] 袁曙宏「論建立統一的公法学」『中国法学』2003年5期25頁以下（引用部分は25頁）。
[62] 袁・同上・32頁。

さらに「公法の規律する公共権力主体と公民，法人との関係において，法律関係の双方主体の地位は非対等であり，権力と権利の配置は常に不均衡である」として，「主体の地位が完全に平等である…私法関係」に比して，「理論的基礎の形成がより切実に必要とされる」と結論付けられている。

このように，袁は「法律関係において必ず一方が公権力主体であること，これが公，私法関係及び公，私法部門を区分する最も重要な基準である」として，「公権力」が「統一公法学の論理的起点である」とするのであるが，では公法関係のキーとなる「公権力」はどのように解されるのだろうか。この点について，袁は上述のように積極的な答えを与えていないが，現在中国行政法の第一人者というべき北京大学の姜明安が，「『統一公法学』の若干の問題についての検討」をテーマとした特集で，「公法関係—公権力と公権力の相手方との関係—は公法学研究の基本問題である。…公法関係を研究するためには，まず公権力を研究しなければならない」と指摘し，国家公権力，社会公権力の順に論証を行っていることが示唆的である[63]。

そこでは，公権力とは何かという問いがまず必要である，との認識が示され，「公権力とは人類の共同体組織が共同体の名義で，共同体を代表してある種の行為を行う能力または力量である」との定義が示される。ここでは，社会的事実としての権力をアプリオリに前提とすることなく，また組織の性質や構造，さらに強制力の有無についてもこれを問うことなく，さまざまな組織体・集団の行為能力を広く公権力として把握する。

さらに，公権力の担い手としては，各種国家機関およびその授権を経た組織体などの「国家公権力」のほかに，各種業界団体や住民自治組織，そして各種利益団体等の「社会公権力」があるとして，これらの「社会公権力」は内部の構成員に公権力を行使しうるとした上で，「政府がうまくやれないかまたはそもそもできないような公共的事務はこれを社会的公権力組織にやらせればよい」として，該当事項の公共性や権力性の有無や程度を問わずに，該当公共事務の遂行についての組織体の適性のみによる公共事務の分配を提唱する。そして，各「公権力」の行使について，構成員への情報公開と事

---

63) 姜明安「公法学研究的幾個基本問題」『法商研究』2005年3期3頁以下。

前・事後の参加を必要条件とするなど，その決定・実行・評価のサイクルを構成員が統制することにより，公権力を実質的にも構成員自身による行為に解消しようと試みている。

さて，上述のように，いうところの「国家公権力」と「社会公権力」との間での事務分配については，姜論文中に詳細な記述はない。この点については，公共性が高いかまたは権力性が高い事務についてはそもそも「社会公権力」に分配されうる公共事務からはずされている，という前提もありうるのだが，そうだとすると，問題はその公共性または権力性の中身，ということになり，畢竟，社会的事実としての権力が起点となってしまうことになる。

しかし，少なくとも姜の記述における公権力観からは，そのような社会的事実としての権力観は導かれない。同記述によれば，公権力は強制力を担保する暴力装置を背景とする社会的事実としての権力性により導かれるものではなく，単に共通の目的・利害関係または居住関係などにより形成された共同体が，共同体として有する行為能力に由来するもの，とされる。これを敷衍すれば，公法関係を規律する規範もまた，組織体の構成，行為及び構成員との関係に関するルールにすぎない，ということになり，結果として，そこに私法と異なるような，関係の非対等性または行為の権力性に基づく特殊な公法的ルールを観念する必要は希薄になる。

もちろん，このような見解は現在のところ少数といわざるを得ず，「まず権力ありき」の前提から，国家の行為の権力性と関係の非対等性を導き，特殊な公法的規範が妥当する領域を観念し，そこに共通するルールを模索する，という方法論がより一般的であるといえよう[64]。しかし，姜が示す「統一公法学」の諸概念の分析とそれに基づく公法関係の明確化は，権力性や公益性の本質が問われる現実状況に正面から答えようとするもので，現実問題への対処という要求にも合致しているものといえる。もちろん，それは理論として提唱されているに過ぎず，それが当初の目的を実現し，所論のような

---

64) この点，同じ法商研究「『統一公法学』若干問題研討」特集で，姜の記述とともに掲載される楊解君「公法（学）研究：『統一』与『分散』的統一」『法商研究』2005年3期9頁以下では，『公権力』を問うことなく，公法学全体の整理と体系化が提唱されている。

効果を挙げることができるかどうかは未知数であるが，少なくとも権力性を単純に前提とする理論と比べれば，問題の本質を明らかにしようとする点でより根本的な解決を求めるもの，ということができるだろう。

2 「民主集中制」と「統一公法学」

以上，中国において提唱される「統一公法学」について概観してみたが，社会科学の理論について，とりわけ一国の制度に関する理論について，その特定の歴史的背景と社会的現実を離れて一般的・抽象的にこれを論じるならば，その意義ないし価値を正確に理解することは困難であろう。中国で提唱される「統一公法学」を検討する場合にも，その理論ににじみ出る中国の歴史的背景なり社会的現実なりに留意しなければならないのは当然である。

そこでまず注視されるべきは，公法学の範囲についての中国的特殊性である。例えば，日本において公法とは，「行政に関する特殊固有の法」とされ，公法学の対象も「行政の組織および作用ならびにその統制に関する国内公法」との記述が見られるが[65]，上記の「統一公法学」の主張では，公法学の対象となる「公法関係は公権力行使の主体により区別される」ものであり，その「公権力主体」には，「立法，行政，司法等の機関，また時には法律，法規による授権を受けた組織体が含まれる」[66]とされるなど，公権力を全一体として把握し，それを規律するルールを析出しようとする特徴が見られる。

このような理論構成を招く原因は，中国における国家権力の全一体性にあるだろう。周知のように，中国では「ブルジョア主義欺瞞的制度」である三権分立は否定され，社会主義における人民と国家の絶対的一致性に基づく「民主集中制」がとられている。この民主主義と権力の集中とを弁証的に統一する政治的理念として憲法に規定される「民主集中制」は，その統治構造

---

65) 田中二郎『行政法 (新版)』上巻 (弘文堂，1974年) 24頁。
66) 姜明安・前掲注63・8頁。また，王広輝「論統一公法学的価値」『法商研究』2005年3期14頁では，中国には「資本主義国家早期のような国家権力の厳格な分立という状況は存在しなかった」として，「立法権，行政権，司法権等の部分を人為的に分割」せずに統一的公法学を調和的・全一体的に構築すべきであるとする。

への反映として，「人民がその権力を行使する機関」である人民代表大会を「最高国家権力機関」とし，同機関に，その他の国家機関に対する監督と指導の権限を与えている。

　この最高国家権力機関は，しかし現実には各地の名士や有力者が北京に二週間程度派遣されるだけに等しい名誉職のようなものであるため，通年の業務は党中央委員らが名を連ねる常務委員会により行われ，さらにこの常務委員会もやはり日常的に活動するものではないため，結果として中央の「国家権力」の行使は概ね国務院に，地方における「国家権力」は各級の人民政府にそれぞれ丸投げ，ということになる。

　このような制度的な背景および国家運営の実際を考えれば，現在声高に叫ばれる「依法行政（法による行政）」という発想は，人民代表大会が「民主集中制」を基礎とした最高国家権力機関であるという理念には妥当するものの，行政機関の及ぶ範囲の広汎性と立法機関（監督機関）との実質的一体性という現実を考えれば，「依法行政」など結局形式に過ぎず，理想を飾るための迂遠な虚構とすら思える。

　「統一公法学」の提唱者たちが，立法・司法による行政の統制という空虚な理論ではなく，その上にある全一体としての国家公権力の理論構成とその統制・規律を目指したことは，このような制度構造が思考の基礎にあるだろう。つまり，このような公権力の範囲設定には，一体的構造下での問題に対する根本的な対策という意図があるのである。そして，そこでの理論的模索により，社会的事実としての権力が文字通り裸にされると同時に，それが次第に無色透明な「共同体の行為能力」として発展的に解消し，そのような発想ないし理念が立法活動に反映していけば，行政活動における日常的な違法・不当の氾濫と，行政活動に対する人民の不満と衝突の頻発という事態の緩和も期待できるかもしれない。

　しかし，上述のように，現在の中国で人々が直面している問題はまさに行政活動による日常的な違法・不当によりもたらされるのであって，概括的・一般的な理論構築が持つ深遠な意味はともかく，まずはいうところの「依法行政」を先に実現してほしい，という要求は強い。その視点からすれば，国家権力を全体として統一的に捉える見方は，「依法行政」という視点を曖昧

にするばかりでなく，行政による権力の行使を共同体の名の下に正当化する恐れがあるとも考えられる。

　ただ，このような考えは「統一公法学」に対する誤解と言うべきだろう。なぜなら，「統一公法学」の目的は，漠然とした公権力なり公法関係をその共通性に従って再定義・明確化し，その権力行使における規則性を抽出し，以って権力下にある人々による統制の方法を確立することにある[67]。それゆえ，「統一公法学」と「依法行政」とは，権力の統制という目的を同じくするのであって，またそもそも権力自体の本質を統一的に把握することと，権力的機関それぞれの構造と相互関係を考察することは矛盾するものではない[68]。何よりも，姜の主張のように，共同体の行為能力を構成員が統御する，という発想は，まさに行政機関についてそのブレーキとアクセル，そしてハンドルを人民が握ることにつながっていくものと思われる。

　現在，都市部における選挙への参加熱と住民による直接行動の多発という事態が，選挙制度の漸次的改革と立法機関・人民代表の活動の活性化をもたらしており，また裁判官の専門化と質の向上により行政訴訟制度への信頼も徐々に改善している。何よりも，情報公開制度の整備と住民参加の質的・量的拡大により，行政自身のあり方が変わりつつある[69]。このような現状に鑑みれば，「統一公法学」は，その権力分解的な権力観により，「依法行政」とのインタラクティヴな発展を遂げていくことが期待されるものといえよう。

3　共産党と公権力

　「統一公法学」には，もうひとつ，そしてより重要な問題として，共産党の位置づけ，という問題が残っている。姜は，「公権力」のひとつとして政党を取り上げ，「とりわけ共産党が長期にわたり政治を行う社会主義法治国

---

[67]　袁・前掲注61・32頁参照。
[68]　ただし，「公法学」の及ぶ範囲とその対象は確定したものではない。実際に「公法学」を提唱する論文の内容が，ほぼ行政権の統制のみに向けられている場合も多い。例えば郁建興　劉娟・前掲注25・3頁以下。
[69]　このような現状については，本書第6章「中国における住民参加の現状と機能」（158頁以下）を参照されたい。

家において，政党制度は公法制度とされるべきである」と指摘し，「執政党が憲法および法律の範囲内で活動し，法により政治を行い，法により公権力を行使するようにしなければならない」[70]とするように，政権運営を担当する政党，中国においては共産党を，国家公権力を行使するものとして特に論じている。

　ここで，姜の理論には一つの破綻がもたらされる。姜は，先験的で複雑かつ巨大なものに見える権力を，「国家公権力」と「社会公権力」とに分類し，これらについて社会的事実による権力性という色づけを行わず，「共同体が共同体として有する行為能力」という無色透明な概念で表すことにより，その権力を単に共同体が組織体として行為するための機能にすぎないものとし，その正当性は共同体構成員の事前・事後の管理・監督に担保される自己決定性に求められ，その巨大性も単に構成員の量的な規模の問題にすぎない，との構成をとっていた。

　しかし，「国家公権力」と「社会公権力」の上（かつその背後）に，事実として「公権力を行使する」政党を置き，しかも社会主義国における共産党を特別なものとしたことにより，その性質において特異な公権力が想定され，しかも国家機関でなく国家の授権にもよらずに公権力を行使する組織体が観念されることになり，結果として，事実上の権力の先験的・独立的存在性を認めることになってしまったのである。

　ここには，「統一公法学」提唱者たちに突きつけられた困難な課題が見てとれる。すなわち，彼らは，公権力という観念の希薄化を強く希求しながらも，現実に政治を動かし，各国家機関の運営を指導しているのは共産党であるから，これが公権力の担い手であること，そしてそれに対する監督の必要があることを否定するわけにもいかない，というジレンマがあるのである[71]。姜は，この状況にかんがみ，まず公権力の無色透明化をいったん放棄

---

70) 姜明安・前掲注63・8頁。
71) 例えば郁建興　劉娟・前掲注25・3頁以下は，中国の「公法の変遷」の歴史においては，「公民の自主性の向上」「党政分離」「政府改革」など重要な改革が，各時期の党大会での政策決定に基づいて「党と政府により上から下へ推し進められた」としつつも，このような「政府主導型」における権力監督と権利保障の不足，という問題にかんがみれ

し，事実としての権力性から共産党の特殊な地位を認め，これを公権力の中に組み入れた上で，再度構成員による管理・監督の対象としての無色透明化を図ろうとしているのであろう。

　法的な論証を離れ，社会的事実または人々の認識によるならば，中国における公権力は，量的にも質的にも共産党に集中し，そして共産党に由来するものであることは誰もが認める事実である。そして，その事実は理論的に否定することができないものであることもまた，事実であろう。その意味では，姜がその理論構造をいったん破綻させてまでも，共産党に特殊な地位を与えつつ公権力への取り込みを図った意図は十分理解できる。しかし，果たして，理論的に否定することのできない共産党という権力の特殊性を前提としながら，公権力を無色透明化し，最終的に共同体の行為能力として各構成員の管理・監督の対象の一つに解消できるのか[72]。これは，姜のみにとどまらず，中国の「統一公法学」が直面する最大の問いであり，この問いへの答えこそが，中国の公法学の試金石として，これからも絶えず問われていくことになるのである。

おわりに──「美濃部」の輝きとその意味

　中国における美濃部理論への言及は，多くの場合その理論的構造や体系的思考に対するもの（またはそれを踏まえたもの）とは考えにくく，自らの主張の根拠として使える記述をつまみ食いするかの観を呈していた。とりわけ，物権法違憲論争においてはその傾向が強く，私法領域の確保と独立という者からは，公法と私法の純然たる区別が美濃部理論とされ，これに対し公法私法の融合性を言う者からは，公法私法の混合という認識が美濃部理論とされ

ば，「公民社会の発育と成熟」が何よりも必要とされる，と指摘する。
72) この点，劉松山「地方実施法律豈能靠中央批示和敦促─山西黒甎案給我們的厳重警示」『法学』2007年7期3頁以下は，党中央の「重要指示」が地方で「驚くべき効果」を挙げているという事実は，「指導部の権威が法よりも高い」ことを示し，これが「法律の執行における効力を低下させている」として，党権力の強大性によらなければ解決できない問題が実は党権力の強大性により生じている，との「悪循環」の存在を指摘する。

るなど，そのご都合主義が突出していたのである。
　このように，中国で美濃部の記述が引かれる際，そこに何らかの共通点を見出すことは難しく，それぞれが自らの必要に応じて，しかも原典の文脈などおかまいなしに，断片的な記述を美濃部理論として用いている，という状況が見られていた。
　しかし，ここで不思議に思われるのは，そのように異なる立場，見解および目的を持つ論者が（断片的かつ文脈と無関係に，ではあるが），いずれも美濃部の「公法と私法」から必要な記述を見出し，それを自らの論証において用いることができている，という事実である。考えようによっては，これは美濃部の視点自体のアンビバレンスを疑わせるともいえるかもしれないが，より重要な点として，美濃部の立脚点，すなわち「公法関係に於いては国家が優越なる意思の力の主体として相手方に対するものであることは真実であるとしても…それは無制限に如何なる事でも命令しうる権力ではない」[73]という点に，その原因が見出されるのではないか。つまり，社会的事実としての権力の存在を受け入れざるを得ない「としても」，その「無制限」の力を否定し，法の下に可及的に統制していくという意識が，現在の中国の状況と重なり，その結果，時代適合的（または恒久的）なものとして受け入れられているのではないだろうか。
　いま中国では，他の国で50年かかったことが1年で実現するとか，他の国の30年前と現在，そして30年後が同居している，などと言われている。そのような現状が，私法の地位と公法との区別が未だ確立しない中で，その融合と一体化が進行し，それが生み出す新たな問題にも取り組まなければならない，という難題を突きつけているのである。
　翻って本稿との関係で考えてみると，現在の中国の社会状況や国際関係そして人々の意識などは，美濃部が直面していた状況と近いものもあれば全くかけ離れたものもあるだろう。ただ少なくとも，絶対否定できない権力が事実として存在するという状況において，それを背景とする公権力を如何に統制するか，という問題意識は，中国の公法学と共通するものであり，これが

---

[73] 美濃部達吉『公法と私法』75頁。

中国において美濃部理論が受け入れられやすかった大きな理由といえるだろう。

　そう考えると，本国（日本）で美濃部理論に向けられた批判，とりわけ社会的事実としての権力観に引きずられ，国家権力の優越性と行政権の優越性との混同を招いているという批判は[74]，まさに姜らの理論における権力観にも妥当するものであり，このような批判が中国の公法学にも向けられていくであろうこと，そしてそのような批判の中から，公法学における事実的権力観が問い直され，公法関係の特殊性が徐々に否定されることにより，まさに姜らの主張するような無色透明化へと向かうということも予測されうる。その意味で，現在華々しい光を放つ公法学の議論は，それ自体の終わりの始まりを示す最後の輝き，なのかもしれない。また，本稿で紹介したような美濃部理論の「恒久性」という評価も，日本の学説が益々頻繁に紹介されていくことも相まって，次第に薄れていくことであろう[75]。

　しかし，美濃部理論にせよ，現在の中国における幾多の公法理論にせよ，否定し得ない事実的権力の存在を前提としながら，それを背景とする国家機関の権力行使をどのように統制し，国民個人の自由をどのように確保し権利を拡充していくかという，いわば今そこにある課題に答える理論を模索する時代的要請があった（ある）はずである。それならば，社会環境の変化により事実的権力の絶対性という意識が希薄化し，それに伴って制度構造が変化していく中で，その議論がナンセンスになっていくのはむしろ当然のことであり，逆に少なくとも今のところは，そのような変化を導びく理論的支柱として，より研究が深まるということも考えられる。

　中国で公法の問題と格闘する人々が，自らの置かれた状況について美濃部理論の立脚する状況と通底するものを見出したのは必然であるともいえようが，現在の社会環境と制度状況から見る限り，彼らには，依然としてこの前

---

74) 高柳信一『行政法理論の再構成』（岩波書店，1985年）450頁参照。
75) この点，直近のジュリスト増刊『行政法の争点［第3版］』（2004年）の「公法と私法」の項目（10-11頁）においてすら，美濃部への言及又は著書からの引用が一つもないことが示唆的であるといえる。

おわりに――「美濃部」の輝きとその意味　*157*

提の下で同様の課題に取り組むことが求められており，公法関係の特殊性の否定も公法学の衰退という事態も，早々に訪れるものではないだろう。

　ただ逆に言えば，このような状況は，まさに中国において公法学の意義とその精緻化の可能性を高めるものともいえる。現実の矛盾が解決困難なものであればあるほど，それに直面して展開される理論構成は，多面的ながら深層にまでいたる思索に支えられ，絶えず貴重な発見と創造をもたらすものとなる。中国における公法学の議論も，たとえ後から見て不必要な，不毛な議論であったとしても，そこで探求される理論の中から，必ずや新しい統治の姿が見出され，インタラクティブな制度上の変化をもたらしていくことであろう。多少不謹慎であるとの誇りをまぬかれないかもしれないが，この矛盾とゆがみの中で，中国における公法学の輝きを，期待せずにおれない。

第6章 中国における住民参加の現状と機能

はじめに——「公衆参与」熱の示すもの

　昨今中国の行政手続に関する記述において,「公衆参与」(原語)は「民主」を体現する重要な要素として頻出するものとなっている。注目すべきことは,これが学術や評論だけでなく,行政側の発言や公的文書にも見られる傾向だ,ということである。例えば,広州市人民政府・法制弁公室の張国強は,「近年,行政立法における『公衆参与』はすでに公共行政におけるホットトピックの一つとなっている」と指摘しており[1],また2004年の国務院「法による行政の全面的推進実施要綱」16条では,「政府の立法活動における『公衆参与』の程度を拡大する」とされるなど,何故か参加される側のほうが盛んに「公衆参与」の重要性を強調しているのである。

　このような状況に鑑み,本稿ではこの「公衆参与」の現状と機能について考察し,「公衆参与」とそれを取り巻く制度の問題点を明らかにすることにより,「公衆参与」強調の理由の所在と,それにより実現されるはずの「民主」の実情を浮かび上がらせるとともに,「公衆参与」を取り巻く諸事情とその変化が指し示す今後の改革の方向について,若干の展望を試みることとした[2]。

　なお,「公衆参与」概念については,理念または原則として強調されることが多く,その内包なり外延なりが明確であるとはいえないが,本稿ではPublic Participation に対応する概念として,「公衆参与」を「住民参加」と

---

1) 張麗「提高地方行政立法質量—以立法程序的民主設計為視角」陳里程編『広州公衆参与行政立法実践探索』(中国法制出版社, 2006年) 291頁。
2) 本稿における中国語の法規・機関名,条文及び記述の訳出はいずれも本稿論者による。また本稿では,原語を用いる際及び強調する際に,いずれも「」を用いることとした。

訳すこととした[3]。また,「公民の規律に従った政治参加」[4]という中国でのとらえ方に従って,法規に規定された事前参加手続を主に検討の対象とし,住民運動や司法手続についてはこれを検討の対象から外していることも,あらかじめことわっておきたい[5]。

第1節　住民参加手続――規定の内容

　住民参加に関する規定及び記述を概観すると,一般にその制度根拠は,憲法2条(「一切の権力は人民に属する」)及び41条(公民の意見提出権)に求められているが,具体的な住民参加手続の導入については,1996年の「水汚染防止法」で「建設プロジェクト所在地の組織及び住民の意見を聴取しなければならない」(13条)とされ,翌年の「環境騒音汚染防止法」,さらにその翌年の「建設プロジェクト環境保護管理条例」で同様の規定が置かれるなど,まず環境・開発領域で住民参加に関する規定が設けられた,とされている[6]。その後,1998年の「価格法」で公聴会の規定(23条)が設けられるなど,公共サービス等について利害関係者の参加手続規定がおかれることとなり,そして2000年の「立法法」制定以降には,法規制定での意見公募等の参加手続が広く制定されている。

　以下では,まずこれまでの中央の法規において見られた諸特徴から,住民参加手続の規定上の特徴について整理しておきたい。

---

3) 小高剛『住民参加手続の法理』(有斐閣,1977年)139頁では,「住民参加」が Public Participation の訳語と捉えられている。また,本稿の「住民参加」概念は,「行政運営の諸過程において,国民・住民の発言権が確保される組織と構造」(田村悦一『住民参加の法的課題』(有斐閣,2006年)134頁)といった捉え方に依拠している。
4) 共産党第16回大会報告の住民参加関連の記述引用。
5) 「公衆参与」研究・実践の権威である北京大学の王錫鋅は「公衆参与とは,各種利益主体が十分に意見を述べ,意義の高い交渉及び協議を行って合意に至るための制度手続である」としている。王錫鋅『公衆参与和行政過程――一個理念和制度分析的框架』(中国民主法制出版社,2007年)41頁。
6) この経緯については劉旭芳　王明安「対《環境影響評価法》中公衆参与制度的思考」『中国発展』2005年4期56頁が詳しい。

1 規定の基調——宣言・綱領的性格

各規定を概観すると，いずれも柔軟かつ綱領的な参加を規定する宣言的・プログラム的規定，という様相を呈していることがわかる。例えば，96年の水汚染防止法では「環境影響評価報告書には，当該建設プロジェクト所在地の組織と住民の意見がなければならない」（13条）とされている。この規定の形式は他の環境関連法規でも同様であるが，意見の必要的内容や，手続的瑕疵がある場合の効果などは規定されていない。さらに，価格法では「大衆の切実な利益に関わる公共事業の価格，公益的サービスの価格……については公聴会を開かなければならない」（23条）とされるが，切実な利益の具体的な基準や，公聴会の構成や効果については規定がない。さらに，立法手続への参加に関して最も詳細な規定をおく2002年の規則制定手続条例でも，「関連機関，組織および公民の意見を広範に聴取する」（14条），「公民，法人またはその他の組織の切実な利益に直接関わる規定の起草において関連機関，組織または公民に重大な意見対立があるときは……起草担当機関は公聴会を行うこともできる」（15条）とされるのみで，やはり裁量の範囲が広く取られた規定となっている。

この点，同じ住民参加といっても，環境・開発など周辺住民の生活利益に直接関わる政策決定への参加と，法規制定など自己の権利・利益との関係がより間接的な立法手続への参加では，住民の参加への積極性だけでなく，そこでの権利・利益保護の必要性および手続参加保障の必要性が大きく異なるはずであり，領域の区別に応じた権利保障・手続保障の細分化が求められるはずであるが，上記のように，いずれの領域についても，総じて漠然とした規定がなされるのみであり，結局どのような参加を行うかは行政任せ，という規定となっている。

2 参加の主体

参加の主体については，一般に環境・開発領域については周辺住民，価格決定領域では消費者・利害関係者，そして法規制定領域では「公民」（国籍者の意）と一応の区分がなされている。但し，この場合も「住民」「利害関係者」等の範囲・要件については規定がなく，その決定は完全に行政にゆだ

ねられることになる。

　主体についてより重要な点は，参加領域を問わず，「関連の組織及び公民の意見を聴取する」等[7]として，各種の主体が列挙されている点である。参加主体における政府・企業と住民との構成配分は，参加手続における「民主の実質に大きく影響する重要な要素となるが，上述のように，列挙された主体の構成内容及び割合等については何らの規定も置かれていない。

　このように，規定文言上は，参加の主体に関して漠然と列挙された主体を行政側が自由に選択し，行政にとって望ましい「参加」を実現できるようになっており，民主の実質に疑義が残るものとなっている。

3　参加の対象（領域）

　参加の対象領域は，環境・開発プロジェクトから，公共料金の価格決定，さらには一般的な法規制定に至るまで広範にわたっている。このような対象の広範性からは，行政が住民参加を重視しているという理解もできるかもしれないが，広範な対象について原則的・画一的な規定方法がとられ，結局その実効性は行政の裁量にゆだねられていることから考えれば，参加の対象が広くとられているという事実についても，住民参加の意義・機能について意識が及んでいないか，ともすれば，参加が限定的・不能的なものにとどまることへの行政側の確信の表れ，という理解もできる。

　この点，法規の早急な整備のため90年代に日本法が精力的かつ写経的に導入されたという経緯[8]を考えれば，環境関連法規における住民参加手続については大して意識されることもなく付随的に導入されたものとも考えられ，また法規制定手続への住民参加手続の導入が専らWTO加入にともなう行政立法手続改善の要求に応じたものであるとすれば[9]，拙速な導入が図ら

---

7) 規則制定手続条例14条，価格法23条，環境影響評価法21条など。
8) 90年代に法整備を急ぐあまり日本法の拙速な導入が図られ，理論的側面が軽視されてしまった，という問題については，中国社会科学院の孫憲忠が2007年12月7日早稲田大学で行った講演でも明確に指摘している。孫憲忠「中国民法におけるパンデクテン法学の継受：導入，衰退及び復興」（早稲田大学比較法研究所『パンデクテンのゆくえ』2008年92頁）。

れたことは容易に想像できるが，少なくとも参加の対象については，住民参加の間口はかなり広く取られているということができる。

4　参加の態様（形式）

上述の条文からも明らかなように，参加の態様については，原則的に「意見を聴取しなければならない」とのみ規定するか，またはそれに加えて「切実な利益に関わる」場合などに「審議会，公聴会などの形式で意見を聴取することができる」とするのが一般的である[10]。つまり，参加される行政の側としては，意見聴取の主体を任意に選ぶことができることに加え，その参加の態様についても，ほぼ自由にその形式を選択することができる，という規定になっているのである。

なお，法規制定手続における参加に関しては，2002年の規則制定手続条例で「……規則が直接公民……の切実な利益に関わり，……公民に重大な意見の対立がある時は，社会に公布して各界の意見を求めなければならない」との規定が置かれ（15条），実際に立法手続において意見公募が広く行われているが，規定上その範囲・対象について広い裁量の余地がある点に変わりはない。

5　効果ないし保障

住民参加の効果とその保障という見地からは，参加者の提出した意見に対する回答や説明を行政に義務づけることや，住民意見の優先的考慮，一定の基準を満たす意見提出についての採用の義務付け，さらには参加に瑕疵がある場合の参加手続のやり直しや，参加の実効性確保のための公告や関連情報開示に関する規定などが必要となるが，これまでの参加に関する法規では，これらの効果ないし保障についての規定は皆無であった。

---

9) 楊解君　庄漢「ＷＴＯ与中国行政法文化的建構」『当代法学』2004年9月127頁以下では，「加盟による強制的な制度変遷」として「行政手続への参加と監督」が挙げられている。
10) 立法法58条，規則制定手続条例14条，環境影響評価法21条など。

この点，法規制定における意見提出手続では，一定の事項に関して意見公募が要求されているが，この場合も「意見を求めなければならない」とされるのみで，一定の参加やその効果について行政を強制又は拘束するような規定ではない。そして，このような参加の効果に関する規定の欠落は，環境・開発領域での「切実な利益に関わる」具体的な権利・利益の保護についてであると，法規制定領域でのより抽象的な事項に係る意見提出であるとに関わりなく一貫しており，ここにも，参加規定の宣言性・綱領性が強くにじみ出ているものと言えるだろう。

6　まとめ

このように，住民参加の名の下に設けられた諸規定は，行政の裁量が広く認められた宣言的・プログラム規定的なもので，そこでは行政に意見を聞き入れてもらう，という実効性の確保どころか，行政に対して意見を述べる，という機会の保障すら不確かなものと言わざるを得ない。

では，このような規定上の特徴は，実際に行われている住民参加にどのような影響を及ぼしているだろうか。また，そもそも規定の内容がこのような特徴を示しているのは，どのような原因によるものなのだろうか。このような意識から，以下住民参加の現状とそれを取り巻く環境について考察を加えてみたいと思う。

第2節　住民参加の現状とその原因

1　運用の現実——規定スタンスの反映と拡大

住民参加の運用に関する記述では，往々にして「上から」の随意性による参加の低調という問題が指摘されている。これはまさに，上述のような規定のスタンス，すなわち，どのような住民にどのような形式で参加させるか（またはさせないか）は行政が自由に決定する，いわば住民を参加させる（またはさせない）手続というべきスタンスを如実に反映したものといえよう。

具体的に見ると，まず住民参加の虚偽性が再三指摘されている。例えば，大規模プロジェクトなど環境・開発領域における周辺住民の参加手続では，

政府が事前の情報開示を十分行いもせず，ただ工場を誘致することのみを示した上で，ごく少数の周辺住民に形式的かつ抽象的な調査票を配布・回収し，しかも調査結果について十分な公表も行わない，という「住民参加」が日常的に行われていたと報告されている[11]。

さらに，価格決定に関する公聴会については，望ましい結果を出す為の望ましい参加者の確保が徹底され，やはり行政の随意性がまかり通っていると指摘される。例えば，北京市の公聴会では，28人の参加者のうち19人が恒常的な参加者で占められ，そのうち10人が政府の担当者，5人が議員などであったとされる[12]。また，ネット投票では95%が値上げ反対に投票しているにもかかわらず，公聴会は全会一致で値上げを支持した，という事例も報告されている[13]。

このほかにも，参加を行うかどうかについて行政側に幅広い判断権限があるために，規定上参加手続が必要なはずの，直接公民の切実な利益に関わる法規の制定についても，行政側の判断で参加手続にかけられていないという事例が指摘されるなど[14]，住民参加規定における行政の随意性は運用においてさらなる拡大を見せ，ただでさえ実効的でない規定が，運用において徹底的に無効化されているのである。

一般に，住民参加を有効に行っていくためには，参加手続規定の適正な執

---

11) 間澤霞「公衆参与建設項目環境影響評価実証分析」『泰州職業技術学院学報』2005年4期62頁では，工場建設予定地の周辺住民に配布される「江蘇省建設項目環境保護住民参加調査票」について，地域性や計画内容の違いに関わらず，同一の用紙・質問事項・記入方法が用いられ，環境への満足度や将来への懸念など，漠然とした質問が列挙されているという問題が指摘されている。また同記述では，「参加」した住民の多くは，工場建設の内容やその危険性，想定される影響等について全く知らされていなかった，と指摘されている。
12) 程元元「立法的公衆参与研究」『重慶工商大学学報（社会科学版）』2005年6月95頁。
13) 李春燕「規章制定程序中社会公衆網絡参与状況之実証分析与思考」『法治研究』2007年6期80頁。
14) 李春燕・同上・78頁は「杭州市都市部基本医療保険方法」の改正で意見募集が行われなかったことを批判して，住民の利益という判断基準の「説得力は非常に弱い」と指摘する。

行以上に，参加の尊重という行政側の姿勢が重要であるとされる[15]。中国における住民参加の運用状況は，何に・誰を・どのように参加させるか，そしてその結果をどのように用いるかは，結局すべて行政の裁量によって決まる，という規定構造上の問題を浮き彫りにすると同時に，実際の運用にあたる行政の反住民・反参加的姿勢をあからさまに示すものとなっている。

2 「参加」をとりまく環境

このように，住民参加の規定上の問題は，運用の実態との相乗効果により，参加の虚偽性を一層高めているのだが，このような参加の虚偽性の根源には，住民参加を取り巻く制度環境的問題があるものといえよう。有効な住民参加を行っていくためには，その前提として，参加対象事項についての情報が質・量ともに確保されていること，そして参加者が効果的な参加を行うための支援を行う団体が形成されていること等が必要となるが，中国の現状は，このような情報の公開と多元性，そして民間団体の活動において，住民参加を有効に機能させるものとはなっていないのである。

まず，行政側からの情報開示については，なるほど近年になって各地で情報開示に関する法規が制定され，2007年には国務院が「情報公開条例」を制定するなど，行政情報の開示に関する法規が整備されてはいる。しかし，これもまたＷＴＯ加入の要請による「外からの」透明化要求に応じた急ごしらえの観はぬぐえず，肝心な行政側の積極性を欠くものである上[16]，開示の確保において不可欠となるはずの，非開示決定に対する第三者による審査手続をも欠いており，その実効性に期待ができるものではない。付け加え

---

15) 樹神成「情報公開と住民参加」（室井力編『住民参加のシステム改革　自治と民主主義のリニューアル』（日本評論社，2003年）160頁）では，「住民参加について，制度化や権利保障よりも，参加を実質化させる自治体の職員の熱意と創意工夫が大切である」との意見を紹介する。また，王・前掲注(5)・362頁も，「公衆参与の有効性は政府各方面の誠意と十分な情報公開」等に「依頼する」と指摘する。
16) 傳思明『中国依法行政的理論与実践』（中国検察出版社，2002年）269頁では「ＷＴＯの透明性原則に対応するため，当面の急務として，まず第一に政府情報公開制度を打立て，『政府情報公開法』を制定しなければならない」と指摘している。

ば，地方政府の情報公開規定には，知る権利を根拠とし，公民だけでなく外国人にも情報公開請求権を認めるものも見られたが[17]，国務院の情報公開条例では，これらの規定はいずれも採用されていない。

　さらに問題なのは，中国における情報の多元性のなさ，すなわち一元的官製報道機関による統一的情報流通の問題である。中国の報道機関は基本的に何らかの党・政府機関に所属する形がとられ，報道機関により提供される情報は驚異的な一致を見せている。このような状況は近時多少の緩みも見られたが，衛生・環境に関わる重大な事件とそれによる社会不安を受けて報道機関に対する締め付けは再度強化されることとなった[18]。実際に，重大な衛生・環境事件を受けて制定または改正された「突発公共衛生事件応急条例」や「突発事件応対法」そして「水汚染防止法」などでは，先行する事件で行政による情報統制と虚偽情報の流布が強く問題視されたにもかかわらず[19]，報道機関を通じた情報流通に関する規定は入れられず，行政機関内部での即時・正確な情報伝達のみが再三強調される規定となっている[20]。このように，情報の独占とその統一性は相変わらず維持されており，これが住民の効果的参

---

17) 2003年広州市政府情報公開規定では，1条で「知る権利の保障」が立法目的として掲げられ，4条で政府情報公開義務と個人及び組織体の「政府情報獲得権」が規定されている。
18) 近時のメディアに対する締付け強化については，但見亮「中国の『監督』制度における『民主』と『法治』(1)」『比較法学』38巻3号（2005）44頁参照。
19) 「突発…条例」の制定を導いた重症急性呼吸器症候群（通称ＳＡＲＳ）騒動での情報隠蔽については，韋鋒「新聞媒体的角色」（趙中頡編『法制新聞与新聞法制』第5巻　法律出版社，2004年）336頁以下，また大規模水質汚濁事故である松花江事件での情報隠蔽については，朱謙「突発性環境汚染事件中的環境信息公開問題研究」『法律科学』2007年3期150頁以下が詳しい。
20) 「突発…条例」の問題については，中国研究所編『中国年鑑2004』の動向・法律（但見担当）での指摘を参照されたい。「突発事件応対法」（2007年）では，行政内部での上級への報告義務が再三規定され（7条，39条，46条等），国務院による統一的情報管理・連絡体制がとられ（37条），事故情報の漏えいを処罰する規定を置くが（63条），メディア等による即時・広範な情報伝達については全く規定がない。水汚染防止法では，「突発事件応対法」の規定が準用されるとともに（66条），草案段階では汚染事故情報公布に関する規定（2007年9月公布改正草案65条）が見られていたが，成立後の条文からは除かれている。

加を阻む重要な要素となっているのである。

　同様に，有効な住民参加の実現のため欠かせない存在とされている非営利団体についても，一面では既存の「非政府組織」が財政・管理両面で政府の一組織に等しいとして，ＧＯＮＧＯ（Government Organized Non-Government Organization；政府組織的非政府組織）と揶揄されており[21]，また他面では民間色の濃い非政府組織を認可せず支援も行わず，内容によっては弾圧すらするという政府の民間排斥ぶりが指摘されており，「ＮＧＯの苦境」が叫ばれて久しい[22]。

　以上のように，住民参加の現状における問題は，それを取り巻く制度環境にも大きな原因があるといえる。これは突き詰めれば，中国における行政の透明性及び行政監視・是正システムの第三者性の欠落に行き着くものと言えるが，それはまさに，住民参加導入熱の一因と見られるＷＴＯ加入の要請が全く実現していない，ということを如実に示すものであり，形式的な制度改革が実質を伴うものとなっていない，という事実を明確に表しているのである。

3　まとめ

　このように，中国における住民参加手続の規定上の問題は，その随意性を存分に発揮する運用の現状と相まって，「住民」の「参加」と称することが憚られるほどの虚偽性を露わにしているのだが，これを取り巻く制度的環境もまた，住民の参加に対して抑制的に作用し，その実効化・活性化を一層困難なものとしている。

　ただ，確かに住民参加として考えると，中国の現状は如何にも虚偽的であるが，そもそも統治の正当性を前提として限定的かつ形式的に「公衆」を

21）ＧＯＮＧＯとの略語はＮＧＯ関連の記述に散見される。例えば王・前掲注（5）・106頁。なお，中国では「非政府」の「非営利団体」を一般にＮＧＯと称している。
22）社会批判的言論で知られる広州市の雑誌『南風窓』2007年2月上旬号28頁では「ＮＧＯを不能から救え」と題した特集を組んでいるが，そこでは登録に「多くの障害」があるため9割程の非政府組織が未登録であることや，組織的・資金的に政府に頼らなければ何もできないほど，「非政府組織」の様々な問題が指摘されている。

「参与」させることが「公衆参与」だとすれば，それが住民の参加という実を伴わないとしてもそれは単に原語と訳語との対応関係の不整合に過ぎず，元来「公衆参与」は「住民参加」とは全く異なるものと捉えられているのかもしれない。

では，中国における「公衆参与」の重視・強調という様相は，このような規定及び現状を前提とした統治側の政治的宣伝，すなわち住民参加的側面の限定性ないし不能性を確保したうえで形式のみの民主を吹聴する，という虚偽的な意図により作りだされたものに過ぎないのだろうか。それとも，「公衆参与」の重視・強調傾向には，これとは異なる意図・目的があるのだろうか。そもそも，「公衆参与」概念は，住民参加とは異なるものととらえられているのだろうか。

このような意識から，以下では，中国において強調される「公衆参与」の機能について，「公衆参与」をテーマとした学者の記述の検討を中心に，「住民参加」との異同とその意図するものについて考察してみたい[23]。

第3節 「公衆参与」の意義ないし機能

1 理念的側面

「公衆参与」の機能に関して，まず中国行政法学の権威である北京大学の羅剛才は，現在の中国社会において「公衆の規律ある参与が果たす重要な意義」として，ⅰ権力と公衆の関係の改善，政策決定の科学性及び執行容易性の向上による社会の調和の強化，ⅱ権利及び自由そして人権の保障，ⅲ民主制度の健全な発展，ⅳ公民の主体意識の育成による自己管理能力及び権益保

---

[23] 日本における住民参加については，小高・田村・各前掲書(3)，及び室井力編『住民参加のシステム改革 自治と民主主義のリニューアル』(日本評論社，2003年)など参照。このうち住民参加研究の先駆者というべき小高剛は，住民参加手続の機能として，①手続形式保障機能，②情報収集機能，③説得的機能，④権利利益保護機能，⑤争点整理機能および⑥行政の遂行促進機能を挙げており，田村悦一も概ねこれに賛同するが，これは突き詰めれば①民主化機能，②合理性担保機能，そして③人権保障機能に集約される，としている。

護能力の増強，v権力の監督と自己決定による正当化，の各点を指摘している[24]。

この記述については，中国における「公衆参与」の手続が徹底的に行政主導で，住民を参加させてもさせなくてもよい，という構造になっているにもかかわらず，行政にとっての意義よりも住民側にとっての意義が強調されている，という点に不自然さが感じられる。しかし，この点については，まず何より「公衆」にとっての意義を重視するという羅自身の姿勢が現れているといえる。加えて，そこでは，法規に規定される「公衆参与」とその運用における実際の機能ではなく，むしろそのような現状の問題を克服するための方途として，住民参加が理想的に行われた場合に期待される意義が強調されているのだ，ということができるだろう。

これに対し，現在中国における「公衆参与熱」の中心的存在というべき北京大学公衆参与研究支持センター主任の王錫鋅の著述をみると，そこではアメリカを中心とした「公衆参与」制度の経緯とその意義に多くの記述が割かれるなど，「公衆参与」がPublic Participationの訳語として捉えられていることがわかる[25]。そして，その具体的機能については，王はそれを「合法化」と捉えて議論を展開する。この合法化は細かく見ると，①施策の合理性確保と②民主的正当化の機能から構成されている。さらに，王の記述には，「利益代表」と「公衆の合意」という指摘が頻出しており，③利益調整機能と④合意形成機能が重視されていることがわかる。そして，このような「公衆参与」は「行政の窮地を乗り越える方途」とされ，結果として⑤統治安定化機能を果たしうるものとされるのである。

このような指摘を見ると，少なくとも理論的な側面において，中国の「公衆参与」に「住民参加」との大きな違いは見出されず，それに期待される機能もまた，住民参加に期待される機能に類似したものであるといえる[26]。ま

---

24) 王・前掲注（5）・序2〜3頁に羅剛才が寄せた辞をまとめたもの。
25) 王・前掲注（5）では冒頭100頁以上を割いて，Public Participationに関する欧米の理論・制度の紹介と分析を行っている。
26) 住民参加の理論的考察の中には，「中国市民社会の勃興」は「国家と市民社会の相互補充と協力により」「社会主義市民社会が実現する」過程であるとして，住民参加を社会

た，王の「公衆参与」の記述が欧米の住民参加手続・理論の検討に多くの内容を割いていることからも明らかなように，「公衆参与」の機能として主張されるものは，沿革的・理念的に住民参加に期待される機能として広く認識されているものと異ならないのである。

2 中国法の住民参加手続の機能

このように，「公衆参与」は Public Participation に対応する概念であって，その意義ないし機能として主張されるものは，住民参加の意義ないし機能として主張されるものと異なるものではない。しかし，理念として主張される意義ないし機能は，実際の規定が持つ意義や，それが現実に果たしている機能とは異なる。特に，中国法における住民参加手続の機能の検討という見地からは，上記のような住民参加理論が目指す意義ないし機能と，実際に法規に規定され現実に行われている住民参加が果たす意義ないし機能との違いを十分意識しなければならない。

そこで，上述のような中国の住民参加の規定及び運用に基づいて，その意義ないし機能について考察すると，まず行政・住民間の意思疎通の不在と行政側の参加活性化意識の欠落[27]，という事実からは，行政と住民が情報を出し合うことにより問題の所在を明らかにし，議論の活性化を通じて施策の合理性を確保するという機能（上記羅の指摘する i, iv, v および王の指摘する

主義的に定位しようとする立場もある（郁建興　周俊「中国公民社会研究的新進展」薛暁源　李恵斌編『中国現実問題研究前沿報告』（華東師範大学出版社，2007年）40頁）。ただ，同記述では，「社会主義市民社会とは平等かつ自由な複合体であり，そこでは政策決定権が国家と市民社会内部およびその相互間の数多の機構に分散され，構成員の意志決定への十分な参加」が保障されるとし，さらに「国家と市民社会の分離」が「民主社会・政治秩序の永久的特徴でなければならない」とされるなど（39頁），現状とかけ離れた社会像が前提とされている。なお，自律的住民の政策決定への参加と議論による合意を通じた施策合理性・民主的正当性の確保，という意識は王らと同様である。

27) 参加の活性化に対する統治側の冷淡という問題は，「公衆参与」を扱う論文に一致してみられる問題であるが，このような指摘は中国にとどまらないということも事実である。日本における関連の状況については，榊原秀訓「住民参加の展開と課題」室井力編『住民参加のシステム改革　自治と民主主義のリニューアル』日本評論社 2003年 8頁以下に詳しい。

①,④の機能)を見出すことは困難である。また,参加の効果ないし保障に関する規定が皆無であり,参加主体及び参加態様の選択が行政の裁量に係るということを考えれば,利害関係者に参加の機会を保障して具体的な権利・利益の保護とその調整を図るという機能(同ⅰ,ⅱ,ⅳ及び①,③の機能)についても非常に希薄であると言わざるを得ない。そして,住民参加に期待されるこれらの機能が不全に陥ることにより,住民参加の理想的実施に伴う意義ないし機能(同ⅲ及び⑤の機能)もまた実現不可能,または牽強付会というべき実現しか果たし得ない,ということになる。

3 現実と理想の架橋

以上のように,住民参加の現状とそれを取り巻く環境から考えれば,住民参加に期待される意義ないし機能というものも,現実を無視した理想というべき空虚な響きを帯びており,また制度構造全体における透明性と第三者性の欠落は,この響きを一層高める効果をもたらしている。そうすると,現在法規制定領域で高まりを見せる「公衆参与熱」も,これまで出現した様々な「画期的新制度」同様,官・学挙げての盛り上がりに民の側も一時熱を帯びたに過ぎず,その無効性と虚偽性はいずれ民の熱を冷まし,いつしか冷笑されるものとなる,と考えるのが妥当な結論といえるかもしれない。

とすると,羅や王の主張する住民参加の意義ないし機能も単なる理念的なものに過ぎず,我々がしばしば目にするところの,外来の概念があたかも中国においてそのまま(より良く)実現しているかのような虚偽的主張の一つに過ぎない,ということになるのだろうか。

この問いについては,王を中心とした学者の住民参加に関わる批判的精神とその実践性により「否」という答えを導くことができる。王らが提案する「公衆参与」は,現状の民主と法治がはらむ問題全体に関わる抜本的解決策として主張されているものであって,現行法規が規定する住民参加関連手続を論じるものではないどころか,それを批判し改革しようという立場からの提案なのである。これは,王が現行の公聴会や意見募集手続を批判し,社会の多元化と利益対立を前提として,有効な住民参加を通じた合意形成に基づくより合理的な施策選択を行うことを提唱している,という事実からも明ら

かであるが，より重要な点は，このような理想としての住民参加がすでに法規として実現し，住民参加に新しい状況をもたらしていることである。

そこで，以下では，王が主任を務める北京大学の公衆参与研究支持センターがエール大学中国法センターと共同で広州市において行ったプロジェクトについて考察し，住民参加の新しい動きとそれが示す可能性について展望をおこないたい。

第4節　住民参加を巡る新たな動き

1　「広州市規則制定住民参加方法」の制定

広州市での法規制定過程への住民参加手続の導入は，広州市と北京大学公衆参与研究支持センター，そしてエール大学中国法センターによる2005年10月の「規則制定手続における政務公開及び住民参加メカニズム応用プロジェクトワーキングプラン」を皮切りに，同年末から翌年秋にかけての「広州市商品取引市場管理規定」制定過程での試行を経て，2006年6月の「広州市規則制定住民参加方法」（以下，「参加方法」とする）制定に至る，という過程を経ている[28]。

この「参加方法」では，まず参加の対象領域を「本市の規則制定」（3条）及び「市政府が責任を負う地方性法規の起草・審査提出」（33条）とし，市政府の関わる法規制定一般を広く対象とした上で，同方法での参加を明確に「立法参加権」と位置づけ（9条），草案準備・起草・修正及び執行状況評価のいずれの段階についても参加手続の規定を置いている[29]。

参加の主体と態様についても，「住民」を「自然人，法人及びその他の組織」と幅広くとらえた上で（2条），座談会の開催等についてはこれを義務付けている（18条1項前段）。この他，公開ヒアリング，公聴会，審議会等

---

28) 制定過程の詳細については，陳里程編『広州公衆参与行政立法実践探索』（中国法制出版社，2006年）291頁以下を参照されたい。
29) 但し，「参加権」との位置づけがなされることと，行政側から充実した対応がなされることとは直接関係がない，との指摘もある。この点，常岡孝好『パブリック・コメントと参加権』（弘文堂，2006年）131頁以下を参照。

の開催については，従前どおり「行うことができる」という規定となっているものの（18条1項後段），「規則の及ぶ関連領域に業界団体や仲介機構またはその他の社会的組織がある場合」にはそれらに委託して意見聴取を行うことができる（18条2項）とされるなど，幅広い主体から様々な態様で意見募集を行うことが強く意識されている。

さらに，参加の効果と保障については，まず特殊な例外を除いて提出意見の公開義務を規定し（6条），提出された意見については「行政機関が採否を決定する」ものの，意見に対して「速やかに回答を行う」（2条）ことが求められ，その回答期限についても明確に定められている（11条など）。そして，規則の起草に係る背景資料，目的及び必要性，予想される影響とその範囲，意見募集の内容及び方法，意見募集稿の全文またはその入手方法，関連部門の連絡先などを記載した公告を，起草部門及び市政府のHP並びに行政区域内の主要報道機関などで公開することが義務付けられる（16条）とともに，住民参加が適切に行われていないときは，「法制機構」が起草部門に対して住民参加のやり直しを求める（27条）と規定されるなど，行政の随意性を排するため手厚い規定がなされている。

2　行政側の意識の変化

このように，広州市の「参加方法」は，規則制定手続における住民参加の量・質の拡充という様相を見せるものであるが，ここでより一層重要なのは，広州市など沿海部の発展した都市地域における行政の意識の変化である。

「参加方法」の導入に伴い，広州市では政府HPのトップページの目立つところに「現在意見募集中の法規」のコーナーが設けられ，そこから簡単に意見提出の対象である法規の内容と関連の文書を見ることができ，意見を提出することができるようになっているのだが，これに加え，既に意見募集を行った法規についても項目が設けられ，その進捗状況や提出意見に対する成否の説明などが閲覧できるようになっている。

さらに，同HPにはこれとは別に行政苦情窓口というべきコーナーがあり，市民から受けた苦情とその処理状況が掲載されているのだが，そこから

は，身近なゴミ・騒音問題から公務員の職務の適正まで，あらゆる種類の苦情について，現在の処理状況と今後の対応について説明されるなど[30]，行政側が住民のニーズをつかみ，それに迅速に対応することに苦慮している現状が見てとれる。

確かに，施行後の「参加方法」の施行状況については，提出意見に対する説明と処理の実効性になおも疑問が残り[31]，規定内容の改善が実務に反映されない恐れもある。しかし，この「参加方法」の制定，そして上述のような行政意識の変化と各種サービスの充実という事実からも明らかなように，広州市など沿海都市部の行政の現状には，一方的な支配から対話へ，そして参加による協働へと向かう流れが感じられる。

現在国家レベルでも立法への意見募集が積極的に行われ，重要法規の制定過程では，同法規への意見公募に関する情報が報道機関を通じて広く開示されており，報道機関も含み広く行政側の意識が変わりつつあることが感じられる。参加機会の保障と参加結果の尊重においてキーとなる行政側の意識にこのような変化の兆しが見られることは，今後の住民参加の量的・質的拡大を予感させるものであると言えよう。

3　住民参加の機能――「調和社会」に向けて

「参加」を巡る新しい動きから分かるように，現在住民参加に対する行政側の姿勢には明らかな変化が表れ始めているが，その大きな原因として，「安定維持」という統治側の意識を指摘することができる。昨今，急激な経

---

[30] 法規制定への意見募集については，広州市 HP の市民サービスのページ（http://www.gz.gov.cn/vfs/web/smpd.htm）にある「民意徴集」コーナーから簡単に検索できる。また，一般の苦情処理についても，同ページの「百姓熱線」コーナーから確認できるようになっている。なお web 上の引用・参照先については，いずれも 2008 年 8 月 8 日に最終的に確認した。

[31] 広州市 HP には常時大量の法規が意見募集の対象として掲示されているが，これに比して，提出された意見とそれに対する回答がほとんど確認できない。また，広東省の法規制定意見募集ページでは，誰でも自由に意見を提出することができるものの，意見募集期限が過ぎたものがそのまま掲載され，無関係な書込みも放置されているなど，担当機関の無関心ぶりが目立つ。

済発展に伴って，地方政府・企業と住民との対立・衝突の程度・頻度が加速的に高まるとともに，情報通信の発展により住民側の連帯の規模と反応の速さもまた空前の高まりを見せている[32]。さらに，このような衝突・混乱が上層部の責任に直結する行政責任制の導入は，安定確保のための強いインセンティヴをもたらしている[33]。この民憤 vs. 行政の様相を呈する危機的局面にあって，住民参加も，これを形式的なものに止めておくことは許されず，ルール形成・施策決定に住民を巻き込み，自己決定による自己統治（という正当化）の確保が不可欠となっているのである[34]。

　このような理解から，「参加方法」において住民参加が果たす機能について考察するならば，そこではまさにこのような対立局面が強く意識されており，情報の公開と参加機会の保障，そして十分な説明と回答の確保により，王が指摘した①施策の合理性確保と②民主的正当化，そして③利益調整と④合意形成の実現，そしてそれによる⑤統治の安定化が期待されているということがわかる[35]。

　もちろん，この「参加方法」は試験的なもので，しかも一地方政府の法規

---

32) 情報ツールを用いた住民の連帯による抗議行動としては，アモイの化学工場建設を巡るデモが有名であるが，同事件の経緯については「百億項目引発劇毒伝聞　厦門果断叫停応対危機」（http://www.china.com.cn/txt/2007-05/31/content_8323723.htm）が詳しい。また「厦門 PX 項目環評投票網頁取消　超 9 成人投反対票」（http://news.xinhuanet.com/local/2007-12/11/content_7227307.htm）では，「公衆参与活動」と称してネット上で投票で行っていたアモイ市党委員会のサイトが 6 万票（90％以上が建設反対）を集めて注目されながら突然閉鎖された，という事態が紹介されている。

33) 全国の行政責任制度の先駆というべき深圳市行政過失責任追及方法（2005 年）では，暴動など重大な事件が生じた場合等に加え，「市民の利益に密接に関わる事項」について公聴会等の「意見聴取」を行わなかったことや「公開すべき政策情報を公開しなかった」場合についても，担当部門の長の責任を追及する，と規定されている（6 条）。

34) 立法担当者からも「一連の住民参加がすでに『公共の信頼の危機』に面している」として「住民参加が政府の自作自演の『ショー』に堕す」ことを避けるため「住民参加の有効性という重要な問題」を「必ず解決しなければならない」と指摘される。張麗・前掲注 1・291 頁。

35) ただ，同規則の制定については，北京大学公衆参与研究与支持中心が一貫して携わっていることから，その主任である王の主張する機能が反映されたのはむしろ当然ともいえる。

に過ぎない。また，同法規の規定から期待される機能については，それが実際にどの程度発揮されるかも明らかではない。中国において，権利保障的または権力抑止的規定が運用において全く機能しない，ということはとみに指摘されるところであって[36]，実施状況については今後十分な検証を行う必要がある。またそれ以上に，これは法規制定という一般的抽象的事項に関するものであって，住民の権利・利益に直接かつ切実に結びつくものでない点から考えれば，住民のインセンティヴは低く，とりわけ⑤統治の安定化という機能については参加によって劇的な効果が期待されるものではない，とも考えられる。

とはいえ，規定に見られる参加の確保と保障の重視，そして広州市政府などに見られる行政側の意識の変化という点から見れば，「参加方法」における住民参加の機能が従来のように不能化され，参加が形骸的・虚偽的なものにとどまるとは考えにくい。そして，都市部で顕在化しつつある住民の参加意識の高まりは，全体の参加行動をより活性化するとともに，現行の参加手続自体が含む問題を改善していく原動力となり，住民参加の持つ意義・機能の一層の実現を導く，ということも期待できるだろう[37]。

先般の全人代における国務院の政府活動報告で，「大衆の利益に密接に関わる行政法規・規則」については，草案を原則的にすべて公開し，社会から広く意見を求めることとされるなど，法規制定領域での住民参加は益々重視され，拡充を遂げつつある。今後これを手段・基礎として，住民参加全般の発展，ひいては民主の実質化が期待される。

---

36) 例えば，直訴の典型というべき農地収用問題について，土地管理法は収用案の公告と農民の意見聴取（48条），さらに収用に対する補償費用支払状況の公告及び監督（49条）などの規定を置いているが，これらが往々にして実行されていないことは明らかである。
37) 『中国社会導刊』2005年20期12頁「深圳人大代表工作站的制度隠憂」では，大規模ごみ消却場建設で激しい対立が起こった際，行政と住民の徹底した話し合いと協力により衝突が回避され，その経験から，居住地区に人民代表大会の連絡所が設立され，地区のボランティアが地域住民と人民代表とを結びつける役割を担っている事例が紹介されている。

4　住民参加の試金石──環境・開発領域

　上述のように，住民参加がこのように強調されるのは，昨今の中国政治においてあらゆる機会で掲げられる「調和社会」の実現・維持のため，安定はすべてに優先する，という政府の立場を反映したものである。とりわけ，地方における安定阻害要因として槍玉に挙げられる「上訪」，すなわち下級政府の圧政等について住民が大挙して上級・中央政府などに押しかけるような事態の出現は，何があっても絶対に回避しなければならないとされ，その発生予防と拡大防止は，下級政府の上層部にとって自らの進退を決しかねないものとなっている。そうすると，衝突多発領域というべき環境・開発領域でこそ，周辺住民と十分な事前の意思疎通を図り，合意を形成する必要性が高いということになるが，これまでの経緯を見る限り，環境・開発領域での住民参加手続には大きな変化が見られていない。しかるに，都市部住民の公益意識の高まりとその活動の活発化に伴って，環境領域への市民の積極的参加傾向は否応なく高まっており，規定上の限定との甚だしい乖離を見せているのである[38]。

　階層間格差の拡大と利益対立の激化，という現状において，住民参加の合意形成・利益調整による安定確保という機能に強い期待が寄せられているが，環境・開発領域における住民参加こそ，合意形成・利益調整による安定の確保が最も必要とされる領域であることは明らかである。「調和社会」の実現が係る環境・開発領域での住民と政府の紐帯として，住民参加の実効化と拡充が注目される[39]。

---

[38] 環境NGOの活動については，2008年6月7日比較法学会での櫻井次郎報告「中国における『公益訴訟』」が詳しい。ただ，環境NGOと地元住民との間には，環境問題の認識・感覚そして利益志向において大きなズレがあることは確かである。この点，NHK『激流中国』最終回（2008年7月13日放送）参照。

[39] 草案に対する意見募集なども経て改正された水汚染防止法では，「環境保護主管部門と関連の社会団体」が公害訴訟の支援を行うことができる（88条）と規定しており，環境領域でのNGO等の参加の活性化も期待されるが，同法では参加についての規定はなく，結局従前の環境アセスメント法による参加が可能であるに過ぎない。また政府機関とその関連の社会団体が公害訴訟を支援するという構造は，公害発生における政府の責任を考えれば虚偽的な構造と言わざるを得ない。

おわりに

　中国における住民参加は，統治の安定確保の必要性の高まりに伴って一層の発展を遂げつつある。とりわけ，法規制定過程での住民参加の拡充は，住民の自己決定による自己統治の環境を形成し，これが契機となって，民主による法治が活発化する可能性も期待される。

　しかし，住民参加の現状は，それを取り巻く制度環境の頑強さを考えれば，決して楽観を許すものではない。本論を閉じるにあたり，今後の住民参加の発展と拡大における課題として，三つの点を指摘しておきたいと思う。

　まず，現状の住民参加は，その規定はもちろん理論においても，均質で善良な公民の秩序ある参加，という側面が過度に強調され，個別・具体的な個人・集団がそれぞれの利益・価値観の実現のために参加するという側面が軽視されている。このため，民の結集による「下から」の動きは強く抑制され，住民の積極性は大きく削がれ，結果として，多くの住民参加が抽象的な民主的正当化機能程度しか持ち得ないものとなっているのである[40]。住民参加の機能を十分に発揮するためには，住民運動などのインフォーマルな参加を中心に，住民が共通の利益・価値観に基づいて結集し，影響力と発言力をもって行政と協働することによって自己統治の実現を目指していくことがまず必要であろう[41]。

　次に，このような住民参加を社会主義的にどのように位置づけるか，ということが問われる。農民の蔑視や奴隷労働の横行など，昨今階級矛盾ともいうべき状況が頻出しており，政府は労働者の権利保護や社会的弱者の生活保護など，「無産階級の独裁」「搾取の消滅」というイデオロギーが隠蔽してきた社会問題に対処せざるを得ない状況となっている。住民参加についても，

---

40) 王・前掲注 (5)・363 頁では，市民に圧倒的不評で最終的に撤回された施策が，行政による「市民意見調査」では何故か 95％ 以上の支持を得た等の例を挙げて，お手盛りの「施策の民主的正当化」の「虚偽的繁栄」を批判している。
41) 兼子仁『行政法と特殊法の理論』（有斐閣，1989 年）228 頁は，公聴会など既成の「住民参加制度」の硬直性を批判する中で，住民運動などの外的圧力が公聴会の実現に作用する側面があることを指摘している。

人民が主人として全ての権力を掌握しているとの前提からすれば，敢えて参加するための仕組みを作る必要はないはずであるが，主人性の空虚が公然の事実となった現在，中身のない最高権力性などではなく，現実の権力を統制するシステムを根拠づける実効的理論が求められている。共産党統治体制の下で住民参加が社会主義的にどのように位置づけられ，意味づけされていくのか。今後の住民参加の可能性と民主の実質を考える上で，この点の考察は不可欠なものになると思われる[42]。

　最後に，もっとも重大な問題として，統治の正当化契機として民主の地位が高まるとともに，多数者たる民主が統治側と一体となって，少数者の自由に対する脅威となることが懸念される。昨今の事件・イベントにおいては，盛んに国家の偉大さと人民との一体性が強調されているが，その風潮の中で，ただでさえ抑圧されてきた少数者の自由がさらに辺境に追いやられることを危惧させる事態は枚挙に暇がない。

　国家と人民の一体性確保のための「民」への譲歩は，少数者抑圧の民意による正当化を招く恐れがあるとともに，国家が積極的に忌むべき少数者を作り出すインセンティヴを高める恐れもある。昨今の正義を冠する過激な民族主義や不道徳な者に対する激しい攻撃の頻発という状況は，少数者の権利保護という喫緊の課題を繰り返し訴えかけるものである。国家と人民との一体性が強調される現在，国家にも多数者にも侵害されない個人の尊厳と自由を保障することが，より重要性を帯びてきている。

---

42) 土屋英雄「『参加』の憲法的原理構造—中国を中心として—」『社会主義法研究年報』No.5（1979年）77頁は，「『参加』論の不十分性」に警鐘を鳴らすものであり，示唆的である。

第7章 「信訪」の二面性
——制度と現実が示すもの

はじめに

　中国の経済的・政治的プレゼンスの高まりに伴なって，「中国の特色ある制度（現象）」への関心もまた一層の高まりを見せている。本稿で扱う「信訪」（原語：陳情またはpetitionと訳されることが多い）もまた，そのような関心の主要対象の一つ，ということができるだろう。

　この「信訪」とは，「来信」と「来訪」，つまり陳情的行為の態様を略称したものであり，一般に，個人または組織が国家機関等に対し，文書の提出または直接の訪問などにより，請願・陳情や告発，そして苦情・意見の提出を行うという行為，および，それに対応して国家機関等が各種申立を受理し，必要な対応・処理をすることを指し，広くそれに関する制度及び事象を包含する概念としても用いられている。

　ある調査によれば，中国の学術論文データベースCNKIに2007年中に掲載された論文に限ってみても，「信訪」をキーワードとして入力すると，500本弱の論文がリストアップされたということである（2006年もほぼ同様）[1]。また，「信訪」をテーマにする小説や写真集（大陸では発禁のものもある）も見られるなど，理論・実務関係者だけでなく，人々が「信訪」に広く関心を持っていることがわかる。

　このように広い関心を集める「信訪」であるが，これらの言説・評論等からは，全く異なる二つの信訪像が見出される。すなわち，一方に，「信訪」を苦情対応・紛争解決及び行政監督の有効な手段ととらえ，その意義・効用を肯定的に捉える主張があるのに対して，他方には，そのような意義・効用を否定的に捉えるだけでなく，同制度の廃止を強く主張する見解までも見ら

---

1) 張永和等「臨潼信訪：中国基層信訪問題研究報告」（人民出版社，2009年）6頁。

れているのである。
　では，なぜそのような違いが生じるのであろうか。そもそもその原因は制度自体にあるのだろうか，それとも制度の不適切な運用にあるのだろうか。また，この制度は今後どのような方向へ向かおうとしているのだろうか。本稿は，そのような問いを持ちつつ，上記のような違いをもたらす原因を考察するとともに，その解消を目指す理論と実務の現状から，今後の展望を探ることを目的とする。その方法としては，まず信訪条例を中心とする現行制度を概観し，法規の構造を明らかにする。次に，その制度下で生じている各種事態に目を向け，法規の構造という骨組みに現実の様相を肉付けする。そして，このような制度と現実との対比・照合に立脚しつつ，「信訪」が向かう先について，若干の展望を試みたいと考える[2]。

第1節　信訪制度の構造

　国家制度としての「信訪」を鳥瞰すると，そこには国務院の制定による信訪条例を頂点とし，各省庁そして地方政府が制定する数多の規定が存在している。とはいえ，各省庁や地方政府の規定の多くは，信訪条例の実施細則というべき性格を持つもので，信訪条例の規定との重複も目立つ。そこで，以下ではまず信訪条例の規定を概観し，重要と思われる内容を把握しておくこととしたい。

1　基本法規＝信訪条例

　中華人民共和国成立後，「信訪」は歴史的に見て，①政治運動型→②正義回復型→③団結安定型という変化を遂げてきた，とされる[3]。この変化の

---

2) 本稿では，日本語の「陳情」との違いを意識して，議論の主題を原語のまま「信訪」と表記することとした。また，信訪行為のうち，政府機関などに直接出向く（往々にして違法または不穏なニュアンスを含む）行為も，原語のまま「上訪」として記述している。その他，ニュアンスやイメージをそのまま伝えるため，多くの概念について原語をそのまま用いているが，その際は「」を用いて原語であることを示すとともに，必要に応じて（　）内等に日本語訳を入れることとしたので，ご注意願いたい。

フェイズに即して言うと，信訪条例（1995年制定，2005年改正。以下，それぞれ「旧条例」「新条例」とする）は，①の極限状態というべき文化大革命に対する激しい「平反」[4]（＝②）の沈静化（または抑え込み）を受けて，「法による信訪」（＝③）を目的として出現したものである，ということができよう。

実際に，旧条例には，随所にこのような沈静化ないし抑え込みの意識が感じられる。それは，信訪行為について幅広い禁止事項が規定され，違反行為については行政・刑事処罰を含む「果断な処理」が認められ，さらには「精神病人」の連れ戻し（「収容・移送」）までもが明文で規定されるなど，「関連行政機関」による「職権範囲内での合法的措置」が強調されている点に如実に現れている。

このように，旧条例においては，末端での処理の徹底，そして過激行為に対する果断な処置ひいては処罰により，「依法（法による）信訪」を実現し，その拡大・過激化を防止する，というところに主眼が置かれていた。しかし，「信訪」件数は2004年に至るまで10年以上にわたって上昇を続け，旧条例の問題を批判する声も高まることとなった[5]。

このような声を受けて，2005年に新条例が成立するわけであるが，そこではまず「信訪」の定義について，「信訪とは，公民，法人またはその他の組織が，書状，メール，ファックス，電話，訪問等の方法で，各級人民政府または県級以上の政府業務部門に事情を陳述し，提案・意見を述べ，または請求を行い，これについて，関連行政機関が法により処理する，という活動を指す」（2条）とされ，これが規定上の基本的定義となっている。

この新条例において特徴的なのは，規定の詳細・具体化である。それは末端で対応に当たる「信訪人員」の処理内容・手続・期限そして責任に関する規定内容が圧倒的に詳細・豊富になっている，という点に現れており，「属

---

3) 応星「作為特殊行政救済的信訪救済」『法学研究』2004年3期60頁以下参照。
4) 「平反」とは，文革などでの「右派」等のマイナス評価の否定と名誉の回復を指す。往々にしてそれは処分・処罰の取消も伴うことになる。
5) 李秋学『中国信訪史論』（中国社会科学出版社，2009年）330頁。但し，旧条例批判が強く求めた「信訪法」の制定は実現せず，従来通り行政法規（国務院の制定）のままで改正が行われるに止まることとなった。

地管理，分級責任，主管者による処理」の原則の下（4条），申立て受領後15日以内の移送，移送後15日以内の受理（不受理）決定通知（21, 22条），受理された場合には，聞き取りや調査，公開ヒアリングを行った後，60日以内（複雑なものは90日以内）での処理結果（支持，説明，不支持）の通知（33条），というように，各段階について期限を定めて一定の処理が求められている。これらの処理は，行政による処分及び刑事処罰を含む詳細な責任規定により担保されるものとなっており，「法により」末端で問題を解決する，という意識が明確に見出される。

これに対し，より上級の機関または指導者に直接訴えようとする所謂「越級上訪」については，申立て先が担当機関とその一級上の上級機関のみに限定されるなど（16条），末端での問題解決というシステムが整備されている。但し，「矛盾及び紛争」については，「人民政府の統一指導」の下，「聯席会議」や「監督・査察」による即時解決が求められ（5条），「重大，緊急信訪事項」に対する「関連行政機関」の「速やかな措置による影響の発生，拡大の防止」（27条）が求められるなど，上級の積極的関与を要求するような規定も散見される。

また旧条例との違いという見地から注目される点として，旧条例では公務員等の違法行為や権益侵害が「信訪事項」とされており，司法の管轄事項との混濁が見られていた。新条例ではこのような要件は除かれ，「信訪事項」は，行政機関，公務員，公企業，公益事業，そして村民委員会等の職務行為とされており，行政（関連）事項が包括的に規律対象となっている（14条）。そしてそれに対応するように，各級政府に信訪局など信訪専門機関の設置，並びに各部局の「信訪工作機構」の設置が義務付けられ（6条），「信訪事項」の申立先も「関連行政機関」（14条）とされている。

このような点からすると，条文上，「信訪」の対象は行政機関に限定されているようにも見える。しかし，人民代表大会及びその常務委員会，そして人民法院と人民検察院の管轄事項はそちらに提出することとされ，しかもこれらの「信訪行為」についても，本条例の規定の順守が求められている（15条）。そのため，「信訪」の対象は国家機関（及びそれ以外の関連組織）に広く及ぶことになり，畢竟「信訪事項」も，上記のような限定を超えて，広く各

機関(人員)の所管事項(職務行為)に及ぶこととなる。

なお，旧条例に見られた精神病者及び違法・不当行為者の収容・移送に関する規定は，2003年に「収容・移送弁法」が廃止されたこともあってか，新条例では削除されている。

2　具体化・拡大＝「地方性法規」と「規章」

このように新条例には，旧条例の規定の詳細化という特徴が見られるのだが，中国の法規について一般的に言われるように，その規定はやはり原則的に過ぎて応用性に欠ける，と指摘される。そのため，地方人民代表大会の制定による地方性法規，さらに中央政府の省庁による部門規章などが，具体的な運用に関わるルールを定め，それに基づいて運用が行われている，というのが実際のようである[6]。

それらのうち，まず地方人代の制定による一般規定について，一例として「河北省信訪条例」と「鄭州市信訪条例」を見てみると，それらは章・条文構成が酷似しており，一定のひな形の存在が推測される。また，いずれも「信訪」の定義を，「国家機関と国家工作人員」に事情を述べ，意見等を提出し，「関連国家機関」が処理を行う活動，としており[7]，行政機関だけでなく，人民代表大会や裁判・検察機関及びその人員を幅広く規律対象とするものとなっている。

信訪条例との相違点としては，まず河北省条例が，訪問による「信訪」の人数は「4人を超えないこと」と規定していることが注目される。これは信訪条例で規定される人数（5人）をさらに縮減するものであるが，その根拠

[6) 立法法では，「地方性法規」の制定権限は所謂「大規模市」以上に限られ，その内容は「法律」「行政法規」に反してはならず，省級人代による審査が必要である（63条。尚2015年改正で区設置市の人代及び常委に立法権限が認められている（72条））。

[7) この「国家機関」という概念は，国と地方の区別に基づくものではなく，県や郷など，地方末端まで及ぶ統治機構の各機関全てが含まれる。なお，信訪条例は国務院による行政法規でありながら，その規律対象に法院ばかりか人民代表大会まで含まれる，という点に法理上疑義があるが，地方の規定は人民代表大会によるものなので，このような法理上の問題は除かれている。

は何なのか，また「立法法」との関係で問題はないのか疑問である。

また同様に，河北省条例は，「指導者が指示した重要な信訪事項の調査及び処理」を「信訪工作機構」の職責としている。これは事実上一般的に行われているものと思われるが，信訪条例にも，また鄭州市条例にも，これほどあからさまな規定は見られない。

もう一点面白いのは，河北省条例が所謂「越級上訪」の「直接受理」を認めていることである。鄭州市条例はこれを認めず，責任単位を示しそこに行くよう指示する，と規定しており，こちらのほうが信訪条例の規定の主旨に沿うものといえるが，ここには，地域の違いだけでなく，行政レベルの高低により「越級上訪」の扱い方または捉え方が異なる，という事情があるように思われる。

何より興味深いのは，新条例に合わせて鄭州市条例は改正されたのに対し，河北省条例は1995年制定のままと思われることである[8]。その際，鄭州市条例からは，労働教養[9]の適用に関する規定が除かれ，「精神病人」の「収容・移送」の規定も削除されているが，河北省条例では，「精神病人」の「収容・移送」の規定がそのまま残っている。なお，鄭州市の上級に当たる河南省の「河南省信訪条例」も，1997年制定の条文について改正がなされた様子はなく，そこでは相変わらず労働教養の適用が明確に規定されており，実際に近年も適用事例が多数報告されている[10]。

---

8) 政府系やメディア，そして弁護士団体などいくつかのサイトで確認したが，河北省信訪条例の改正の情報は見られず，いずれも1995年制定の規定がそのまま掲載されていた（但し，改正情報が公開されていない，という可能性はある）。なお，鄭州市条例の改正も，わずかに数条，しかも一部文言が削除・修正されただけである。
9) 刑法上の犯罪に至らない者等について，警察内の審査・承認により1～3年（1年延長可）拘禁し，労働させる制度。根拠となる行政法規には「信訪」への適用に関する規定はない。
10) いちおう適用規定のある河南省だけでなく，適用規定すらない河北省など他の地域でも，労働教養が「信訪」に多数適用されている。この点，于建嶸『中国労働教養制度批判 —— 基於100例上訪労教案的分析』（中国文化出版社，2009年）は，ごく最近の事例100件を示し，法律上の根拠がないにもかかわらず「上訪労教」が頻繁に行われているという問題を指摘し，労働教養の「信訪」への適用の違法性を指弾するとともに，労働教養制度自体の廃止を求めている。

第7章　「信訪」の二面性

　このように,「信訪」の一般的・包括的規定に関しては,地方性法規がいくつか特徴的な規定を見せるのに対し,省庁の部門規章は,上級の直接受理を認める規定等を除くと,概ね信訪条例の繰り返しが目立ち,あまり特徴のあるものとなっていないように思われる[11]。

　なお,各級地方政府や国家機関は,「信訪」に関する個別・特定の問題に関する文書を無数に定めている。後述のように,これらは党の指針に沿い,必要に応じて命令の遂行を確保しようとするものが多く,正式の法規もあるが,要綱の類や行政の内部命令,または指示・通達の形式をとるものが目立っている。とはいえ,実質的な内容の乏しい上記一般規定に比して,具体的な指示を詳細に定めるこれらの個別・特定問題に関する文書が,実際には「信訪」の現状を正確に描写するものとなっている（後述）。

3　権威による担保・促進＝「党規」

　「信訪」に関しては,新条例の制定後も,例年のように規範的文書が出され,様々な指令が行われているが,よく見てみると,頻繁に参照され言及されるものは,いずれも共産党（以下単に「党」とする）の名を冠した文書であることがわかる。例えば,2007年に党中央・国務院により出された「新時期の信訪業務をさらに強化することに関する意見」（以下「強化意見」とする）は,「調和社会」の実現に向け,「信訪業務」を「党の大衆工作の重要な構成部分」と位置付け,各級国家機関が党委員会[12]の指導の下で「信訪業務」をしっかりと行うよう求める,といういわば訓示・心得という側面を持つと同時に,指導者への直通ポストやホットラインの設置,人民意見聴取制度の推進,そして指導者による定期的「接待」「下訪」など,具体的な制度

[11) 例えば「信訪」の頻出領域を所管する「国土資源信訪規定」（2005年改正）,そして公安部の「公安機関信訪工作規定」（2005年）はいずれも,その範囲を所管する「国土資源信訪行為」や「公安機関信訪」に限ること,指導者等の「信訪接待日」を定める等のほか,いずれも「信訪条例」の繰り返しまたは詳細化に過ぎない規定が目立つ。
12) 地方の各地域においては,一般に同地域の党委員会の書記が「一把手」,すなわち「権力」を一手に握る者とされており,各国家機関の長は,（党委書記が人代（常委）の主任を兼ねる場合を除き）党委員会の副書記以下が担当するのが一般的である。

についても詳細に規定している。

　さらに面白いのは，2008 年 6 月の国家信訪局，監察部等による「信訪業務規律違反の処分に関する暫定規定」（以下「暫定規定」とする），そして同 7 月の中央規律検査委員会による「信訪業務規律違反に『中国共産党規律処分条例』を適用する上での若干問題に関する解釈」（以下「解釈」とする）である[13]。この二つの文書は，その適用対象を異にする（前者は行政機関の人員，後者は党員）ものの，その条文にはほぼ違いがなく，いずれも幅広い処罰・処分対象について，治安の悪化や秩序の混乱など「重大な結果」が生じた場合の処罰・処分を定めるものとなっており，党と政府が一体となって，「信訪」の不適切な処理による秩序混乱を回避する，という強い意志が感じられる。

　このほかにも，2009 年には党中央弁公庁（及び国務院弁公庁）により，「指導幹部が大衆の来訪を定期的に接待することに関する意見」，「中央および国家機関が定期的に幹部の下訪を組織することに関する意見」，「矛盾・紛争の検出・解消工作を制度化することに関する意見」が同時に出されている。これは，各レベルの党委及び政府の指導幹部による信訪者への直接対応のやり方を具体的に示すとともに，それを指標化し，党委員会の指導の下で各地区各部門が協調して「全範囲をカバーする漏れのない大検査網」をとり，「重大な結果」については「関連責任者の責任を徹底的に追及する」よう命じるものであり，各地区の党委員会の主導・責任による「維穏（＝安定の維持）」と「和諧（＝調和）」こそが「信訪」の主旋律である，というメッセージが確認されるのである。

　実際の「信訪」の運用においては，このような党による指令に沿って各地で新しい規定が制定され，その下で指令内容の実現が徹底されることとなっている[14]。

---

13) 前者は所謂「党規」ではなく，省庁の規則たる「部門規章」にあたるが，いずれも党中央政治局の指令を文章化したもので，同じ内容となっている。
14) 河北法制ネット記事「聯合接訪破解渉法渉訴信訪難題」http://www.hbfzb.com/html/article/200912/57522.html は，「河北省渉法渉訴聯合接訪服務中心工作細則」に従い，省委政法委員会の下，法院，検察院，公安庁が協力して問題解決に当たり，北京や省

第2節　「信訪」の二面性

　以上のことから，信訪制度は，安定の維持を通じた調和の実現を絶対的な目的とし，統治・秩序に関わる不安定要素（＝苦情，直訴）を末端機関において迅速に除去・解消することをその手段とするものであり，その実現を，各種指標による賞罰と指導者責任制，そして「非正常上訪」[15]の処罰等により担保しようとするものである，ということがわかる。しかし，「信訪」の現状として指摘される事実を見ると，このような目的・手段及び担保措置の組み合わせは，実は相互に矛盾した側面があり，その矛盾が様々な局面で極端な二面性を呈する矛盾・対立を招いていると思われる。以下，「信訪」にかかわるいくつかの局面について，事実に現れた極端な二面性に注目しながら紹介しておきたい。

1　「信訪工作」の二面性――暴力と懇願

　「信訪」の場面での実力行使については，あまりにありふれた事象になりすぎて，いまさら指摘する必要もないようにも思われる。実際に，「信訪条例」の制定・改正時だけでなく，関連の規定や文書が出されるたびに，暴力・強制の禁止と厳罰が強調されている。逆に言えば，どれだけ強調してもそれは止む気配がない，という事実が，そこに浮かび上がってくるのである。

　もちろん，悪質な暴力が明らかになり，それが批判や憤怒をひきおこしたときは，一握りの違法分子による行き過ぎがあったとして，処罰・処分等の対応が迅速に行われることもある。しかし，信訪者と間違えられた者が激しい暴力を受けた，という報道がしばしば出現するわりに，信訪者への暴力という報道があまり見られないことからすると，暴力が信訪者に行われている

都への「越級上訪」を阻止したことが強調されている。なお，本稿で紹介するネット上の引用は，いずれも2012年1月23日に最終確認したものである。
15) 北京や省都などへの違法な陳情行為を指す一般的な用語。公式文書においても用いられている。例えば湖南省の「在京非正常上訪行為を法により処理することに関する意見」（2008年4月）など。

限り問題化しないのではないか，と疑うことにも合理的な理由があると思われる[16]。

　言うまでもなく「信訪」に関わる暴力事件はしばしば生じている。報道は多いとは言えないものの，「精神病」を理由とした6年半に及ぶ上訪者への電撃治療や，地方政府が民間の警備会社に委託して「黒監獄」への収容・移送を行っていた事件，そして信訪者に対する保安員による性的暴行など，驚くほど極端なものが目立つ[17]。このようなことからすると，「信訪者」への暴力などは些細な事件に過ぎず，極端にまで至らない限り，少々の暴力や被害などはそもそもニュースバリューがない，というほうが事実に即しているかもしれない。

　以上のような「信訪工作」中に氾濫する暴力は，強権的政府による人権抑圧，という構図を容易に想起させる。ところが，「信訪」狂騒曲の主旋律としてしばしば紹介される事態には，そのような認識を一変させるものがある。省都や北京の国家機関・指導者への「直訴」を阻止するため，地方政府の指導者や責任者は，信訪者に対して必死の説得や懐柔を試み，その際に「花銭買平安」（金を払って無事を買う）や「下跪書記」（土下座する書記）といった異様な事態が頻繁に生じている，というのである[18]。信訪幹部や信訪局長が被害者となる殺傷事件がしばしば報じられるように[19]，彼らも極めて

---

16) 陳友徳「従官夫人被打看変了味的信訪制度」http://www.aisixiang.com/data/detail.php?id=35026 は，政府指導者の夫人が信訪者だと間違えられて暴力を受けた，という事件を引きながら，人民への暴力は当然であるかのような認識がまかり通る現状を批判する。
17)「精神病」の「電撃治療」は，http://news.qq.com/a/20100423/000153_l.htm，「黒監獄」については南方都市報の2010年9月24日の記事「安元鼎：北京截訪"黒監獄"調査」が詳しく伝えている。また，上訪者に対する性的暴行については，http://www.youtube.com/watch?v=zJfIVMeuQ8E&feature=related（遼寧省での事件）http://www.youtube.com/watch?v=OF8rXnSEtUY（河南省での事件）で，被害者自身が動画で告発を行っている。
18) 張麗霞『民事渉訴信訪制度研究——政治学与法学交叉的視角』（法律出版社，2010年）153頁には，この「花銭」を目当てに「信訪」を繰り返し，4年あまりで40万元を稼いだ者が「上訪より儲かるものはない」とうそぶいたという話が紹介されている。
19)「信訪者」に信訪局長が刺殺された事件については，http://www.youtube.com/

高い危険に晒されており，それは懐柔や説得の必要性を一層高めるものとなっている。

このように，「信訪工作」は，一面で暴力の横行する有無を言わさぬ強制，という様相を呈しつつ，別の一面では，金を渡し礼を尽くしての懇願，という面を見せているのである。

2 「信訪者」の二面性──騒乱と信仰

「信訪」に対してはかくも手段を選ばぬ抑圧・鎮静化がしばしば行われるのだが，皮肉なことに，これは二つの理由で信訪行為の更なる過激化をもたらす。まず，信訪者にとって，末端から望ましい解決を早急に引き出すための最良の手段は，彼らが最も恐れていることをすることである。そのため，概して信訪者は，より上級の機関に，より過激な「上訪」を頻繁に繰り返す，ということになる。

さらに，一般に信訪者は，自らの側に正義があり，その正義がまさに政府によって侵されているのだ，と考えている[20]。そのため，暴力的抑圧手段で「信訪」を遮られた信訪者は，その行為を控えるどころか，重ねて行われた不正義に一層憤慨し，その行為をエスカレートさせていく。その結果，少なからぬ者が，何十年にもわたって信訪を繰り返す「老上訪戸」（常連客）になってしまうのである[21]。

ところが，これに比して何とも不思議なのは，このような「不正義」に心底憤慨しているはずの信訪者たちが，党中央や国務院（またはその指導者）に，相変わらず強い期待を抱いている，とされることである[22]。信訪者に対

---

watch?v=jPYHREvIty0 が紹介している。
20) 逆の視点からこれを支持するものとして，しばしば「信訪の80％は道理のあるものだ」とする国家信訪局局長（2003年当時）の談話が紹介される。例えば，人民ネット「半月談内部版：新版《信訪条例》新在哪里」http://theory.people.com.cn/GB/40551/3164722.html など。
21) 中国行政管理学会信訪分会『以案説信訪』（中国方正出版社，2002年）では，数十年にもわたって「上訪」を続ける「老上訪戸」の事例がいくつも紹介されている（但し，同書では各事件の「理想的な解決」という結果が強調されている）。
22) "Tense stand-off continues in China protest village", http://www.bbc.co.uk/news/

して行われた複数の調査では、その調査対象（北京にまで直訴に来た者か、または末端で苦情を述べているにすぎない者か）により結果が若干異なるものの、党中央・国務院（の指導者）に対してある種の信頼を抱いている、という点では一致していた[23]。

信訪者のこのような意識には、どんな問題でも中央の権威によってなら覆せる、という事実認識が背景にあると同時に、メディアや教育を通じて刷り込まれた共産党＝正義・善・徳、とういいわばサブリミナル的効果、そして「包青天」（＝宋代の名奉行）信仰など歴史的・伝統的思考法の影響が考えられる[24]。また、各制度・法規に満ちあふれる理想的・道徳的なフレーズからみれば、中央の命じる制度がきちんと行われれば問題は起きないはずであり、悪いのは中央の命令を聞かない下級・末端の木端役人なのだ、と人々が考えるのは、至極当然であると言える[25]。そして正にこのような信仰が、より上に、何とか中央に、できれば最高指導者に直訴したい、という強烈な意識を信訪者にもたらすことになるのである[26]。

以上のように、信訪者は、一種の交渉術・戦略として、または強迫的・盲

---

world-asia-china-16195113 では、昨今注目を集めた広東省烏坎村の暴動・騒乱で、村民たちが「共産党万歳」の横断幕を誇らしげに掲げていることにBBCの記者が奇異の念を覚えている。この点について、社会学者の松戸庸子は、このような「心理的アンビバレンス」を実例に基づいて分析する。松戸「合法的『信訪制度』が何ゆえに行政拘禁を招くのか」南山大学『アカデミア』社会科学編 2011年6月30日以下。

23) ここでいう調査は、後出の于教授によるものと張教授によるもの。詳しくは後述。なお、Newsweek でも紹介された杜斌の写真集『上訪者』（明報出版社、2007年、香港）にも、悲惨な目に合いながら中央への信頼に突き動かされて「上訪」を続ける人々の姿が散見されるが、そこでは、毛沢東や趙紫陽など過去の「偉大な領袖」の偶像化も目立ち、現状への絶望と過去への幻想という様相も浮かぶ。

24) 松戸庸子「信訪制度による救済とその限界」『中国21』2009年 Vol.30 は、このような信訪者の心理を「文化としての『包青天』願望」として捉えている（115頁）。

25) 張麗霞・前掲注18・132頁は、25年にわたり「上訪」を続ける者が、それでも「党の実事求是と法律の公正を信じる」と述べ、また解決を得た者は「政府が我々を救ってくれた」と考える、と指摘されている。

26) 激しい「信訪」の状態に王朝時代の直訴を重ね合わせた Jonathan Ocko の論文が、"I'll Take All the Way to Beijing" と題するのは、正にこのような「信訪者」の心情なり行為なりを的確に表現している（The Journal of Asian Studies, 47, No. 2, May 1988 所収）

信的心理に突き動かされて，違法・不当な「上訪」を拡大・過激化させていくわけであるが，それはある種党や中央への信仰に基づくものであり，しかもその「上訪」が万一成功すれば，その信仰はさらに高まり，逆に地方政府（指導者）への信頼はさらに低下することになる。結果として，そもそも中央が定めたはずの信訪条例に違反する行為が，その中央に対する信仰のゆえに確信犯的に繰り返されることとなり，地方政府との対立・衝突は拡大の一途をたどることとなっている。

3 「信訪評価」の二面性——賞賛と痛罵

このような，「信訪」を取り巻く問題状況から考えると，信訪制度の廃止を強く求めることは素直な結論であるように思われる。このような立場の代表としてしばしば挙げられるのが中国社会科学院の于建嶸である。于は，北京への上訪者630人余りと，告発状2万通余りの調査を通じて，信訪者の失望と怒りを浮かび上がらせ，司法救済の改善・強化による信訪制度の廃止を見据えた徹底的な改革を求めている[27]。

しかし于は同時に，「主流の観点」は信訪体制を強化し，それを実権ある単位へと変えようとするものである，と述べている[28]。この点，制度の問題を叫び，ひいてはそれを糾弾するかの見解が数多く見られる現状において，このような立場が主流であるとするのは如何にも奇異な感じを覚えるが，思うにここで于がいう主流という概念には，国家信訪局やそれに連なる研究機関など，「信訪」の政策決定・立法そして運営における主流という意味合いが強く意識されているのであろう。

これに対し，学説において「信訪」を擁護する主張は，往々にして，司法の現状への懐疑，または行政監督上の必要から，「信訪」制度の改革と充実を訴えるという内容になっている[29]。例えば西南政法大学の張永和らは，信

---

27) 于建嶸「中国信訪制度的困境和出路」（2009年2月早稲田大学報告原稿。なお，原稿には頁数の記載がない）。
28) 同上。
29) 李秋学・前掲注5・373頁以下など。

訪工作者や信訪者等に対する調査から，末端機関における「信訪」は，様々な紛争の即時解決，及びそれを通じた情報収集・共有と行政監督だけでなく，人民の政治参加による末端政府への親近感と協働の確立など，当該地域の政府・人民の関係構築に望ましい役割を果たしているとして，「信訪制度の利は弊よりも大きい」と主張している[30]。

　ただ比較上，極端な対比を見せるのは，やはり同制度の廃止を強く主張する学説と，同制度を賞讃・肯定する政府関連部門の主張である。上記の于のような立場からは，「信訪」の人治的・人権抑圧的側面が痛罵され，制度自体がこれらの問題の元凶である，と主張されるのに対し，国家信訪局などの説明を見ると，そこでは同じ「信訪」が，慈愛に満ちた指導者たちの辛抱強い対応が行われ，困難な問題が次々に解決される理想的な場として描かれている[31]。このように極端に異なる見解は，いずれも数値や統計を以て自らの正しさを主張しているのだが，その極端な懸隔を見る限り，同じ「信訪」という事象について行われた調査であるとはとても信じられない内容となっている[32]。

4　「信訪」の日常と「非正常」

　では，いずれも信訪者または「信訪」状況についての調査に基づきながら，ある意味正反対の結論が出されているのはなぜだろうか。そう考えて上記調査を見ると，それぞれの調査対象の違いにその原因が見出される。于の調査は，主に，様々な障碍を越えてまで北京に押し掛け，所謂「非正常上訪」を繰り返す人々に対して行なったものである。彼らの訴えが如何なるも

---

30) 中国基層信訪問題研究課題組「中国基層信訪問題研究報告 —— 以西安市臨潼区信訪状況為例」『雲南大学学報法学版』2008 年 3 期 134 頁以下。
31) 例えば国家信訪局のサイトでは，「安定維持センター」により「信訪」の「解決率が 95％以上に達した」，という青海省西寧市の事例を紹介し，「党のために憂いを分かち，民のために困難を解消し，信訪工作が党と政府を人民大衆と密接に結び付ける架け橋となっている」とする。http://www.gixfj.gov.cn/2009-11/11/content_18195915.htm
32) 相反する数値としては，しばしば于教授の調査に依拠した解決率 0.2％という数字が紹介されている。趙凌「信訪改革引発争議」『南方週末』2004 年 11 月 18 日など。

のであれ，間違いなく「信訪」を重ねた挙句下級政府との対立・衝突が激化しているはずであり，そこから導かれる結論が「信訪」に懐疑的・否定的になるのは当然と言える。それは，上述の信訪者の行為と心情の二面性とも重なるところがある。

これに対し，国家信訪局などが示す理想的信訪像はいったん置くとして，上記張の調査などを見ると，それは，末端政府の協力を得ながら，一定地域で政府（及び関係者）と人民に対して調査を行うものとなっている。そこでは，一面において，重大な信訪問題を抱える地域が調査を認めるはずはなく，ある意味望ましい地域の状況に過ぎないのではないか，という疑問がある。とはいえ，「信訪」による問題の未然防止を特殊な例外と断定することは困難であり，そこにこそ「信訪」の日常がある，ということもあながち間違ってはいないだろう。

このような理解に基づくならば，「信訪」を巡る上記のような見解の相違は，「信訪」の「日常」（≒「正常」）と「非正常」のどちらに力点を置いているか，というところにその原因がある，ということになる。もちろん，「信訪」廃止を主張する見解は，「信訪」の「非正常」状態にのみ着目しているわけではない。彼らはほぼ共通して，「信訪」における問題処理は，その「正常」「非正常」に関らず，判決などの司法判断の終局性を害し，ひいては紛争解決の際に司法を回避するという傾向を助長する，との主張を行っているように，「正常」な「信訪」の問題性も強く主張している[33]。

とはいえ，理論・実務を問わず，「信訪」の廃止を目指す人々にとって中心的な問題はやはり，「非正常上訪」に対する凄まじい暴力・強制にあるだろう。その意味で，「信訪」否定（及びそれを前提とした改革）の立場と，「信訪」肯定（及びそれを前提とした改善）の立場が，その数値ないし現状認識において大きく異なるのは，その主要な根拠を末端における「正常信訪」におくか，それとも北京などで頻出する「非正常上訪」におくか，というところにある，とするのは妥当な見解であると思われる。

---

33) 例えば，周永坤「信訪潮与中国糾紛解決機制的路径選擇」『曁南学報（哲学社会科学版）』2006年1期37頁以下など。

なお，国家信訪局など「信訪工作」に関わる人々の発信する理想的な数値については，それが全て嘘であるというだけの証拠はなく，一概に数値水増しまたは粉飾業績として否定できるものでもない。ただそこに常に存在する一つの論理，すなわち，新しい法規・政策によって過去の問題状況は解消し，現在は望ましい状況になっている，とする論理は，今の現在が将来過去となったとき，やはり「過去の問題状況」として批判・否定されるであろうというシニシズムを招かざるを得ないように思われる[34]。

5　構造的原因と改革の不可避

上記「非正常」の原因を求めるとき，それは「信訪」指標の業績・責任直結という制度構造に行き着く。とりわけ，各地での暴動・騒乱の頻発という現状の下，「進京上訪」（北京に陳情におしかけること）の防止は特に重要な指標として再三強調され[35]，ひいては「一票否決」（業績評価において，ある項目・領域でマイナス評価があった場合，それのみを理由として，「優秀」「先進」などの人事上の評価が否決されること）の対象となり，関連人員・指導者の進退に関わるものとなっている[36]。それは元来信訪条例に内在する論理であったが[37]，上記党中央等の各文書により一層具体化され，同時に強圧の度を高めているように見える。正にこのような現状と制度こそが，その抑止のためには手段を選ばないという地方政府の徹底した「截訪」（「上訪」の実力抑止）の氾濫を招き，それに対抗または憤慨した信訪行為の過激化を招いているの

---

[34] 旧条例と新条例のいずれも，制定及び改正の際には，画期的で効果覿面であるかのように主張されていた。旧条例の制定時については李雲清「試論党和国家信訪制度的改革」北京社会科学1995年3期139頁，新条例への改正時については「新《信訪条例》亮点解読」『南方雑誌』2005年17期など。
[35] 直接その防止と処罰を目的にした規定も広く見られる。例えば「湖南省関於依法処理在京非正常上訪行為的意見」（2008年4月18日）など。この「意見」は湖南省の法院・検察院・公安庁の連名によるもので，当該上訪行為への労働教養の適用を指示している。
[36] 「信訪一票否決制」は各地で行われており，明確に制度化されているところも見られる。例えば，済南市信訪工作責任追弁法7条など。
[37] 「新条例」7条2項は，「各級人民政府は，信訪工作業績を公務員考査体系に組み込まなければならない」と規定している。

である。

　その究極の原因を求めれば，それは一党独裁体制に行き着く，ということも明白であろう。思うに，「截訪」を必死に行う政府関係者にとっても，また違法な「上訪」を必死に行う信訪者にとっても，信訪条例の条文や各文書の内容などどうでもいいことである。いずれも，一元的な絶対者（＝党中央）の権力の前に，一方はその不興を買うことを恐れ，他方はそのお慈悲を頂くことを求めて，そのためにはどんなことでもしようとする。これはとりわけ，党中央からの指示・命令の実行のため，法規に規定がなかろうが，または法律上禁止または廃止されようが，信訪者に対する「労働教養」の適用，そして「被精神病」（政府・警察等により無理やり「精神病者」とされること）による収容・移送が広く行われている，という事実に明確に表れている[38]。

　このような点からすれば，根底的な問題，すなわち体制自体の改革という結論が必然的に導かれるように思われるが，それは制度や法律の問題を越えるばかりでなく，そもそもこれを論ずることすら危険である。ならば信訪制度だけでも廃止せよとの論調が強まっているかというと，それもまた否である。于のような廃止論の先鋒というべき論者ですら，当面の目標としてステップ・バイ・ステップの改革を掲げているように[39]，「信訪」という制度が存在し，その運営のために末端にまで網の目のように信訪機構が張り巡らされ，全国で1000万人を超える人々が毎年「信訪」に訪れる[40]，という現状の

---

38) 湖南省寧遠県公安局・検察院・法院・司法局の連名による「関於依法治訪的通告」（2008年2月20日）は，「上京して非正常上訪した者」への「法による即時打撃」と「検察院，法院の密接な協力による迅速起訴・迅速判決」を命じるなど，法治や適正手続の意識など欠片もない徹底した政策遂行の意識が感じられる。

39) 于建嶸・前掲注27は，「信訪制度」の「数多の欠陥」を叫びつつ，「穏当で着実な改革」を提案する。なお，張永和等・前掲注1・9頁もまた，2005年の「信訪条例」改正以後，廃止の主張は「主流」ではなくなり，議論の焦点は新条例の下での改革に移った，とする。

40) 数値については諸説あるが，2003年2月に最高人民法院副院長が全国法院立案工作会議で行った発言では，法院系統への「来訪」だけで毎年600〜700万とされていることから，全体では年1000万人を大きく上回る人数が予測される。胡道才「我国渉訴渉法信

前に,「信訪」の廃止という要求はやはり非現実的と言わざるを得ない。とりわけ,地方各地で激しい対立・暴動が頻発する中で,末端の情報収集,治安対策そして行政監督の機能を持つ信訪制度の廃止という決断が,他ならぬそのツールの持ち主から出てくるとは思えない。

とはいえ,このような対立・暴動に,往々にして長期にわたる「信訪」が先行しているという事実は[41],一面で「信訪」の重要性を雄弁に物語ると同時に,他面では,「信訪」の上記のような機能が全く働いていないことを示している。それは,結果として「信訪」への期待,ひいては党・政府への信頼が失われていることを危惧させる。そして正にそのような危惧により,党中央や国務院は再三「信訪」に関する文書を出し,このような局面の予防と解消を目指しているのだが,それは指標・業績圧力の下での「大信訪」体制(関連国家機関及び人員を挙げての対応)を叫ぶに過ぎず,上述のような極端な悲喜劇に拍車をかけるだけである。何よりも,末端での問題解決の徹底を求める現在の「信訪」構造は,一定期間しか「信訪」を担当しない薄給の下級公務員に[42],人事・処遇上の不利益をちらつかせ,高邁な精神で忍耐強く説得・懐柔を行うことを強要する(または非人道的な行為を明に暗に強要する),という恐ろしく高圧的なシステムであり,それは一元的であるはずの統治機構を内側から破裂させかねないものであることに,人々は気づき始めている[43]。

このようなことから,「信訪」については,現行制度の可及的改善が妥協

訪終結機制的建構」『国家検察官学院学報』2004 年 6 期 94 頁。
41) 2011 年に広東省烏坎村で生じた暴動・対立に関して論ずる人民日報のコラムは,「上訪の頻出」に目を向けるべきであったとして,問題の事前把握と早期解決における「信訪」の重要性を強調する。張鉄「"烏坎転機"提示我們什麼」『人民日報』12 月 22 日論評。
42) 張永和等・前掲注 1 によれば,調査対象の「信訪人員」の 60％以上が「信訪職務」担当が 3 年以下であり(178 頁),しかも正規の公務員でないものが 50％を超えている(186 頁)。にもかかわらず,呼び出しがあれば 24 時間いつでも出動する体制にある,と答えた者が 58％近くに及んでいる(185 頁),とされる。
43) 秦小建「圧力型体制与基層信訪的困境」『経済社会体制比較』2011 年 6 期は,上からの無理な圧力は「非常規的運行的泥沼」の中で「一層激化」し,その圧力は「最終的には倍になって国家に返ってくる」と警鐘を鳴らす。

的されど不可避的な結論となり，議論の焦点はその内容・バランスということになる。以下，改革を取り巻く環境を見据えながら，信訪制度が向かう先を検討し，併せて関連諸制度及び統治のあり方自体の将来についても，若干の展望を試みたい。

第3節 「信訪」の改革と展望

1 意識の変化

上述した「信訪」に関する意識調査を見てみると，中国の人々にとって，「信訪」というのはその名を関する一定の制度を指すというより，「找政府」（＝政府に説明や解決を求める）という行為，意識及び関連の事態全般を意味している，ということがわかる[44]。それは，行政府が司法府を兼ね，法的な問題も調停的に処理していたとされる中国の歴史的な紛争処理システム，さらには「党管政府」構造の下で「一把手」（＝トップ）の「一言堂」（＝鶴の一声）で事が決するという共産党の指導下での問題処理のいずれとも親和的な意識であると言える。何より，現在に至っても，下級政府における「大調解」や「大信訪」など，党の一元的指導の下で政府各部門が一体となった紛争解決システムが励行されている，という現実こそが，このような意識を支え，さらに強化しているということができる。

しかし，上述したように，昨今頻出する対立・暴動は，この「找政府」という行為の過激化というよりは，むしろこのような意識の希薄化ないし喪失を思わせる。もちろん，対立・暴動にしても，また人々の意識にしても，一概に一般化できるわけではない。とは言え，「維穏」「和諧」の連呼とそれを目的とした文書の頻出は，党・政府もそのような危惧を抱いていることを明確に表している。

では，人々の意識は「信訪」の理念の唾棄，そして政府への不信に一直線で向かっているのだろうか。ここで面白いのは，信訪者の意識調査に現れた政府への信頼度についてのもう一つの分岐点である。上記の于の調査によれ

---

44) 張永和等・前掲注1・120頁。

ば，信訪者は総じて党中央・国務院への信頼が高く，下級政府に行くほど信頼が低いとされる[45]。ところが，張の調査では，確かに中央への信頼は同様に高いとされるものの，最下層の郷鎮政府等への信頼は，中間の省・市政府よりも高い，という結果が出ているのである[46]。

　ここには，「信訪」が対立・敵対的状況に至っていない状況では，人々は不満を持っていてもやはり末端での解決に期待し，またその日常的対応にも一定の評価を与えている，という様相が浮かび上がる。つまり，末端での「信訪」の適正化と充実が，政府への信頼と危機的状況の回避のために，まず何より求められる，ということになる。

　さらに，この意識調査には，信訪者が自らの利益を効果的に主張しようとして，法律・政策を学び，他の信訪者への助言さらには村民委員会主任への立候補・当選などによって，積極的な政治参加に結実させた，という例も紹介される[47]。

　このような事実を見る限り，「信訪」を通じた望ましい官民関係と積極的政治参加の可能性も，あながち非現実的ともいえない。「依法信訪」の適正化と充実は，官民のつながりを維持しつつ，末端における問題を協働的に解決することにより，「上」に対する信仰を維持・向上させ，さらには「上下」の理想的融合に資する，という可能性を秘めているのである。それは，「上下」双方にとって望ましいことでもあるだろう。ただ同時に，「信訪」を通じた政治参加が，「上」のお慈悲に頼らず，自ら理論武装して権利を主張する新しい信訪者を生み出しているとすれば，それは従来の「信訪」の根本的変革を促す可能性をも秘めている。とすると，それが望ましくないと考えられる恐れは，やはり残ることになる。

---

45) 于・前掲注27。
46) 張永和等・前掲注1・121頁。
47) 張永和等・前掲注1・217頁以下。但し，松戸は「改正条例」に「政治参加機能の委縮」という要素を見出し，信訪制度が「救済機能に特化している」と指摘する。松戸・前掲注24・113頁。

2　分化の兆し——「渉訴信訪」と司法

　このように，信訪者そして人民の側には，わずかながら重要な意識の変化が生じつつあるのだが，それは一元・一体的であるはずの統治機構の中にも，かすかな分化の兆しをもたらしている。

　その最たる例は，土地の使用権を巡る法院（裁判所）と地方政府の立場・認識の違いである。土地使用権は，言うまでもなく地方政府にとって膨大な利益を生む金のなる木であると同時に[48]，大量の失地農民による激しい抵抗と暴動，そして多くの「信訪」を招くパンドラの箱でもある。正にこの利益と対立の焦点たる問題において，地方政府と法院が，効用と正義を巡って対立する，という局面が出現しており，特にここ数年，法院が正義の名の下に地方政府の行為を違法とする（そして地方政府がその執行を拒絶する）事件がしばしば報道されているのである[49]。

　この局面は，2011年9月に出された土地収用・建物撤去に関する最高人民法院の「緊急通知」に集中的に表現されている[50]。そこでは，痛ましい事件に具体的に触れた上で，その「深刻な教訓」に基づいて，行政府が土地収用・建物撤去の強制執行を申請した場合に，それが秩序不安や突発事件を引き起こす可能性があるときは，例え合法であったとしても申請を認めないよう下級法院に指示している。ここでは，少なくとも当該問題の処理において，法院は，各級の行政機関とは異なる行動原理または公益理解に則って行動せよ，ということが，最高法院により明確に命じられている。

　もちろん，このような傾向が一元的・一体的統治構造を瓦解させる，と考えるのは早計に過ぎるであろう。実際に，上記のような例で行政と司法に対

48）清華大学研究員の管清友の調査では，1989年から2010年までの20年間で土地取引価格は6732倍になり，地方政府の財政収入における土地関連収入の占める割合は，0.2%から74%まで上昇したとされる。http://hsb.hsw.cn/2011-09/28/content_8169301.htm

49）田中信行「中国から消える農村——集団所有制解体への道のり——」『社会科学研究』62巻5・6号（2011年3月）92頁以下で紹介される事案は正に上述の様相を呈している。

50）「土地収用，建物撤去の強制執行による悪性事件の発生を徹底して防止することに関する緊急通知」

立の様相が生じた場合，往々にして上級政府や党委員会等が調整に乗り出すこととなる。それは正に，党中央が提唱する国家機関を挙げての「大信訪」の姿に重なると同時に，ある面では信訪者が期待するところでもあり，それを否定することは難しい。

とはいえ，上述のような人々の意識の変化の中で，正義の実現をその職務とする法院には，「上」からの命令・指示に従っていれば事足れり，という姿勢は許されなくなり，特定地域の秩序・治安状況や，住民の主張・センティメントを見据えつつ，広く法に基づいた合理的で説得力のある処理を行うことが必要となってきているように思われる。

これを裏付けるのが，中央政法委員会による同名の「弁法」の制定後，各機関・部門で強調される「渉法渉訴信訪案件終結」である。ここでは，十分な証拠に基づいて判決等の法的処理が済んでいる以上，それに関する「信訪」は再度取り合わない，とする方向が明確に打ち出されている。

これは，（信訪以外の）法的処理手続または訴訟に係る「信訪」について，党に依拠してその権威により頼んでそれを終結させる（しかも政法委員会への報告義務まである），という矛盾した側面を有するものであり，また終結の対象も「渉法渉訴信訪」に限られたものではある。しかし，一般に半数以上の信訪は「渉法渉訴信訪」であるとされることを考えると[51]，それが終結されるならばその意義は小さくない。また，「信訪」の命ともいうべき「上」の慈悲による妥協的・超法規的解決が明確に放棄され，法に照らして終結すべきものは断固として終結させる，という姿勢が貫かれたことには重大な意味を見出すことができるだろう[52]。

このような傾向，すなわち司法判断の権威と終局性の向上という方向への変化が継続・拡大するならば，「信訪」の限界も徐々に明確になってくるで

---

51) 于建嶸「中国信訪制度批判」『中国改革』2005年2期27頁は，調査対象の「上訪者」のうち63％が裁判所で訴訟を提起していた，と指摘する。
52) 中央政法委員会弁公室編纂の「渉法渉訴信訪問答」（2009年）は，「広大な大衆と警官」に，問題「終結」後になお「生活に困難がある場合」には「一時的司法救助」を含む様々な形で「生活保障」を行うよう指示しており（問13），「花銭」の要素は未だ残されている。

あろう。党の事業を頂点に据えた「三つの至上」が連呼される「維穏」第一の「大信訪」体制の下で，司法がその固有の機能を発揮できるか，という疑問は依然大きいものの，この方向が一つの可能性として模索されていることは確かであり，その発展が期待される。

3 改革の展望

このような状況の変化に鑑みれば，「信訪」の正常化，すなわち紛争解決機能の縮小と，権限内での末端の苦情処理，という姿が，今後の展望としてある程度現実的なものとなってくる。その過程で，「上」からの介入・超法規的解決，という「非正常」は，形式的・体面的なものへのすり替えが図られ，また北京などでの暴力・懇願という「非正常」も，部門ごとの説明と苦情対応の徹底による解消が試みられていくであろう。そこでは依然として，「上」からの介入の制限と信訪機構の権限強化を巡る争いが続くと思われるが，理論・実務を通じて，「上」からの介入を徐々に形式的・体面的なものに縮小するとともに，末端における法に基づく対応を充実・徹底する，という傾向は一貫している[53]。そうすると，「信訪」はいつか，中国に特色ある極端な現象ではなく，どこにでもある普通の行政対応の日常的光景に変わるのかもしれない。

ただ，これはあくまで改革の一展望に過ぎない。「上」からの「維穏」「和諧」の連呼と「下」に頻発する激しい暴動からすれば，上記のような「非正常」はさらに極端なものになり，抵抗と抑圧のチキン・レースは一層激しくなる，という可能性も否定できない[54]。党員に徳を求め，革命精神の高揚を

---

[53] この点注目されるのは，応星・前掲注3・58頁以下で「信訪救済を法治の軌道に載せる」切り札として主張される「申立専門員制度」が党中央の文書でも推奨されていることである。これはオンブズマン制度を参考にするものであるが，このような主張は現在数多く見られる。例えば，季衛東「上訪潮与申訴制度的出路」『青年思想家』2005年4期5頁以下など

[54] 2011年12月6日放送の中央電視台「焦点訪談」は，県党委員会の敷地に「信訪大庁」を設置するとともに，信訪部門に人事に関する「一票否決権」を与えるという英断が，管轄内の「信訪問題」の一挙解決をもたらした，として山東省凌県の事例を賞賛しており，権威と指標による問題解決の強制，という様相はむしろ強まっているともいえる。

叫ぶ昨今の傾向からみれば，むしろこのような展望が現実的であるようにも思われる[55]。

しかし，ネット上にあふれる敵意と憎悪に満ちた言説と，直接的破壊・暴力の蔓延という現状は，政府だけでなく，研究者やメディア，さらには一般の人々にまで強い危機感を与えている。その中で，信訪制度が持つ「上」と「下」をつなぐ機能，すなわち統治者への信頼に依拠して被治者が政治参加を行うとともに，そのような情報に基づいて統治者が適切な対応を行い，危機を未然に回避するという機能は，破滅的状況を回避する唯一の方法として，再認識されているように感じられる（もちろんそこには同床異夢の側面があるのだが）。

目下のところ，その模索は主に，制度上の限界の中で選びうる方途は何か，という様相を呈することになる。とはいえ，それは政府やそれに近い筋だけでなく，学界，法曹，メディアや評論家など，幅広い立場から行われている。このように，立場を超えた広い模索は，「信訪」だけでなく，それを枠づける諸制度における変化の可能性を感じさせる。そのような変化が生じれば，「信訪」にも，そしてその背後にあるより根源的な問題にも，異なる展望が生じてくるかもしれない。

おわりに──「信訪」とマイノリティー

「信訪」のみならず，中国で議論の的となっている諸制度については，ほぼ間違いなく民主の改善・拡大が強調される。ただ妙なことに，そこでの「民主」はしばしば自由や正義，人権を実質的内容としている[56]。

これは，中国における問題の多くが，（一部または下級の）権力による人民

---

55) 重慶市市長薄熙来による「紅歌」提唱，そして次期国家主席と目される習近平による「徳」の強調などが顕著な例として挙げられる。『朝日新聞』2012年1月3日国際面など。
56) 人権擁護的発言や訴訟活動で有名な弁護士の陳有西が2011年12月に日本を訪れた際，刑事訴訟法改正における民主の確立の重要性を重ねて述べていたが，その内容はむしろ自由や権利に係るものであった。

に対する抑圧，として単純化できるような，あからさまな不当・不条理の類である，という現状に由来するものである。同時にそれは，「すべての権力」を有する「人民が国家権力を行使する」（憲法2条及び3条），という体制の正統的理論（＝人民民主独裁）に依拠できる主張方法でもある。

　しかし，このような捉え方には，往々にして少数者の権利に対する配慮または考察の余地が見出されない。実際に，中国での「信訪」に係る議論を見る限り，マイノリティの権利に着目した見解を目にすることは稀である（もちろん，ウイグル族などが差別的待遇を訴える大規模な「信訪」はしばしば発生している）[57]。

　「信訪」制度の変化にも見られるように，秩序不安を避けたい「上」と，譲歩を引き出したい「下」は，（形式のみであれ）民主という名の下に，お互いの面子を保ちつつ妥協点を探っている。そのような中，民主から外れた少数者にはそもそも面子を論ずる余地はなく，「上」と「下」が一体となり，絶対多数による「民主独裁」がもたらされる。それは，中国の善良な人民に広く蔓延する抵抗者・異端への嫌悪または無関心に依存し，昨今むしろ拡大しているように見える[58]。

　さらに「信訪」に特有の問題として，それが「下」とのつながりを通じて情報を把握する重要な手段と捉えられている，ということがある[59]。そのため，とりわけ宗教や民族問題に関しては，「上下」が一体となった「信訪」

---

[57] 例えば，世界ウイグル会議のサイトでこのような陳情活動が報告されている。http://www.uyghurcongress.org/jp/?p=2603 参照。彼らが国連北京事務所に陳情を行おうとした（失敗）ことは，上記のような危惧が杞憂でないことを示唆するものといえよう。

[58] 孝忠延夫は，イェリネクを引きつつ，民主的多数者における残酷，権利への敵視，そして寛大や真実への憎悪を指摘する（孝忠延夫編著『差異と共同──「マイノリティ」という視角』関西大学出版社2011年11月「序章　これからの『マイノリティ研究』」7頁）。

[59] 2010年にウルムチ市で展開された違法出版物取締りキャンペーン「6大活動」では，「大接訪（信訪接待）」「大下訪（指導者による訪問）」等による「大服務（奉仕）」が展開され，「公開の調査と非公開の訪問」による「大捜査」で，ウイグルの独立に関わるものなどを含む違法出版物2.5万冊が押収され，「大和諧（調和）」が実現した，とされている。http://news.xinhuanet.com/newmedia/2009-07/20/content_11737455.htm

が，少数者に一層の抑圧をもたらすという恐れがある[60]。

　もちろんこれは一つの推測に過ぎず，逆に民主の成熟がマイノリティへの理解と共生への積極性をもたらすということもあるかもしれないし，マイノリティからの異議・意見提出の手段として「信訪」が有効に機能し，相互理解と共生を促す調整・連結という機能を発揮するかもしれない。いずれにせよ，「信訪」に限らず，「民主」とマイノリティに係る今後の制度及び状況の変化の中に，展望を示すシグナルを探していかなければならない。

---

60) 従来から，政府部門だけでなく，「婦女聯合会」などの「非政府組織」が，広く「法輪功」など所謂「邪教」の摘発に積極的に参加するという構造が見られていた（「掲批"法輪功"」『中国婦運』2001 年 3 期 41 頁）。この点，薛果「当前民族自治地区信訪工作的特点」『秘書之友』1998 年 7 期 41 頁は，「信訪工作者は党の民族宗教政策を学ぶよう努力しなければならない」とし，大衆からの情報などを利用して，「宗教の皮を被った反動政治活動」に対する「迅速な処理」を行っていくよう強調しており，少数民族地域の「信訪」にも同様の働きが期待されることを示している。

第8章　中国の行政不服審査制度改革
―― 上海市行政不服審査委員会の調査を中心に

はじめに

　昨今中国では，各地での暴動の頻発という状況の改善・解消を目指し，市民からの苦情や不満に政府機関が迅速に対応し適切に処理することが再三求められている。そのような中で，行政不服審査制度の改善と活用が強調されるようになり，2007年の北京市における行政不服審査委員会（原語は「行政復議委員会」。「復議」は再審査の意）[1]の成立を皮切りに，同委員会の導入を目玉とした制度改革による行政不服審査の活発化が全国で試行されている。

　本報告は，上海で行った聞き取り調査を中心に，立法を見据えて各地で試行される行政不服審査委員会，そして同委員会の導入を主とする行政不服審査制度全体の改革の様相を概観し，その課題について検討するものである。記述に当たっては，改革の意識と課題の所在を明らかにするため，現行制度（試行地域・機関については試行前の制度）の概要と，そこで意識されていた問題状況について，簡単に紹介することとした。制度・現状の理解に資するものとなれば幸いである。

　なお，上述のように原語の「行政復議」は行政再審査の意であるが，本報告では日本での用語法に合わせ，「行政復議」を「行政不服審査」と訳しており，「行政復議委員会」にも「行政不服審査委員会」との訳を当てている。また，考察の過程で一橋大学の高橋滋教授にご助言・ご指導を頂いたこと，そして調査にあたり上海の高革慧弁護士に多大なご尽力を頂いたことを，感謝を以てここに述べておきたい。

---

1) 本稿では，制度・法規名称及び条文・規定内容については基本的に翻訳し，引用中の論文・記事の題名については原語のままの表記としている。翻訳については，いずれも訳責は筆者にある。

第1節　制度概要

1　法規の構造

中国では，1989年の行政訴訟法の施行に合わせて，1990年に「行政不服審査条例（原語『行政復議条例』。以下「条例」とする）」が制定されており，これが「我が国の大陸において最も早くに制定された行政不服審査制度」とされている[2]。但し，治安管理や徴税など行政の各領域においては，個別的に，処分に不服のある者が上級機関に再審査を求める制度が早くから設けられており，「条例」が制定される以前にも，行政不服の申立とその処理は広く行われていた[3]。そのため，「条例」により初めて行政不服審査制度が設けられたというわけではなく，「条例」により初めて，特に行政不服審査制度について，一般的・網羅的な規定が設けられた，というべきであろう。

この「条例」は，中央の行政府である国務院の制定した「行政法規」（原語）[4]であったが，同条例はその後部分的な改正を経たのち，1999年に立法府の制定による「行政不服審査法」（以下単に「法」とする）の成立を見るに至っている。さらに同法制定から少し時間を経て，2007年に国務院により，同法適用の細則について規定する「行政不服審査実施条例」（以下「実施条例」とする）が制定されるとともに，これらの法規に前後して，各省庁及び地方政府等が同法及び実施条例の具体的適用に関する個別の規定を定めており，これらの規定の総体が，現在の行政不服審査制度を構成している。

---

[2] 行政訴訟法に一般的な行政不服審査制度を前提とする規定が置かれたことから，行政不服審査に関する法規の制定が必要となった，とされる。楊海坤　章志遠『中国行政法基本理論研究』（北京大学出版社，2004年）501頁。
[3] 傅思明『中国依法行政的理論与実践』（中国検察出版社，2002年）219頁参照。
[4] 立法法の規定により，国家機関の定立する法規は，上から順に，立法府たる全国人民代表大会及びその常務委員会が制定するものが「法律」，行政府たる国務院が制定するのが「行政法規」，そして各省庁が制定するものが「部門規章」と順序付けられ，下位法は上位法に抵触してはならない，とされている。

2　規定の概要

(1) 目　的

　法1条は，「違法または不当な具体的行政行為の防止と是正」，「公民，法人またはその他の組織の合法的権益の保護」，そして「法による行政機関の職権行使の保障及び監督」をその目的として掲げている。これに対し，実施条例1条は「行政不服審査制度の行政紛争解決，法治政府の建設，社会主義調和社会の建設における役割をよりよく発揮させること」を目的としており，法制定から実施条例制定までの8年の間に，行政不服審査制度の位置づけに若干の変化が生じていることがわかる。

(2)「審査機関」と「審査機構」

　法9条によれば，「行政機関の具体的行政行為によりその合法的権利・利益を侵害されたと考える者」は，「具体的行政行為のあったことを知った日から60日以内に」「行政不服審査機関」（以下「審査機関」とする）に不服を申し立てることができる，とされる。

　ここで言う「行政機関」には，省以下の各地の行政府たる「人民政府」と，人民政府を構成する各部局及び国務院の各省庁が含まれる。中国では，県以上の人民政府の各部局は，自らの名義で独立して職権を行使し，それによる責任もまた同部局が負うものとされている[5]。また，各級人民政府の各部局については，税関，金融，国税など中央の省庁に連なる「垂直指導」が行われるものを省き，上級部局（例えば市の環境保護局に対する省の環境保護庁）と同級人民政府（市の環境保護局に対する同市人民政府）によるいわゆる二重指導体制がとられている[6]。

---

[5] この点，国家賠償などの場合に結果として責任を負うのは各部局でなく行政府なのだから，各部局を独立した「行政主体」として扱うのはおかしい，との見解も見られるが，市民が直接やり取りをする行政機関を相手方当事者とすることを望ましいとする理解が一般的である，とされている。姜明安編『行政法与行政訴訟法（第三版）』（北京大学出版社，2007年）113頁。

[6] 中国の行政府のレベルは，上から中央→省→市（地区）→県→郷・鎮で構成されている。市を（市・地区）としたのは，同レベルは一般に区を設置する市により構成されるが，レベルの名称は「地区」とされるからである。また地方組織法の規定により，郷・鎮は部局を置くことができないため，郷・鎮の具体的行政行為は必ず郷・鎮人民政府による

このようなことから，実際にどの機関が審査機関になるかは，行為主体とされる行政機関が何であるかによって異なる，ということになり，法では原則として以下のような区分がなされている（12条乃至14条）。
①行為主体が人民政府である場合
　　　　＝１つ上級の人民政府が審査機関となる
②各級政府内の部局である場合
　　　　＝１つ上級の同種部局または同部局が属する人民政府[7]
③税関，金融，国税等「垂直指導」体制の部局及び国家安全機関
　　　　＝１つ上級の同種部局
④省政府または国務院各省庁である場合
　　　　＝行為主体たる行政機関への異議申立
　このうち，②の場合については，申立人がどちらかを選択できるもの，とされている。また，不服審査は一回完結とされ，裁決に不服の場合は訴訟を提起することとなるが，④の場合のみ，国務院への再審査請求が可能である（但し，再審査後の裁決に不服があっても，さらに訴訟を提起することはできない）。
　なお，法３条により，不服申立の受理，書面審査・資料収集，そして裁決書の起草に至るまで，最終的な承認・決定を除くほぼすべての事項について，審査機関内部の法務セクションがその処理を担当することとされている。これについて，実施条例では，同セクションを特に「行政不服審査機構」（以下「審査機構」とする）と称して，専門的知識と業務能力を有する専従職員の配置を要請している（２条，４条）。具体的には，各級人民政府については法制弁公室等の職員が，また各部局については，部局内法務担当の職員が，同業務を担当することとなる。

ものとなり，それに対する不服は上級の県人民政府に申し立てることとなる。なお，上述の省や県といった名称は行政レベルの一般的呼称であり，例えば省レベルには市（直轄市）や自治区，県レベルにも市や区など，実際には様々な名称がある。
7）法15条の規定では，法により部局の出先機関が自らの名義で具体的行政行為を行うことができるとされるときは，当該具体的行政行為に対する不服は同部局または出先機関の所在する人民政府に対して行うことができる，とされている。

(3) 申立の対象

　申立の対象については，法6条でその内容が具体的に規定されており，財産・身体に対する行政処罰，差押や封鎖などの行政強制，土地の使用権または所有権についての確認，許可の取消，許可・給付の申請却下，不受理または不作為等が列挙されている。但し，同条11号で「行政機関のその他の具体的行政行為により合法的権利・利益を侵害されたと考えるとき」と規定されることから，10号までの詳細な列挙にかかわらず，一般的・原則的な規定が全てを覆う形になっている。

　この具体的行政行為とは何か，という問題については，実務・学説に激しい議論が見られる。ここでその議論に立ち入ることはできないので，所謂行政法学の基本書の記述に照らし，行政機関またはその人員若しくは法により委託を受けた者が法により職権の範囲内で特定の相手方に対して行う一方的，強制的かつ外部的な行為で，相手方の権利義務の設定，変更または消滅等の法的効果を持つもの，との定義を立てておこう[8]。

　これによれば，一方的または強制的でない行政契約や行政指導，特定の相手方に対するものではない法規制定行為，そして懲戒・処分などの内部行為などが，具体的行政行為から除かれることとなる。しかし，法の列挙事由を見る限り，直接的には相手方の権利義務の設定や変更を伴わない確認や，経営自主権の侵害なども行政不服審査の対象とされており，理論上の具体的行政行為とは一致しないものも含まれている。

　なお，上述のように，抽象的行政行為とされる行政立法は申立ての対象から除外されるものの，具体的行政行為の根拠となる「行政規定」の合法性に疑いがあるときは，その審査を併せて申立てることができる（法7条）。但し，市レベル以上の地方政府制定の「地方性規章」，省庁の発する「部門規章」，そして国務院による「行政法規」は審査の対象とならないとされるため（同条2項），「行政規定」に該当するのはこれら以外の文書に限られる。

---

[8] 姜明安編・前掲注5）・224頁以下（葉必豊（上海交通大学）執筆部分）。但し，ここでは具体的行政行為について明確な定義を示すのではなく，いくつかの要素が箇条書にされている。

国家賠償については，単独では不服申立の対象とされていないが，具体的行政行為により生じた損害については，同行為に係る不服申立の際に，賠償請求を併せて申立てることができるとされている（同29条）。

　申立の受理要件に関して，実施条例では，「法の規定する行政不服の範囲」に含まれるだけでなく，「申立人が具体的行政行為と利害関係を有する」ことが求められており（28条2号，5号），その内容が問題となる。この点，行政不服申立の教示について定める実施条例17条は，「権利，義務について不利な影響が生じうるとき」には申立の権利についての教示を要する，と規定しており，実際の事例でも，同要件について柔軟に認めるものが散見されている[9]。

(4) 審理・裁決

　不服審査においては「原則的に書面審査の方法」がとられるが，審査機構が必要と考えるときは，調査・聞き取りを行うことができる，とされている（法22条）。また，申立人は，被申立人の提出した答弁書及び証拠その他関連資料を閲覧できるとされているが，国家機密や営業秘密，そしてプライバシーにかかわるものなどは除かれている（法23条2項）。

　実施条例では，審理の過程で行う和解及び調停について規定がおかれており，申立対象の具体的行政行為が自由裁量に係るものであるとき，審査機構の承認を条件に和解が認められている（40条）。また，調停については，上記自由裁量の場合に加え，賠償または補償に関する紛争についても認められ，合意により作成される行政不服調停文書は法的効力を持つものとされる（50条）。

　裁決については，維持（棄却），職責履行命令，取消，変更および違法の確認が規定されており，その判断に当たっては，当該具体的行政行為の合法性だけでなく相当性についても考慮される（法28条）。具体的行政行為の取

---

[9] 例えば工場設置許可申請の前提として行われたフィージビリティ・スタディの審査・承認についても，周辺住民による申立が受理され，実際にそれを取り消す裁決がなされるなど，事実上の利害関係ないし影響が及ぶ者に不服申立資格が広く認められている。同事件の行政不服裁決文書については，http://yuanyulai.fyfz.cn/art/325453.htm 参照。なお，ネットからの引用については，2012年5月23日最終確認（以下同）。

消または変更若しくは違法確認の裁決において，審査機関は，同時に賠償を命ずることもできる（同29条）。また，罰金や差押など，財産権に係る具体的行政行為を取消または変更するときは，同時に財産の返還または相応の価額の賠償を命ずることもできる（同条2項）。

第2節　問題状況

上述のように，条例から法に至る基本法規の立法を中心に，行政不服審査制度は一定程度整備されることとなっている。しかし，昨今行政不服審査制度の改革が声高に叫ばれていることからもわかるように，同制度が期待されたような機能を果たしていない，との認識は既に一般的になっている。以下では，規定と運用における問題点を概観し，改革が必要とされた問題状況及び意識の所在を把握しておきたい。

1　規定上の問題
(1)　大量の審査機関と形骸的審査機構

現在の規定では，県レベル以上の人民政府及び市レベル以上の各部局が「審査機関」として，下級人民政府及び部局を被申立人とする行政不服を審理し裁決することになる。このような機関は膨大な数になり，近時の統計によると，全国の範囲で見ると1万8千余り存在するとされる[10]。

そして規定上は，これらの機関の法律業務担当セクションが「審査機構」となり，そこに行政不服審査専従職員が配置され，不服の受理から審理，裁決文書の起草まで実質的な業務を担当することになる。ところが，地方の人民政府には法律業務のセクションすら置いていないところがあり，ましてや各部局となれば，法律業務の担当者すら配置していないところも少なくない[11]。さらに，法律業務セクションがあるとして，同部門は往々にして他の

---

10) 国務院法制弁公室「一部の省・直轄市で行政不服審査委員会の試行活動を展開することに関する通知」（2008年）の一，（三）参照。
11) 2009年の山西省の県レベル行政不服審査機構に関する報告では，80％の県に法律業

仕事を大量に抱え，非日常業務として行政不服審査も担当している，という状況で，専従職員など配置しようがない[12]。

　より重要な問題は，下級の政府機関である市や県の人民政府または市以上の部局が，行政不服審査の最も集中する審査機関となる，というところにある[13]。このような構造のため，行政不服に対しては，法的な素養・経験の乏しい職員が，日常業務の片手間で慌ただしく処理することとなり，畢竟行政不服審査は，原局の行為を追認するだけとならざるを得ない，との弊害が指摘されているのである[14]。

(2) 「具体的行政行為」と解釈の多義性

　上述のように，申立範囲を画する概念である具体的行政行為については，学界・実務に激しい議論が見られている[15]。そのため，不服審査の受理に当たって，担当者は，それ自体定まっていない概念への該当性を判断する，という非常に困難な仕事に直面することとなる。

　このような困難が，上述の審査機構の現状と相まって，行政不服審査についての受理の棚上げ・放置と理由なき拒絶，という現象に拍車をかけている。実際に，政府の関わる事業について多くの問題を抱える地域で，受理件

務セクションがなく，「不服が出されても対応する者がいない」という状況がむしろ一般的になっていると指摘される。王衛星　王冠春「我省県級行政復議機構現状与対策」http://www.sxfzb.gov.cn/Article/asp?ArticleID=286

12) 唐璨「我国行政復議委員会試点的創新与問題」『国家行政学院学報』2012年1期33頁は，同部門は「一人多用」状態で，「臨時に人を借り出す」ことでしのいでいる，と指摘する。

13) 「国務院法制弁行政復議司負責人指出　加強行政復議能力建設　健全市県両級機構配置」http://www.qhfzb.gov.cn/html/387/260086.html は，「70％の行政不服審査の被申立人は市及び県政府の部局である」として，下級政府が行政不服審査業務を重視する必要を説く。

14) 国務院法制弁公室 HP に，審査担当人員の質及び量の「分散と不足」という「体制的欠陥」が，「維持会」という評価の原因であると指摘される。「重構我国行政復議体制　行政復議委員会応運崛起」http://news.xinhuanet.com/politics/2010-07/01/c122842093htm

15) 楊海坤・前掲注 2・199 頁では，最高人民法院も，行政訴訟法の適用に関する1991年の司法解釈において「具体的行政行為」の定義を示したものの，激しい批判を受けた結果，同2000年の司法解釈では，説明もなくただ漠然と「行政行為」または「具体的行政行為」との語を用いており，定義の問題を避ける結果となっている，と指摘されている。

数が極端に少ない例が散見されること[16]，また，行政不服審査の活用を強調する文書の中で，違法な不受理や受理の棚上げについての改善が再三強調されるという事実から見れば[17]，このような現象は広く見られていたということがわかる。

そして，このような解釈に疑義のある概念・規定は具体的行政行為に止まるものではない。法，実施条例とも，規定上そこかしこに「その他」「等」「できる」といった文言が用いられ，申立範囲や手続の選択は審査機構の裁量に広くゆだねられる。

さらに実施条例では自由裁量に当たる事項について和解または調停を行うことができるとされるため，審査機構の担当者は，不服審査の進行状況に関わらず，当該具体的行政行為が自由裁量に当たるかどうかを適宜判断し，調停または和解の可否を決することが求められることになる。

このほか，「公共利益」や「不利益な影響」など，解釈の困難な概念が規定上に散見されており，それが審査機構の形骸性ないし能力の低さとのアンバランスを一層高めることとなっている。

(3) 原則・目的と規定のズレ

行政不服審査を行うに当たって，審査機関は「合法，公正，公開，迅速，人民の便宜の原則を遵守」しなければならない，とされている（法4条）。

しかし，法及び実施細則の規定には，これらの原則との抵触が疑われる規定が散見される。例えば，法の規定には具体的行政行為に関して和解や調停を許す規定がないのに，法より下位に位置づけられる実施条例で和解や調停の規定を置く，という構造に，合法原則を見出すのは困難である。実際に，

---

[16] 山西省朔州市（人口約150万）では，例年のように炭鉱事故が発生し，その度に10～60人程度が死亡し，また事故隠ぺいの問題も生じている。しかし，行政不服の申立はというと，20年間をあわせても，わずかに一桁に止まっていた，と（行政自身のサイトで）紹介されている。「論行政復議聯弁制度的実用性」
http://sxfzb.gov.cn/Article/ShowArticle.asp?ArticleID=1595

[17] 海南省人民政府「行政不服審査体制メカニズムの更なる刷新と行政不服審査能力の構築強化に関する意見」（2011年）では，「如何なる口実によっても受理を拒絶してはならない」として「積極・主体的な行政不服事件受理」が強調される。

従来の条例では，調停等は認められないということが当然視されていたのであり[18]，明確にそれが認められると宣言していない法の下で，調停や和解の合法性が当然のように認められるとするのは如何にも無理がある。

　さらに，法では明確に書面審査の原則がとられ，必要な場合に調査を行うことが「できる」とのみ規定する。このため，実際の審理は往々にして，審査機構が申立に関する文書・資料を被申立機関に送り，答弁書や根拠資料等を受け取って，それに基づいて裁決文書を作成し，責任者・上層部の決裁を経て終了，というだけのものになり，言うところの公開原則とのかい離は甚だしい。この点，実施条例では「重大，複雑な事件」については必要に応じて「聴聞の方式での審査を行うことができる」としているが（33条），「重大」「複雑」にまで至っても，聴聞を行うかどうかはなお裁量に委ねられる，という規定方式に，公開という原則は微塵も感じられない。

　考えてみると，上記の各原則には，例えば「公正」と「迅速」，そして「便宜」と「合法」というように，一方を重視することが他方の軽視につながるという関係にあるものが少なくない。このように共生・調整の困難な理想的目的を，条文上で無造作に羅列して良しとしていることには，そもそも規定でそれを具体化する意思がないのではないか，という疑問が生じてくる。

　そして，これまで述べてきたように，地位・等級も低く人員の確保すらままならない審査機構が，抽象的な概念への該当性を判断して受理の可否を決し，合法性だけでなく相当性についても判断して裁決を起草し，または調停を主催し和解を勧め，関連行政機関に勧告・建議を行うとともに，提訴された場合の訴訟対応まで担当する，という規定構造は，上記原則と実際とのかい離を一層高めることとなるのである。

2　運用の現実

(1) 申立の少なさ

　運用に見られる問題として，しばしば申立数が非常に少ないという点が指

---

[18] 王連昌編『行政法学』（中国政法大学出版社，1993年）276頁参照。

摘される。統計によれば，中国での行政不服の件数はおおむね8万件程度とされている[19]。これは人口当りで言えば日本の3〜4分の1程度ということになる[20]。但し，中国でこの数値が非常に少ないと感じられる理由については，さらに以下の事情を知っておく必要があるだろう。

一つは，中国における行政訴訟の件数である。中国における行政訴訟の一審受理件数は例年10万件を超えており，直近の2011年にはほぼ13万件にまで達している[21]。これとの比率で考えると，日本における行政不服申立の多さ（訴訟の10倍以上）に比して，中国における少なさ（訴訟の5分の4またはそれ以下）は一層際立つものと言える。

次に，中国における行政苦情・行政関連陳情の凄まじい量である。これは「信訪」と称され，法規が制定され，要件・手続・効果などが定められているが，そこでは例年，全国で1000万件を超える申立がなされていると言われる[22]。そして，一般にそこで申立てられている苦情・陳情には，行政不服審査の対象となるものが多く含まれているとされており，人々が行政不服審査よりも苦情・陳情を選択している，という状況が強く問題視されていたのである[23]。

この苦情・陳情の件数に明確に表れているように，中国では一般に，問題・紛争についてはまず政府に解決を求めるという発想が強く，裁判所は政府の言いなりで政府相手では勝ち目がなく，もし勝訴判決をもらっても執行ができずに何も得られない，との意識が強いとされる。加えて裁判は金がか

---

19) 唐璨・前掲注12）・33頁など。
20) 日本の行政不服審査の件数については，行政不服審査制度研究会『行政不服審査制度研究報告』（2006年3月）2頁参照。
21) 最高人民法院の発表による。http://www.court.gov.cn/qwfb/sfsj/201103/t20110324 19084.htm
22) 沈福俊「行政復議委員会体制的実践与制度構建」『政治与法律』2011年9期74頁注6。
23) 例えば，黒竜江省寧安市政府の法制弁公室による文書「県級行政復議制度実施現状与対策」http://bsfzb.cbs.gov.cn/cmsweb/webportal/W4711/A103651.html は，「行政不服審査の維持率が高すぎるため，人々はもう一つの救済の道――陳情を選ぶ」として，行政不服審査の改善による「社会矛盾と陳情圧力の減少」が必要であるとする。

かるが苦情・陳情なら金はかからない，という事情（認識）も相まって，人々はとにもかくにも政府（とりわけ上級政府）から直接解決を得ようとするのである[24]。

このような点から考えれば，無料で上級機関に解決を求めることのできる行政不服の申立が，陳情・苦情はともかく，行政訴訟の件数よりも少ない，ということは，行政不服審査の不活性状況がその数字よりはるかに憂慮すべきものであることを示すもの，と言えるのである。

(2) 維持率の読み方（効果への疑義）

このような行政不服審査の現状評価に比して，意外なのは処分等の維持率（申立ての棄却率）についての指摘である。一般に，行政不服審査の現状を批判する記述では，原処分等が維持される率が高すぎる，ということが必ずと言っていいほど問題にされている。とはいえ，維持率がおおむね50％にも達している，として批判されるその数字からは，維持率の高さよりも，むしろその他の結果がかなり多いようにも感じられる[25]。

しかし，この数字を見る際には，いくつかの点に留意しなければならない。まず，個別の申立人への働きかけを行って調停または和解をすることにより申立てが取下げられる場合などでは，維持率が相対的に下がることになる。また実質的には事情裁決にすぎない違法確認やわずかな変更，そして申請に対する不作為について何らかの対応をするよう命ずるだけの職責履行命令など，申立人が実際に求めることが全く実現しない類の裁決もまた，結果的に維持率を引下げることとなる。

更により重要な点として，維持や取消などが主にどのような具体的行政行為について行われているか，という問題がある。蓋し，法では申立の対象が広くとられ，受益的行為の申請却下や不作為から，財産の制限・没収そして身体の長期拘束まで，幅広いものが含まれるからである。情報公開請求却下

---

24) 以上の指摘については，本書第7章「『信訪』の二面性 —— 制度と現実が示すもの ——」を参照されたい。
25) 周麗「改革行政復議制度的幾点思考」『青島科技大学学報（社会科学版）』2010年12月97頁など。

処分が維持されるのと，3年の強制収容・労働決定が維持されるのとでは，問題の重大性が全く異なる。

　この点，警察の行政処罰等に対する行政不服など，申立人の権利・自由に係る重大な問題で維持率が格段に高くなっていることを示す資料が見られており[26]，問題は維持率の高さというよりも，申立人の切実な利益に係る具体的行政行為の取消・変更率の低さ，という点にあるように思われる。そのような数値の低さは，正に人々の意識に強く影響することとなるだろう。

(3) 公信力のなさ

　このような運用の現状から，一般に，行政不服審査制度には「公信力」がない，すなわち人々が同制度に信頼を置いていない，ということが，中国における行政不服審査制度の最大の問題として従来から強く意識されている[27]。そこでは官のかばい合いや裏取引といったイメージが作用していることも否定できないが，上述のような規定上の問題も，人々の意識に少なからず影響を与えていると思われる。総じて，内部審査・自己審査では，公正な審査，人民の立場に立った審査がなされないのではないか，との認識が広く見られているのである[28]。

　もちろん，行政不服審査が行政自身による再審査という制度である以上，内部審査・自己審査という批判はある意味的外れというべき面もある。とはいえ，各級政府及び部局がいずれも国家機関として上級からの指導・監督を受ける（逆に，下級は上級に報告・指示願いを行う）という構造の下，内部規則と内部統制を駆使し，併せてそれを担保する責任追及制度をも活用して統率が図られている現状に鑑みれば，内部・自己審査の問題性は格段に高いも

---

26) 2006年から2008年までの山東省公安部門の統計に基づき，同省管轄の公安部門が処理した行政不服審査全体における取消，違法確認，変更及び職責履行命令の率は，合計してもわずか3％程度に過ぎない，とするものが見られる。劉鶴「公安行政復議制度発展綜述与前瞻」『上海公安高等専科学校学報』2010年2期76頁。
27) 行政不服委員会制度の試行根拠文書となった国務院法制弁公室の「一部の省・直轄市で行政不服委員会の試行を展開することに関する通知」は冒頭で，「行政不服制度の公信力の増強」を目的に掲げている。
28) 傳思明・前掲注3・230頁参照。

の，ということもできる。

　いずれにせよ，審査が内部・自己審査に止まる，という事実が，行政不服審査に対する信頼のなさの主要な原因である，ということは明らかである。それは，審査の公正そして人民のための便宜という目的を疑わせ，申立件数の伸び悩みという効果を生む。公正と第三者性を標榜する「行政不服審査委員会」（以下，「委員会」とすることがある）が全国で試行されるに至ったのは，まさにこのような事情（または認識）の改善を目指してのことであったのである。

第3節　改革の現状と課題

1　改革の概況
(1) 導入の経緯

　行政不服審査制度の改革については，2006年9月に，共産党中央弁公室が国務院弁公室との連名で「行政紛争の予防・解消及び行政紛争解決メカニズムの改善に関する意見」を出し，行政不服審査業務についての新しい方式・施策の探求が強調され，さらに同年10月の共産党第16期中央委員会第6回全体会議による「社会主義調和社会の建設に関する若干の問題に関する決定」で，行政不服審査制度の改善が明確に書き込まれることとなり，党のお墨付きを得て，制度改革が加速することとなっている。

　これらのいわば政治的な方針決定によりつつ，2006年12月に開かれた国務院の全国行政不服審査業務会議では，改革の具体的な形として「行政不服審査委員会の試行」が示されることとなった。それを受けて，まず2007年に北京市で行政不服審査委員会の試行が始まり，その後2008年国務院法制弁公室の「一部の省，直轄市において行政不服審査委員会試験活動を展開することに関する通知」（以下「通知」とする）によって，全国の8つの省・直轄市が試行地点として認められるとともに，条件の整った他の省・管轄市・自治区等も同様の活動を行っていくこととされた。直近の資料では，2011年末までに，19の省・直轄市・自治区で，同管轄下の下級人民政府及び部局を含め，少なくとも108の機関で行政不服審査委員会制度の試行が行われ

ている，とされている[29]。

(2) 改革の目的と手段

　行政不服審査委員会を中心とする制度改革は，上記各文書及び各地の試行に関する文書を根拠として展開されている。これらの文書を見ると，そこではいずれも「紛争の解消」（原語は「化解」）が繰り返し強調されていることがわかる。それは正に2007年の実施条例が第1条で示す目的そのものであるが，行政不服審査委員会の導入に関する文書においてもその傾向が見られ，例えば2011年末の国務院法制弁公室による「行政不服審査業務の規律の建設に関する実施意見」では，意見の冒頭「重要な意義」の1番目に「行政紛争の解消」が掲げられている。各地の規定は一層顕著であり，例えば海南省人民政府の「行政不服審査体制メカニズムの更なる刷新と行政不服審査能力の構築強化に関する意見」（2011年3月）などは，2000字足らずの文書中で，「紛争（矛盾）の解消」「紛争を鎮め事件を終結させる」といった文言が12回も繰り返されている。

　ただ，これらの文書をよく見ると，紛争の解消はそれ自体ある意味で手段であり，その究極の目的は（社会主義）調和社会の維持（建設）にある，ということがわかる。上記いずれの文書も，行政紛争やその背後にある社会矛盾の解消によって調和社会を実現する，という構造を持つものであるが，これはその他の文書・規定にも共通して見られるものとなっている。

　この「調和社会」（原語は『和諧社会』）というフレーズは，昨今共産党中央が一貫して提唱するスローガンであり，これが法規・文書で繰り返されるのはごくありふれたことではある。ただ，こと行政不服審査制度について言えば，法の規定する理念の中心としての位置づけが顕著である。

　これに対し，制度改革の具体的な施策・手段については，行政不服審査の低調・不人気の解消が直接問われることになる。このような意識は関連の規定・文書にも明らかである。初めて行政不服審査委員会の試験的導入を正式に規定した上記通知でも，まず冒頭で「行政紛争の解消」による「調和社会

---

[29] 法制日報記事「行政復議委員会試点拡大至全国19省市区108個単位」http://www.qhfzb.gov.cn/html/387/260087.html

の建設」を謳った上で，そのためには「行政不服審査業務の質・効率を高める」ことが肝要であるとされ，そのために「識者・学者が参加する行政不服業務メカニズムの構築を探求」し，以てその「権威と公信力」を高めることが必要である，と再三強調されている。

　これらの規定に明確なように，委員会制度の試行において，まずは権威と公信力を高めるような業務の質及び効率の向上がなされたか，という点が問われることとなり，その重点は公正と第三者性ということになる。以下本稿では，筆者が上海市の委員会について行った調査を中心に，その他の地域の試行についても若干検討することで，全体の傾向についての大まかな見取り図を示したいと考える。

2　上海市行政不服審査委員会の調査
(1) 制度の概要

　上海市は，各地での行政不服審査委員会の試行開始から少し遅れて，2011年9月30日に市人民政府の「行政不服審査委員会の設立に関する決定（以下「決定」とする）により，制度を導入することとなっている。同市法制弁公室での聞き取りでは，同市でこの時期に委員会が導入されたことには，他地域である程度経験が蓄積されているという後進のメリットを利用しつつ，立法が近づく中で，法的資質と処理能力の高い同市で，実現可能性の高い制度を模索するという意味がある，とのことであった。

　制度上は，上記の決定，そして同時に出された「行政不服審査委員会試行地点業務の展開に関する意見」（以下「意見」とする）に方針が示され，その後やはり市人民政府による「行政不服審査委員会規定」及び「行政不服審査委員会業務規則」（以下「規定」，「規則」とする）によって運営上の細則が定められている。以下では，これらの内容を参照しつつ，先行する各地の試行との相違点を概観しておきたい。

① 制度の目的　決定，意見いずれにおいても，「行政紛争の解決，社会矛盾の解消と社会の安定の維持」という目的が強調されている。これは国務院及び先行する各試行地域の文書と同様であるが，上海市の規定には「調和社会」の文言が見当たらなかった。これは上海市と他地域の政治的なスタン

スの違いを反映するようにも思われるが，「公開，公平，公正な審理を確保」し，以て「公信力を増強する」（意見一，）とされるなど，基本的な原則において他地域とさほど異なるわけではない。

② 委員会の位置づけ　委員会の位置づけに関して，先行する試行地域の状況を見ると，これを人民政府に直接属する地位に置くものと，政府の部局の下に置くものに大きく分けられる。さらに前者には，政府内の各部局は依然審査機関として，従来通り不服申立を受けて自ら審査・裁決するものと，従来の審査機関に対する不服申立も人民政府が一括して受けて，委員会での審理に一元化するものとが見られていた[30]。

上海市では，まず市政府の下に委員会を置き，今後区政府（県レベル）にも順次委員会を置いて，各部局への申立については当面従来の審査機構が処理を行うこととした。但し，各部局についても，可能なところについては部局内に委員会を設置していく，としている（意見二，）。

③ 委員の構成　委員会の構成については，根拠文書で「社会の識者・学者の参加」（通知四の第二）が強調されたこともあり，各地の試行では一定数の外部委員を置くところが多いように思われる。とはいえ，外部委員が全体の2割程度しかいない地域や，人民代表（議員）など他の国家機関の関係者を「社会人士」に含めているところ，さらには中央省庁など外部委員を全く含まない例も見られていた[31]。

これに対して，上海市では，外部委員制度を導入するだけでなく，その実際の機能・効果に配慮が見られる。2012年2月末段階の委員会構成人員リ

---

[30] 国務院法制弁公室HP掲載の2011年行政不服審査年度業務会議における同室副主任の講話では，審査機関の人民政府への「全部または部分的集中」が「未来の発展方向」とされる。http://www.chinalaw.gov.cn/articl/xzfy/wjjh/ldih/201201/20120100359445.shtml

[31] 青海省省都の西寧市が2011年11月に公布した委員リストでは，17名のうち外部委員はわずか4名であった（「西寧市人民政府行政不服審査委員会成立に関する通知」）。また国土資源省弁公庁の「行政不服審査委員会構成人員の「調整に関する通知」（2009年4月）によれば，18名の委員は全て同省の人員である。なお議員を外部人員たる「社会人士」とする例としては，黒竜江省人民政府行政不服審査委員会など。『法制日報』記事「黒竜江創新行政復議方式力克"官官相護"集中受理　集中審査　集中決定」http://www.njzffz.gov.cn/co19/co118/articleinfo.php?infoid=14080

ストによれば，全委員 48 名のうち少なくとも 25 名が外部委員（労働組合副主席など党・政府に近い筋を除く）であり，全体の半数を超えている。その大部分は行政法学や民法学などの研究者であるが，行政機関の法執行や訴訟の現状に厳しい発言を行っている人物も見られ，また江蘇省，浙江省の著名な法学者，さらには行政法学の権威とされる北京大学の姜明安も名を連ねるなど，所属・立場・地域という様々な意味で外部性の確保を意識した構成となっている。

　委員の構成でより重要なのは，個別の事件審理を担当する委員の構成である。各地の試行を見ると，上記のような外部委員重視の程度に応じて，その人数及び構成は様々であるが，上海市では，個別の「事件審理会議」を構成する委員数は「5 から 9 人の単数とし，非常任委員（注；外部委員のこと）が半数以上でなければならない」（規定 6 条）と明確に規定しており，外部委員の判断が個別の事件処理においても決定的な役割を果たすよう配慮されている。

　なお，一回ごとの事件審理を担当する委員の選択については，回避の制度を設けているところは見られるものの，当事者が担当委員を選択または指定できる，という規定は，2011 年に北京市石景山区で初めて導入されるまで，他の試行地域ではほとんど見られなかった[32]。上海市でも，回避については規定するものの（規定 8 条），審理を担当する委員の選任については，「市政府法制弁公室が審理事項と委員の専門・適性に合せて選定する」と規定するのみである（規則 14 条）。

④　事務処理と審査対象　　従来，受理から裁決の起草までほとんどの部分は，審査機構，すなわち政府の法制弁公室や各部局の法務セクションにより

---

[32] これは，規定上書面審査が原則とされ，聴聞は例外的に行われるため，申立人が審理担当者・委員の選択を行う機会がそもそもない，ということに由来する面もある。実際に，上記石景山区は，「公開審理」の導入に伴って申立人に選択権を付与している。但し同区の試行では，申立人に与えられる委員選択権は 1 人のみであり，委員会がさらに非常任委員 1 名を指定し，行政機関の事件担当者 2 名とともに審査を行うため，外部委員の数が内部委員より多くなることはない。『人民日報』記事「19 省份 108 単位設行政復議委員会杜絶官官相護」http://www.chinanews.com/fz/2012/03-28/3779138.shtml 参照。

行うこととされていた。委員会導入後もこの構造に変化はなく，各試行地域いずれも，従来の審査機構が事務局として，日常業務全般を処理することとなっている。

そして，各試行地域において，基本的な業務はすべて従来の審査機構（法務セクション）が担当する，という点は概ね共通で，委員会が重大事案など一部事件について実質的審理を行うか，またはすべての事件について裁決案の審査・承認のみを行うか，という点に違いが見られていた[33]。それが重大事案にあたるかどうかという判断についても，現実的に考えれば事務局が行うこととなろう[34]。

これは上海市でも概ね同様で，市法制弁公室が日常業務一般を担当し，委員会は，法制弁公室内で処理に議論のある事件や，重大な公益に係るかまたは社会的影響の大きい事件，そして法制弁公室上層部が委員会での審理が必要であると考える事件等の審理を行うこととされている（規則11条）。また委員会担当事件については，法制弁公室の担当者が，主要事実や関連証拠，そして問題の所在などについて資料を整理して委員会に提出し説明を行うこととされている（規則22条）。

但し，上海市の制度では，委員会担当事件について，法制弁公室は裁決の起草どころか処理意見の提案も行わず，実質的な部分は全て，外部委員が多数を構成する事件審理会議が決定することとされており，裁決が実質的に委員会に委ねられる規定となっている。

⑤　裁決と審査の効力　「試行」は現行法に従うことを前提としていることから，委員会制度を導入した地域ではいずれも，委員会ではなく各級人民政府または各部局が，自らの名義で裁決を発することとしているようであ

---

[33] 委員会処理事件に重大・困難等の要件があるところが圧倒的に多いように見えるが，黒竜江省などでは「行政不服審査の決定権は統一して行政不服審査委員会が行使することとした」とされる。国務院法制弁公室HP・前掲注14）。

[34] 規定上は，委員会が事件審理会議での審理が必要であると考える場合に委員会で審理を行う，とするものがある（上海市の規則11条1項6号など）。しかし，事務局が受理や初期審査など一連の業務全般を行うため，その提案や諮問なしに委員会が直接審理の必要を察知することは考えにくい。

る。これは上海市でも同様であり，裁決は市政府の名義で出される，と規定されている（規則28条）。

なお，上海市の規定では，事件審理会議の議決を経た審議意見の「基礎の上で」，法制弁公室が審議報告を作成し，それが主任委員（副市長）の決裁を経て市政府名義で裁決として出されることになっている（規則26条〜28条）。この規定からは，審議意見と裁決は一致するのか，また一致しない場合どのような処理が行われるのか（再審理か，法制弁公室または主任委員による判断か），そしてそれについて委員会及び申立人にどのような説明が行われるのかはわからない。これに対し，各地の規定を見ると，委員会主任（一般に副市長など）が必要と考えるときは，市上層部などの審議にかけ，その決定により裁決する，というものも見られている[35]。

(2) 聞き取り調査から

このような上海市の制度について，その運用の実際を知るため，2011年3月下旬に，同市の法制弁公室の担当部門と，行政不服審査委員若干名，そして行政事件に詳しい弁護士に話を伺った。その概要は以下のとおりである。

① 行政不服審査部門　　上海市法制弁公室の行政法制研究所で行ったインタビューでは，委員会の実質的責任者である法制弁公室副主任の劉平氏，同室行政不服審査処処長の劉建平氏，そして副処長の趙徳関氏から，制度の説明と質問への回答を得た[36]。なお，インタビューの実現にご尽力頂いた上海交通大学の朱芒教授も同席し，理論的な視点からご発言頂いた。

制度説明は概ね上記の通りであったので，主に質問への回答について述べると，まず行政不服審査の現状について，上海市の一つの区だけでも多いところでは年に200件を超える申立があり，市全体では例年3000件を超える

---

[35] ハルビン市「行政不服審査規定」55条，鶴崗市（黒竜江省）「行政不服審査委員会前提業務規則」18条など。
[36] 上述のように主任は副市長，常務副主任は市政府の秘書長と法制弁公室主任であり，実際の事件処理には関わっていないようであるが，劉副主任は全体的運営だけでなく，実際の事件処理にも事件審理会議の一員として参加している。

申立がある[37]。「言いにくい話」として，実は昨年の申立のうち1000件余りが同一人物によるもので，内部では「プロフェッショナル」などと称されている，との話もあった。

次に，日常事務を担当する法制弁公室の構成について，上海市では不服申立が非常に多いので，区・県にも法制弁公室が設置され，審査機構として一連の処理を行っている。市の法制弁公室については，採用・配属の際に法学の教育を受けていることが重視され（必要要件ではない），実際に多くが法学の修士号以上を有しており，弁護士資格を有する者もいる，とのことであった（趙副処長も裁判官出身である）。

同室の業務としては，まず市政府に対する申立ての受理を行い，要件が不備であれば補正するよう求める。要件を満たす申立については担当者を定め，申立人及び行為機関から資料・証拠などの提出を求めるなどして審理を行う。事実または法律的に大きな問題がないと思われるときは担当者が裁決文まで作成し，部署責任者及び上級管理層の決裁によって処理されるが，内部で意見が分れたり，事件が重大であると思われるとき，また管理層が必要であると考えるときなどに，事件が委員会にかけられることとなる。その際は，担当者が予備審査意見を作成し，関連資料と共に，事件審理会議の一週間前までに担当委員に送付する。なお後に訴訟になった時には，その対応も同担当者が中心になって行う，とのことであった。

申立及び処理の現状については，試行の開始後2か月余りで200件足らずの申立があり，増加傾向が見られている[38]。既に3件の事件が委員会で処理されており（具体的な内容については教えてもらえなかった），申立人の希望に沿う結果（賠償を得た），調停による解決，そして維持（棄却）という異なる結果が出ている。事件の種類と難しさに応じて，5人から9人の委員が担当したが，いずれにおいても，外部委員が内部委員よりも多い構成となっていた。調停で解決した事件は，意見が割れて，最終的に副主任が調停勧試を提

---

[37] 2010年度の統計によれば，審査機関は市政府と区・県政府がいずれも700件ほどで，市・区・県の各部局が2000件ほど，とされていた。
[38] 但し，ほとんどの事件は委員会ではなく法制弁公室の担当者による処理となる。

案し，それで解決を見たものであるが，そこでは内部 vs. 外部という構図は見られず，維持（棄却）と取消（変更）の双方に外部委員も内部委員も含まれていた，とのことである[39]。

　聴聞については，担当委員が必要と考えるとき事件審理会議でこれを行い，担当委員が直接質問をする。聴聞は非公開とされる。上述の事件のうち，調停で解決した事件（土地収用関連）では，双方が在席する形で聴聞が行われたが，当事者間のやり取りはなされず，委員が質問して一方当事者が答える，という形式になっていた，とのことである。

　弁公室の担当者の感覚では，申立人はおおむね熱心かつ丁寧で，問題の解決のために協力的であるが，行為機関（とりわけ直接の担当者）の姿勢は頑ななものが目立ち，非協力的な部局もあるとのことであった。

　全体のインタビューを通じて，先行する各試行を踏まえて制度・運用がブラッシュアップされている，ということと，少なくとも在席した担当者には行政サービスという意識が浸透している，との感触を受けた。また，在席の担当者は，多数決を経た審議意見は当然そのまま裁決となる，という認識を持っており，外部性による公正確保という制度目的の浸透が感じられた。ただ，申立総数に対する委員会担当事件の少なさという点では，本制度改革の実効性に疑問が残るようにも思われた。

② 行政不服審査委員　　委員へのインタビューは，特に学者の外部委員二人に対して行った（なお，上記法制弁公室の方々はいずれも内部委員である）。

　そのインタビューで一つ驚いたのは，一人の委員は既に複数の事件の審理を担当していたが，もう一人の委員は事件が審理されたことすら知らなかった，ということである。これは事件の種類に合わせて担当委員が選任されるという事情によるところが大きく，また全体会議が年に1，2回しか行われないという原因もあるが，委員の負担に偏りが生じていること，そして委員会内部での情報共有と委員全体の積極的関与が不足しているのではないか，

---

[39] 委員の構成について，全体48名のうち32名が外部である，との説明を受けた。この説明からすると，政府に近い「社会団体」や政府系シンクタンク等も外部と認識されている，ということがわかる。

という点で懸念が残った。

　事件を担当した委員によると，1件は住宅購入のための公的積立金が知らぬ間に引き出されていたという事件，もう1件は精神病鑑定の取消を求める事件（司法鑑定センターによるもの）ということであり，前者では被申立人に賠償を命じ，後者は司法管轄事項のため行政不服対象外であるとして却下された，ということであった。この内容はおおむね法制弁公室での聞き取りと合致するが，同委員は，前者の事件処理において11人の事件審理会議が形成されたと述べており，この点は若干異なっていた。

　また前者においては，政府の管理する住宅積立金を何者かが引き出したことは確かであるが，そこで政府の責任が問えるか（引き出した者は本人の身分証や積立金の証書など持参していた），ということが争われていた。この点，本件には具体的行政行為というべきものがなく，そもそも行政不服審査の申立対象に当らないのではなか，と思われたが，同委員によれば，このような事件は一般に行政不服審査の対象となる，とのことであった。法制弁公室と同様，この仕組みで事実が明らかになり解決が可能なものについては処理して良いのではないか，という意識があるように思われる。とはいえ，何らかの意味で行政が介在している事件はすべて行政不服の対象になる，とするのは，対象を具体的行政行為とする現行法の規定に反しないのだろうか，という疑問が残った。

③　行政事件に詳しい弁護士　　上記のインタビューとは少しニュアンスが異なっていたのが，行政事件に詳しい弁護士の回答である。同弁護士は，法律援助制度[40]を通じていくつかの行政訴訟に携わっており，また自ら所謂公益訴訟[41]を提起して，しばしば行政の不当・違法を問うている。同氏によれば，望ましい結果が出る蓋然性が高くはないが，行政機関が上下構造で強い監督・命令関係にあることや，行為機関に事実・証拠が集まっていること，

---

40) 経済的に困窮した者が刑事事件などで弁護士に依頼することができる制度。民事・行政については国賠や生活保護申請など，事件の種類に制限がある。
41) 中国の『公益訴訟』の現状及び理論については，櫻井次郎「中国における環境法の執行と司法の役割」89頁以下（北川秀樹編『中国の環境法政策とガバナンス』（晃洋書房，2012年）に詳しい。

そしてその後の訴訟の便宜のためにも，不服審査が可能な場合は積極的に行う，とのことであり，申立先も同級政府より上級の部局を選ぶ，としていた[42]。

訴訟の準備という意味では，一般に具体的行政行為により不利益を受けたとき，その根拠たる法的文書が何かすらわからないことが多いので，その点を明らかにするために情報公開請求を行う，とのことであった。結果として，訴訟も含めて主張が認められることは少ないが，このような経過の中で関連部局から譲歩が得られ，一定の解決が得られることもある，とのことで，そこには行政不服申立の異なる効果が見出される。

なお，委員会制度について，同弁護士は曖昧な認識しかもっていないようであり，既に事件処理がなされ，外部委員も一定の役割を果たしている，という事情についてほとんど知らなかった。その点について尋ねると，外部委員の存在には期待したいが，同制度の導入により行政側の姿勢が大きく変わるとは思えない，とのことであった。

弁護士へのインタビューで感じられたのは（普遍的に言えるかはともかく），行政不服審査制度には言われているほどの不信感はなく，そこで問題が解決すると思ってはいないものの，解決に至るための一ステップとして有効なものと考えられている，ということである。また，行政不服審査と一概に捉えるのではなく，土地収用や公共工事など問題の種類・位置づけにより異なる認識が見られる。さらに，情報公開請求と組み合わせて，様々な目的で活発に用いられているとの印象も受けた。

ただ，委員会制度導入については，今後の状況によって認識の変化が生じてくる可能性はあるが，少なくとも現時点ではあまり評価を受けていないように感じられた。これは学者（委員）や行政担当者から受けた印象とは大きく異なるところであり，実際に当事者側の立場で行政不服審査制度を利用す

---

42) これについては，より積極的な肯定意見も目立つ。例えば，土地収用事件等に積極的に関っている弁護士の王才亮は，行政不服は他の選びうる手段と比べて公正で業務効率も高いので，できるだけ行政不服による救済を求める，としている。王才亮　王令『房屋徴収与拆遷』（北京大学出版社，2011年）371頁。

る人々の間で公信力を高めるには、なお一層の努力が必要であるように思われる。

3 課題と展望

上述のように、現在中国各地で行政不服審査委員会を中心とした制度改革の試行が行われているのだが、そこからは、制度改革に向けた展望が徐々に形成されるとともに、解決を要する問題も明らかになってきている。以下、これらの問題についての考察を通じて、今後実現するであろう行政不服審査法の改正、ひいては行政紛争解決システム全体について、若干の展望を示してみたい。

(1) 委員会制度の問題点

① 現行法との抵触　現在各地で試行される委員会制度については、試行であるというだけの理由で、法または実施条例等に抵触する処理が公然と導入されている、という批判が多く見られる[43]。

考えてみると、今行われているのは制度改革のための試行であるので、それが現状のやり方と異なるものであることはある意味当然であろう[44]。とはいえ、国務院法制弁公室の試行根拠文書でも、指導原則の第一に「法による実施の原則」が掲げられるように、試行は法の枠内で行うと明言されている（通知三（一））。そのため、それが法の許す範囲内であるかどうかは、やはり問われることになる。

この点、委員会は法または実施条例の規定する審査機関でも審査機構でもないが、多くの試行地域で委員会は審査意見等の提出を行うに止まり、裁決を行う主体ではない。裁決は依然として従来の審査機関の責任者の決裁を経て、同機関の名義で出されており、少なくともこの点では、法の定める形式

---

43) 呉志紅　蔡鵬「浅議我国行政復議委員会制度改革的困境与出路」『西南政法大学学報』2010年6月57頁、唐璨・前掲注12)・37頁など。
44) 呉志紅・同上・57頁は、「行政不服審査委員会は実質的に『行政不服審査法』及びその実施条例に違反するものであるが、このような違法は実質的に行政不服審査の発展の趨勢を反映するものである」という毛瑋教授（中山大学）の言葉を紹介する（ただ呉自身はこれに同意できない、として批判している）。

に反するものとはなっていない[45]。

　問題なのは，いくつかの地域で，政府と部局の審査機関を一つに統合し，外部委員等を加えて委員会を構成して，そこが受理から（実質的）裁決の起草に至るまで一連の業務を行っていることである。すなわち，法の規定により，地方政府部局の具体的行政行為に対する不服を申し立てる者は，当該部局の上級部局，または当該部局の所属政府のどちらかを審査機関として選択できる，とされているのに，試行地域によっては，申立先を同級政府の委員会に一元化し，上級部局への申立権をはく奪する，という結果になっているのである[46]。

　このように，試行の現状では，違法の疑いのあるやり方も散見され，これに対する批判が多く見られる[47]。ただ考えてみると，歴史上，試行というやり方で明白な違法・違憲の施策を認め，その広がりを見ながら改正を行ってきた中国において[48]，試行の違法性を問題にするのは何か的外れな批判であるようにも思われる。

　ただ，このような批判が展開される点には，立法法で法規のヒエラルキーと制定・改正権者が明確に定められる今日，行政機関が発した文書を根拠

---

45) この点，呉志紅・前掲注43・58頁は，違法の範囲を法の精神や原理にまで広げ，法改正を経ずに，権限機関以外の組織による意見等が尊重される制度を導入することは許されない，との見解を述べる。
46) 黒竜江省，山東省などでこの方式が見られ，従来の行政不服審査機関が「今後は行政不服申立を受理しない」とされる。黒竜江省政府HP「牡丹江市建立市政府行政復議委員会告別"一言堂"」http://www.hlj.gov.cn/zwdt/system/2010/08/26/010094601.shtml
47) 上記の問題については，呉志紅等・前掲注43・58頁が厳しく批判している。但し，北京大学の湛中楽は，上級部局が不服審査機関となることは，客観性，申立の便宜，そして行政のスリム化・効率化の点で問題があるとして，立法論としては申立先を政府に一本化することが望ましいとする。湛中楽『法治国家与行政法治』（中国政法大学出版社，2002年）281頁。これに対し，弁護士等申立てる側には，むしろ上級部局のほうが中立的で，所属政府のほうが身内をかばう傾向が強い，という認識も見られている。王才亮・前掲注42・375頁など。
48) このようなやり方には肯定・否定の激しい議論があった。肯定論として郝鉄川「論良性違憲」『法学研究』1996年4期89頁以下，否定論として童之偉「"良性違憲"不宜肯定」『法学研究』1996年6期19頁以下などがある。

に，立法府の制定した法が実質的に修正されるということは許されない，という意識の高まりを見ることもできる[49]。いずれにしても，試行と現行法との関係については，これを政治の現実としてなし崩し的に正当化するのではなく，理論的に整理し規律する必要があるというべきであろう。

② 目的との乖離　上述のように，委員会制度の導入は，裁決における公正かつ迅速な処理により人民の便宜を実現し，以て人民の行政不服審査制度に対する公信力を高め，最終的に調和と安定を実現する，という目的を掲げるものであった。しかし，試行の現状を見る限り，このような目的の実現を目指して合理的な制度が構築されている，と言えるかは疑問である。

上述のように，国務院の省庁をはじめ，いくつかの委員会には，外部委員が全くいないかまたはごくわずかしかいない，というものが散見される。さらに，担当委員の選択に当事者を関与させるような規定は，北京市石景山区での試行で初めて導入されているが，それ以外に確認することはできなかった。このような現状には，公正を担保する仕組みとしての第三者性という意識が欠落していると言わざるを得ない。

また，委員会の導入は，単に審査プロセスを一つ追加するというだけでなく，当該不服に係る行政行為等に全く関与していない者が，いわば白紙の状態から双方の主張を吟味して公正な結論を出す，という一連の作業をまとめて追加する，ということとなる。しかも，昨今各地で公開主義・直接主義が強調され，従来の書面審査主義原則を改め，委員による当事者への聞き取りや対審構造的な聴聞を行うことが励行されている[50]。これは必然的に，審理を一層長期化させることとなり，行政不服審査の重要な利点である迅速性を害することとなるのである。

この点，国務院法制弁公室の副主任による報告などでは，各試行地域で申立数が爆発的に増加し，積極的に受理を行い，委員会で質の高い審理が行われている，と自画自賛しているが[51]，これらが同時に実現しているとすると，

---

49) 唐璨・前掲注12・37頁など。
50) 前掲注30の国務院法制弁公室HPの講話では，遼寧省政府は受理した申立の96％について聴聞を行ったなどとして，各地での公開の成果が強調されている。

それは必然的に審理の長期化・順番待ちを招くことになり，結果として迅速性そして人民の便宜が害されることとなる。

このように，各地の試行では，その根拠文書においていずれも上記のようなすばらしい目的が白地手形よろしく乱発されるものの，それを如何に実現するか，またそれら相互の関係をどう調整するか，という点への配慮が見られない。

もちろん，総花的に並べられた理想・目的は運用の際の心得・意識として提示されている面も強く，これが実際に運用にあたる担当者らに浸透していれば，それはそれで有用であると言える。とはいえ。これまでそれが実現できていないからこそ，公信力の再構築が叫ばれているのである。理想・目的の再整理と，その実現のための具体的な方途も，今後実現する法改正に求められることとなるだろう。

③　現実的側面　　上述のように，裁決は原則として委員会の審査を経ることとしているところもあるが，件数が非常に少ない下層の政府・部局を除くと，重大・複雑事件など一部の不服の審査のみを行うとしているところが多いように思われる。

思うに，委員会が一般に月に1回または2月に1回程度の開催とされ，さらに外部委員の報酬や費用，また聴聞への参加など日程調整の問題があることからすると，極端に不服申立が少ない地域以外は，委員会審理事件にかなり厳しい制限または要件を設けることは避けられない。しかしそうすると，大半の事件はこれまで通り，行政内部の起案と決裁というやり方で処理されることになり，結局公信力の問題にまたもや頭を悩ませることとなってしまう。

逆に，すべての不服の処理を一応委員会の審査にかける場合には，必要な事項一切を法務セクションに任せ，最終的な承認のみを行うという程度のことしかできなくなる[52]。このようなやり方が，言うところの公正や専門性，

---

51) 同前掲注50。
52) 重慶市の「行政不服審査業務基本規範」21条2項では，行政不服審査委員会試行地域での処理方法について規定し，「行政不服審査の担当人員が行政不服審査事件調査処

そして公信力確保につながるとは思えないが，いずれにしても，委員会が機能するかどうかは，やはり法務セクションの意識や能力次第，ということになる。

また，委員会が公正・公平を期して充実した審理を行うほど，その処理期間は長くなり，処理できる事件が少なくなる，という問題もある。実際に，外部委員の量や質において抜群の陣容を擁する上海市の委員会では，成立後2か月半の間に審理を行ったのはわずか3件（しかも内1件は却下）であった（同時期には200件程度の申立があったとされている）[53]。

現在進められている委員会制度の試行は，外部委員の導入により裁決の公正を確保することで，不人気の行政不服審査制度を活性化することが目指されている。ところが現状では，ほとんどすべての申立が従来通り下級行政セクション（職員）により処理されることになっており，羊頭狗肉の感を禁じ得ない。

このように，委員会制度については，その目的・効果が華々しく賞讃・宣伝されるものの，実際にそれが関与する事件はごくわずかである。本制度が試行されている地域でも，法務セクション（一般に権力・地位が低いとされる）[54]がほぼ全ての部分を担当し，上級責任者が決裁する，という構造に大きな変化はない。これは早晩公信力の離散につながることとなり，現在各地で宣伝される行政不服審査熱も，またぞろうたかたの夢に終わるのではないか，という懸念が，強い既視感を伴って浮かび上がってくるのである。

(2) 陳情・訴訟とのすみわけ

上記各文書に明確に表れているように，近年行政不服審査の活発化が盛んに強調される背景には，全国各地で過激かつ違法な陳情・苦情申立が大量に発生し，それが治安・秩序への脅威となっている，という事実ないし認識が

意見を起草し，行政不服審査機構の責任者の決済を経て行政不服審査委員会で議決する」と定められる。

53) 但し，北京では3年で40数件の審理が行われた，とされており，地域で差が見られている。中国青年報2010年10月2日記事「北京組織専家学者参与行政復議"阻絶"官官相護」。

54) 方軍「我国行政復議組織改革叢議」『法学論壇』2011年5期17頁参照。

ある[55]。

　同制度では，国家機関・公務員等に対する苦情を広く受理して，担当部局に処理を促し，法に基づいて必要な対応を行うこととされ，受理から転送処理，そして結果の通知などについて，各プロセスに処理期間の定めがおかれるとともに，処理の不当や悪影響について上層部に広く責任が追及され，それが共産党の紀律検査システム及び政府の行政監察システムと連動する構造がとられている。この構造に基づく上からの強権発動に期待して，毎年1000万人を越えるとされる陳情者が，中央の指導者に直接訴え出ようと，過激な直訴行為が繰り返されていたのである。

　しかし，まさに業績評価に直結した責任システムのため，各地の政府は必死で陳情を抑え込もうとし，あまつさえ陳情など全く生じていないかのような外見を作り出すことに躍起になり，陳情者に対して激しい暴力や長期の身柄拘束が行われるなど，異常な対応が蔓延していた[56]。

　さて，この陳情制度で提起される苦情には，かなり昔のものや証拠がないものなど，他の紛争解決システムによっては解決が困難なものもあるが，一般に多くの問題は，行政不服審査など他のシステムで処理すべき類のもの，と考えられている。そこで，行政不服審査の活性化によって「大陳情，中訴訟，小不服審査」（大中小は量または人気を指す）とされる現状を逆転させ，過激な直訴行為や政府の違法行為を抑制し，以て秩序の安定を確保することが目指されたのである。

　この意識を反映して，試行の成果に関する記述には，行政不服審査の激増と，それによる陳情の減少を強調するものが多い[57]。しかし，このような成果を担保するための施策は，やはり行政不服審査件数の指標化とそれを用い

---

[55] 以下の記述を含め，中国における陳情については，毛里和子・松戸庸子編「陳情――中国社会の底辺から」（東方書店，2012年）が様々な視点から分析を行っている。うち，法的側面については，同書所収の拙稿「陳情への法的視点――制度の沿革及び規定上の問題点」（第4章）を参照されたい。

[56] このような事情や具体例等については本書第7章を参照されたい。

[57] 『法制日報』「行政復議委員会風生水起"大信訪小複議"格局被打破」http://www.gxgg.gov.cn/news/2011-12/21890.htm 参照。

た業績評価・責任追及である（意見六，16）。これは結局，上からの強力な不服審査推進という要求に応えるため，全ての問題をやみくもに不服審査に回す，というやり方を招くことになる[58]。

　そして問題なのは，この人為的な不服審査の活性化が，かえって同制度の改革を阻害するのではないか，ということである。蓋し，従来陳情で扱われてきた有象無象の問題が行政不服審査に押し付けられれば，結局陳情制度で行われてきたような，過激かつ破壊的な陳情行為と違法な抑圧行為（または懐柔行為）がそのまま行政不服審査に移行しかねないからである。

　中央がある制度を奨励・提唱すると人々は雪崩式にそちらに向かう（または地方の施政者が全てをそちらに放り込む），という現状には，法的・機能的特性ないし目的に基づく適正な制度構築または運用がなされていない（またはそのような意識がない），ということが如実に表れている[59]。行政不服審査制度の公信力の要は，法的なものが法的に正しく処理される，というところにあるはずであり，むやみに陳情の件数と結び付けて論ずる傾向には疑問を覚える。

　翻って，訴訟との関係で見れば，不服審査の対象が訴訟同様具体的行政行為に限定される必然性は乏しく，その点では現在の拡大・柔軟化の傾向は評価できる。ただ，これは地域，部門さらには担当者による裁量を招くことになるが，それは「同案同判」[60]が強調される現状に適さないばかりか，各地

---

[58]『人民日報』・前掲注32では，行政不服審査委員会導入の効果として，河南省鄭州市では1年に11000人が行政不服審査センターを訪れ，黒竜江省では2年で1500件が処理され，貴州省貴陽市では申立てが1070％増加した等々，極端な「行政不服審査業績」が多数紹介されている。また，山西省朔州市では，不服審査の過程で「その他の方法で処理された事件が30件余りに及び，200件余りの苦情・陳情を処理した」とされるなど，制度の区分という意識は全く見られない（劉衛衛「完善行政復議聯弁制度及程序的思考――朔州市人民政府在行政復議体制機制上的探索創新」『政府法制』2010年40頁）。
[59] 程潔「信訪投訴納入行政復議範囲的法理論綱」『江蘇大学学報（社会科学版）』2011年6期77頁は，「信訪と行政不服審査との合理的な区分」について議論の対立が激しく，「未だ全国的範囲で一致した基準が形成されていない」との問題を指摘する。
[60] 同じ事件は同じように処理されなければならない，という意味で，判例制度構築を目指して最近強く主張される。本書第2章「『案例指導』の現状と機能――中国的司法の『権威』と『信頼』」46頁以下。

の政府・部局もみな国家機関として中央の一元的統制に服する中国の制度構造下で許容される状態ではない。

この訴訟・不服審査・陳情の関係も，試行を経た立法において，それぞれの制度の構造と機能に配慮するとともに，現状の認識とそれへの対応を踏まえながら，適宜再構築していかなければならない。

(3) 調和最優先への疑義

上述のように，今次の制度改革の究極の目的は，紛争・衝突の防止または解消，そしてそれによる調和の実現にある。それを意識してか，各地の文書では行政不服の処理における調停や和解が重ねて強調され[61]，試行地域の報告にも，ほとんどの申立が調停または和解による取下で終わったと胸を張るものが散見される[62]。

この点，上述のように制度改革の究極目的は調和社会の実現にあるのだから，試行地域の政府がそれを実現したと胸を張るのは当然である。しかし問題は，究極目的が性急に追求され，それによりその他の目的，とりわけ公正や質の向上，ひいては法による行政の原則に悖り，あまつさえそれを阻害する結果を招いているのではないか，と思われることである。

例えば，各地で出される行政不服審査における調停または和解に係る規定では，問題の拡大を防ぐために何より調停や和解を優先する，という意識が強く押し出され，具体的行政行為の内容とその法的問題，そして調停または和解に適する要件などはないがしろにされる傾向が見られる[63]。

---

[61]「河北衡水市三措併挙給力行政復議」(『政府法制』2011年10期13頁では，「行政不服審査を行うに当たり，全過程において調停を貫徹する」として，事件の登録から審理，そして裁決後も当事者の和解，調停に当たるよう重ねて強調している。

[62] 山東省臨朐県人民政府「立足実際 不断完善 行政復議委員会試点工作遂歩深入」http://www.sd-law.gov.cn/Section/InfoDisplay.aspx?InfoId=7blef195-8cca-4e51-8c30-76df59aaa144 によれば，同県の政府は「矛盾の解消を行政不服審査委員会の試行活動の出発点とし」，試行開始後に受理した事件の87％が調停で処理された，とされる。

[63] 山西省「行政不服審査調停和解弁法」(2009年)と婁底市(湖南省)「行政不服審査調停制度」(2008年)は，いずれも「積極的に」「当事者を誘導して互譲，和解させる」とするが，調停対象事件については，山西省の「弁法」が「行政の自由裁量事件」や「法の規定が不明確」など，法的な処理に適さないものや軽微なものを対象とするのに対し，

また，審査機関・審査機構と検察・裁判所とが行政不服審査の情報共有・処理協力体制を確立し，紛争解決のネットワークを構築することが強調されるなど[64]，第三者性など影も形もないあからさまな一元・一体的調和追求姿勢も見られる。これでは法による行政どころか，司法の公正・中立すら危うくなる。

　またこれとは別に，人民の側にも，主張が容れられなければ過激な暴力行為に訴え，時には役人・政府への強い報復心から爆破や無差別殺人などに走る，といった傾向が見られ，凄惨な事件が近年頻繁に発生している。もちろん多くの場合，その背後には長年にわたる末端政府や地域の実力者による圧制・無法があり，極端な暴力・破壊に訴えざるを得ない人々の悲惨があるのだが，このような行為が交渉と譲歩を引き出す手段として一般に意識されていることも確かである。そして，騒ぎが大きくなったらとりあえず金を与えてうやむやにする，という政府側のやり方が，人民の意識・行動にさらに拍車をかけているようにも思われる[65]。

　近時の儒教ブームや革命烈士に学ぶキャンペーンなど，統治者は思想・精神的支柱を打ち立て，人民に規律正しく行動させることに必死になっている。しかし，調和と安定の強調という現状の下で，施政者自身が則に従い自らを厳しく律する，という点はないがしろにされ，むしろ自らの違法・不当を覆い隠すことが横行しているように思われる。上述の交通整理ともあわ

婁底市の「制度」は「事実と法律適用の争いが大きい事件」や「複雑でどちらも十分に立証できない事件」，さらに「具体的行政行為に瑕疵があるかまたは処罰が不当である事件」など，法的かつ重大な問題をむしろ対象としている。

64)「浙江省工商行政管理局関於貫徹実施行政復議法和行政訴訟情況的報告」『浙江人大（公報版）』2010年3期81頁は，「行政と司法の連動協調メカニズムを打ち立て，行政と司法の良好なインタラクティヴを形成する」として，「情報共有と政策研究を強化することにより，行政紛争を積極的に予防し適切に解消する」ことを通じて，「社会の調和と安定を維持する」としている。

65)「大きく騒げば大きく解決，小さく騒げば小さく解決，騒がなければ未解決」との言葉がしばしば聞かれるように，中国では何事であれ力の関係・せめぎ合いで調整的・政治的に決する傾向が強い。このような様相を示すものとして，拙稿・前掲注22・本書第7章188頁以下など。

せ，合法・公開・公平・公正の原則にのっとり，過度の調和強調を控えて，法的問題は法的に解決していくことが，長期的に見れば統治の安定と社会の「調和」につながるのではないだろうか。

(4) **全体構造からの懸念**

この調和最優先という傾向に明確に表れているように，今次の行政不服審査制度改革は，共産党中央の号令の下で，国務院以下各地の行政機関が党中央の指示実現を目指して試行を行う，という形式をとっている。

もちろん党の号令は，国務院法制弁公室や関係部署，さらには識者・学者等による議論と提案を経て形成されたものであろう。とはいえ，実際に出された根拠規定，そして規定に基づいて下部に出される訓令においては，党中央ひいては党総書記の指示に従って，そのスローガンを「貫徹執行」するため，全体がドラスティックな制度改革を全力で実現する，という様相が鮮明となる[66]。

行政不服審査制度の公信力を高めるために，まずその権威を高めなければならない，という制度改革の意識からすれば，党中央そして党総書記の指示を根拠とすることは理想的であり，またその権威によってこそ大胆な改革も実現することができる，と考えるのも無理はない。この点からすれば，形式上党中央（党総書記）の権威を借りることは妥当な手段といえるだろう。

しかし，このような権威を後ろ盾とすることにより，改革は非常に不安定な地位におかれることになる。蓋し，党中央の方針が変われば改革の方針も変わることになり，突然改革自体が否定されることすら容易に生じうるからである。さらに，試行地域では党中央の方針の統一的かつ確実な実現を目指し，委員会制度の上にさらに「指導小組」を置いて，その運営を指導・監督する，というやり方が見られる[67]。この指導小組は地域の党の指導部と行政

---

[66] 前掲注30の「講話」は正に「胡錦濤総書記の重要講話の精神を真剣に貫徹」せよ，と題するもので，「各級行政不服機構は政治的責任感と歴史的使命感を強化し」，「三つの至上」など胡総書記が掲げたスローガンの下で「懸命に貢献する」よう重ねて述べている。

[67] 延安市政府弁公室の「行政不服審査委員会試行活動指導小組の成立に関する通知」（2011年7月）など。同文書で組長として掲げられた人物の肩書は「市党委員会常務委

機関の長により構成されるもので，要するに，党・政府が一体となって委員会の運営を指導する，という構造になっているのである。

昨今はやはり党総書記の言葉として，「三つの至上」（党の指導，人民の利益，そして法治がいずれも至上とされる）が各所で提唱され，最高人民法院院長もことあるごとにその「貫徹」を訓示している[68]。この事実にも明確に表れているように，立法・行政だけでなく司法までもが，政治的理念を業務遂行上の絶対の目標に据えている。そこでは，公正，公開そして合法といった諸目的も絶対目標に沿って変容を余儀なくされ，絶対目標に適合的なものにすり替えられていく。この構造の下で遂行される行政不服審査制度改革が，真に人民の便宜にかなうものとなり，その公信力を勝ち取ることができるのか，疑問に思わざるを得ないが，そのような問いは，少なくとも参照できた議論の中には見出されなかった。

おわりに

現在各地で展開されている行政不服審査委員会を主とした制度改革は，いずれも試行という位置づけであって，それは，近い将来に予定される行政不服審査法改正への準備であるに過ぎない。上述のように，いくつかの地域では法的に問題のある規定も見られるが，立法の際にはそのような点が考慮されるであろうし，少なくとも現行法との関係では，改正によりその問題は消失することとなる。

とはいえ，試行の中に現れた諸特徴は，委員会制度及び行政不服審査制度の限界とその改善のための課題を明らかにするとともに，同制度の運用を阻害する様々な環境・構造的要因を，期せずして顕にすることとなった。これらを見る限り，立法により公正・公開そして第三者性の拡充した規定が整備

員」である。
68) 2008年8月26日の大法官「大学習，大討論」研究会での最高法院の王勝俊院長の重要講話を紹介する人民法院報の記事では，3000字ほどの文章に「三つの至上」が17回繰り返されている。「始終堅持"三個至上"実現人民法院工作指導思想的与時倶進」http://old.chinacourt.org/public/detail.php?id=318790

されたとしても、その規定が十全に機能すると信じることは難しい。

　ただ、委員会制度が各地で導入されたという事実は、それ自体、制度を取り巻く環境を大きく変化させている。国務院法制弁公室の報告によれば、同委員会の試行が行われている地域において、行政不服の申立数が急増しただけでなく、取消や変更を命ずる率も格段に上がった、とされている。また、受理や処理期間などについても、各地で法の規定を遵守する傾向が高まったとの指摘も散見されている。

　そして、今回の調査でも強く感じられたことであるが、改革に伴い、行政不服審査を担当する公務員の意識や業務水準に高まりが見られる、ということこそが、行政不服審査の今後の発展を示す大きな要素である。上述のように、制度改革の成功は審査機構たる各法務セクションにかかっており、その意識と能力に向上が見られることは、同制度の可能性を大いに期待させるファクターであると言えよう。

　もちろん、今回の調査は中国でも突出して先進的かつ開放的というべき上海市で行ったものであり、これが他の都市や農村部にそのまま妥当するものではないが、情報と人々の移動速度および頻度が急激に高まった現在、行政の運営の方法や発想など、ソフト面の広がりにも期待ができるだろう。筆者としても、同制度の改善と拡大の一助となるよう、今後もできる限りコミットしていきたいと思っている。

第9章 「中国夢」的「一国二制度」
——香港の「宣誓風波」事件をめぐって

はじめに

　2016年秋に香港で生じた「宣誓風波」[1]は，そこで行われた基本法解釈と，それに基づく議員資格はく奪の広がりなどにより，香港の「一国二制度」のあり方，とりわけ「一国」と「二制度」との関係に新しい局面をもたらすとともに，国内外を含む各方面に大きな影響を与えることとなっている。本稿では，この事件において行われた基本法解釈を題材に，香港特別行政区基本法[2]が示す「高度な自治」など関連する規定内容と実際の運用について検討するとともに，そこで示された深層の問題について考えることを通じて，一国二制度の今後について展望してみたい。

第1節　事件の概要

　同事件は，2016年9月に投開票された香港立法会（議会）選挙で当選した「本土派」（本土とは香港を指す）の議員（2人）が，就任宣誓において"Hong Kong is not China"と書かれた横断幕のような物を身にまとい（または宣誓

---

1) 香港での呼称。一般に本件議員就任宣誓無効・資格喪失事件及びそれに関係または派生する一連の出来事を指す（以下「本件」などとすることがある）。その経緯については http://www.rfa.org/mandarin/zhuanlan/zhongguotoushi/m1106panel-11042016162157.html が詳しく紹介している。なお，本稿の翻訳はいずれも但見の責任によるものであり，またHPの引用については2017年9月9日に最終確認している。
2) 1997年全国人民代表大会（以下「全人代」とする）により制定（以下「基本法」とする）。香港特別行政区における「憲制」的法律であり，「小憲法」などと称されている（王振民「論新憲制秩序於港澳回帰後的確立」（陳弘毅等『香港基本法面面観』（三聯書店，2015年）所収）26頁）。後述のように，これまで5回にわたり全国人民代表大会常務委員会（以下「全人代常委会」または単に「常委会」とする）による解釈が出されている。

台に置き），"Chee-na"（支那）そして"f-k"など，法定の宣誓文言を無視して侮蔑的・挑発的な文言を発したことにより，その就任宣誓が無効とされ，さらにそのやり直しを巡って議会が混乱し，その結果，行政府が裁判所に失職確認を提訴，しかもその係属中に全国人民代表大会常務委員会が，無効の宣誓についてはやり直しを認めず失職させる，という内容の基本法解釈を行った[3]，というものであり，その後も香港内外に大きな影響をもたらしている。

　事件をめぐる出来事一般については様々なところで伝えられているので，ここで改めて詳しく検討はしないが[4]，本件に係る裁判の概要とその経緯については以下簡単に紹介しておきたい。

1　争点と双方の主張

　上述のような経緯の中で，行政長官及び律政司司長[5]により訴訟が提起されている。それは，無効とされた2人の当選者の宣誓について，立法会の議長（原語は「主席」）により再度の宣誓を認める決定が出されたことに対するものであり，再度の宣誓を認めるべきでないことの確認を求めるとともに，「宣誓および声明条例」21条（宣誓無効による公務員就任資格の取消），そして立法会条例73条（議員資格喪失にかかる争訟手続）の規定に基づいて，上記宣誓を行った2人の当選者の議員就任資格喪失の認定を求める訴訟を提起するに至ったのである。

　これに対して被告（2人の当選者）は，①就任宣誓は立法会の内部事項であり，法院がこれに関与することはできない，②議員には発言についての免

3）　基本法104条の規定についての解釈。香港における基本法解釈の内容とその問題については，廣江倫子『香港基本法の研究』（成文堂，2005年）参照。
4）　日本で同事件を伝えるものとして，例えば2016年11月9日付朝日新聞社説（14面）など（但しその記述は多分に情緒的で法的当否を論ずるものとは言い難い）。なお後述のように，香港の高等法院（裁判所）は「本土派」の両議員（予定者）の失職を認める判決を出し，両議員（予定者）の上訴も棄却されたが，その後この事件での「解釈」を受けて，それ以外に規定に反する内容または形式の宣誓を行った議員についても資格喪失の判決が言い渡されている。https://www.hkpost.com.hk/20170717_2169/ 参照。
5）　英語名はSecretary of Justice。司法行政を所管する機関の長であり，司法長官にあたる。

責特権がある，との主張を行った。さらに，訴訟の係続中に後述の基本法解釈が行われたため，③基本法の解釈という名目で実質的に改正が行われている（全人代常委会には基本法の改正権限はない），そして④法律規定に補足が行われた場合は（原意の解釈ではないから）遡及効が認められない，といった主張が行われている。

2 「解釈」と「説明」

上述のように，この訴訟の係続中（1審判決直前）の2016年11月7日に全人代常委会が「『中華人民共和国香港特別行政区基本法』第104条についての解釈」（以下特にこれを指して「解釈」とする）6)を出している。その分量はかなりコンパクトで，A4一枚に十分収まる程度である。

それはまず，解釈を行う根拠として憲法67条4項（常委会の法律解釈権）と基本法158条1項（同会の基本法解釈権）を挙げ，基本法104条（就任時の法定宣誓）について解釈を行うと述べた上で，①宣誓は同条規定の公務就任の「法定条件かつ必須手続」であり，②それは「法定の形式と内容に符合する」「正確かつ完全」なものでなければならず，③「故意になされた法定文言と一致しない宣誓」さらには「如何なる不誠実な，厳粛でない方法での宣誓」も「無効」であり，「宣誓者は即…公職への就任資格を失う」との解釈を行っている。

これは（その分量の短さもあり）ピンポイントに基本法104条の規定についてのみ解釈を行うもので，他の条文や規定ひいては原則などへの言及が見られないばかりか，その原因となったと思われる具体的な事件や対象にも触れられていない。

これに対して，この「解釈」の審議にあたり，全人代常委会の法制工作委員会副主任によりなされた「説明」7)では，何のためにこの解釈が必要であ

---

6) 上記文中の①-③は，104条の解釈を具体的に提示した「解釈」第2項目各号の号数と対応させている。なお，本稿では，香港特別行政区基本法の解釈一般については「基本法解釈」，国家の法律全体についての全人代常委会の解釈については「法律解釈」と記している。

7)〈「全国人民代表大会常務委員会の『中華人民共和国香港特別行政区基本法』第104条

るかが明確に述べられている。それによれば,「近年,香港社会には『香港独立』を公開で称揚する者がある」が,その「言行は『一国二制度』の方針・政策への重大な違反」であり「憲法,香港基本法及び関連の法律規定への重大な違反」であるだけでなく,「国家の統一,領土の完全性そして国家安全への重大な損害」である,とされる。さらに,直近の宣誓無効事件について具体的に説明し,「上述の状況に鑑みて」,「『香港独立』運動に有効な打撃を加えるとともにそれを抑制し,国家の主権と領土の完全性を守るため」にこの「解釈」(草案)を提出する,と明言している。

　ここに明らかなように,本件(のような)宣誓は,それが有する香港独立の意図または内容ゆえに一国二制度に反するものであり,ひいては国家の統一を脅かすものとされることになった。それは,一見些細な手続き上の問題であり,かつ香港の自治に関する問題にすぎないようにも見える就任宣誓の位置づけを大きく引き上げ,正に一国二制度を脅かす問題として,基本法の解釈をなさしめた,ということになる。

　なお,「解釈」では104条以外の基本法の条文については何らの解釈も行われていない。これに対し,「説明」は,158条1項により自らに解釈権がある,とした上で,(香港に激しい拒否反応のある)23条を引いて「国家分裂行為は明確に禁止されている」とし,「香港独立派」は基本法1条(香港は中国の不可分の一部)及び12条(中央人民政府直轄の地方行政区)などの規定に「根本的に反する」としているが,同じ12条の「高度な自治」,8条のコモン・ロー,27条の言論の自由及び結社の自由,さらに2条及び85条に規定する司法の独立との関係については論じられていない。

3　判決の内容

　この「解釈」の後,まず香港高等法院の原訟法廷が,2人の議員の就任資格に関する行政長官と律政司司長による請求について審査し,それに対する

についての解釈(草案)」についての説明〉(2016年11月5日全人代常委会24回会議提出)。

判決を出している[8]。

それは,「支那」や「香港國」そして f-k など,両議員の具体的な宣誓内容を指摘したうえで,そのような宣誓が「『一国二制度』の原則及び同原則の下での『一国』の重要性を認めないもの」であって,「立法会議員たる資格は法により取消される」と判断し,再度の宣誓を許さずその議席は空席となる,というものである。

上記の両議員からの主張については,①(議院の自律に係る)「三権分立原則」について,「議会至上原則を実行する」英国とは異なり,「明文の憲法を有する」(香港の)「特殊状況に制約される」として,基本法に基づく法院の介入が許される,とする。また,②免責特権については,「宣誓時に行った言論」であり「未だ有効に就任していない」ので,議員の免責特権が適用される場合に当たらない,と判断している。

上記の判決の内容を見ると,「当該解釈は香港のすべての法廷に拘束力を有し,法廷は当該解釈を実現しなければならない」とし,さらに「当該解釈による『基本法104条の含意』」によれば「宣誓は無効となり,議員就任資格は取り消される」と述べるなど,全人代常委会の「解釈」及び「説明」が意識されていることは明らかである。

にもかかわらず,この判決では,(全人代常委会の)「解釈があろうがなかろうが,法廷が出す結論は同様である」と述べ,あくまで律政司司長の申立てについて,基本法と関連法規に基づいて判断しただけ,というスタンスが取られている[9]。

このような様相,すなわち香港の問題について香港の法的手続きに従って香港の裁判所が判断した,という様相は,上訴法廷[10]で大きく変わることに

---

8)「香港高等法院判決全文」http://www.hellotw.com/gate/big5/bbs.am765.com/detail.jsp?id=3796601&agMode=1
9) 本「判決」は行政長官の申立ての可否については判断を保留し,(法律上の権限を有する)「律政司司長が原告の一人である」ことを以て,「法律上の手続きに何ら影響はない」とするとともに,「立法会主席の請求の下で」両議員の「立法会議員としての職からの離職」を確認している。
10) 高等法院には「原訟法廷」と「上訴法廷」が置かれており(基本法81条),本件で

なる

　上訴法廷の判決「摘要」によれば[11]，まず（立法会議員の就任宣誓に係る）「基本法 104 条の規定の意味」は，（全人代常委会の）「解釈により既に明らかにされて」おり，「その解釈により」「資格喪失と離職が法律上自動的に発生する」として，徹底的に全人代常委会の「解釈」に従うことが明確に述べられている。

　さらに，上訴人による遡及効の指摘（上記主張の④）について，「解釈」は「そのオリジナルかつ真正な意味を解釈するもの」であるから，「その発効期日は 1997 年 7 月 1 日であり，それゆえすべての事件に適用される」のであって，当然「香港の法院に対しても拘束力を有する」とする。そして，本件「解釈」は解釈を超えて改正にまで至っている（故に違法である）という主張（上記主張の③）は，香港の法院にはその判断をする「司法管轄は賦与されていない」として退けられている[12]。

　そこでは，香港の法院が自治範囲内の事項について（「解釈」に関係なく）判断を行った，という装いが取り去られただけでなく，「解釈」自体の当否について判断が放棄され，むしろ「解釈」によりその「真正な意味」が遡及的に確認された，とされている。なお，本件「解釈」が香港側からの申請もなく全人代常委会自らにより行われたことについては，上記二つの司法判断いずれも全く論じていない。

4　小括──「解釈」の示すもの

　このように，本件「宣誓無効事件」では，全人代常委会により実質的には明確に香港独立派の「言行」に向けられた「解釈」が行われ，それに基づいて香港の法院により判決が言い渡されている。では，この「解釈」は，法律上どのような特徴を持ち，またどのような問題をはらんでいるのだろうか。

は高等法院の「原訟法廷」（原審）の判決が上訴されてやはり高等法院の「上訴法廷」で棄却された，ということになる。
11)「法庭駁回梁游上訴　判詞摘要全文」
http://hongkong.dwnews.com/news/2016-11-30/59785250.html 参照。
12) このほかに，上訴法廷は行政長官の申立て資格も明確に認めている。

248　第9章　「中国夢」的「一国二制度」

　以下では，本件「解釈」の諸特徴について，訴訟における争点とそれへの対応を検討することを通じて，そこに含まれる法的な問題点について明らかにしたいと思う。

第2節　「解釈」の特徴と問題点

1　請求（主体）と時期

　従来，基本法の解釈請求主体の範囲，とりわけ全人代常委会が自ら必要に応じて解釈を行うことができるか，という点については議論の対立が見られていた[13]。実際に行われた基本法解釈事例を見る限り，香港の行政長官が国務院に要請し，国務院が常委会に解釈を請求するもの，常委会自身により解釈が開始されたもの，そして係属中の事件について終審法院が常委会に「質問」を行った，といったものが見られており[14]，請求主体の範囲（及びその形式）は幅広く捉えられている。

　このような幅広さからは，基本法解釈の手続が基本法のみでなく憲法（及び立法法）等に基づいて行われている，ということを見て取ることができる。蓋し，基本法の明文の規定としては，香港の終審法院が全人代常委会に解釈を求める場合についてしか規定がないからである（158条3項）[15]。

　本「解釈」では，全人代常委会が自らの起動により「解釈」を行っているが，その際まず憲法67条4項（法律解釈権）が根拠として挙げられ，しかる

---

13) 白晟『基本法釈法問題探求―従法理学角度剖析』（商務印書館，2015年）99頁以下参照。白は特に「特区政府が人大の解釈を起動することが，実際には一つの憲法慣例となっている」とし，そこに「権力行使の理性化」と「正当性」を見出しているが（216-217頁），本「解釈」ではそれも破られたものと言ってよいだろう。
14) 2011年の主権免除における主義の選択に関する事件。後述のように，この事件における基本法解釈については，香港終審法院が基本法の条文（趣旨）に沿って常委会に解釈を求めたもの（158条3項）として一定の評価が見られている。
15) 全人代常委会による基本法解釈が行われるよう，行政長官が国務院に求めることについて，その根拠は一般に基本法43条の一般的施政権限とされているが（白・前掲注13・214頁など），それを受けて国務院が全人代常委に解釈を求める権限について基本法に規定はなく，それは立法法46条を根拠とするものと考えられる。

後に基本法158条1項（常委会の基本法解釈権）もその根拠として挙げられている[16]。前者の規定は中国の法律一般に及ぶものであり、その手続を規定する立法法は、45条で全人代常委会が状況に応じて解釈を行う旨を規定するとともに、46条で国務院に加え最高人民法院、そして全人代の各専門委員会さらには各地の人代常委会などが「法律解釈要求を提出できる」としており、その主体は幅広く取られ、その時期についても限定がなされていない[17]。

さらに、時期という点で従前の各解釈に比して本「解釈」が特徴的であるのは、特定事件が香港の（下級）法院に係属している最中に、（終審）法院の請求によらずに全人代常委会自身により基本法の解釈が行われたことである。上述のように、「解釈」は文面上純粋に基本法104条の文意を解釈した形式を取っており、具体的事件との関係が述べられてはいないが、「解釈」についての「説明」は本事件について詳細に述べた上で「『香港独立』運動への有効な打撃と抑制のため」に「解釈」を行う、と明確に述べている。

このような「解釈」は司法の独立（基本法2条及び85条）との関係で重大な問題を提起するように思われるが、「解釈」では他の条文との関係（整合性）が全く論じられていない。さらに、少なくとも現状では、香港の法院には基本法解釈の内容について論ずることを避ける姿勢が顕著であり[18]、この点が判決などで論じられる可能性は低いと思われる。

---

16) このような根拠条文の提示の仕方については、これまで行われた基本法解釈においてある程度一貫性が見られる。
17) 45条では「規定の具体的意味をより明確にする必要がある」場合に加え「新たな状況の出現により適用法律の根拠を明確にする必要がある」場合にも「法律解釈」が行われるとしており、必要に応じて随時行う、という様相が顕著である。
18)「司法管轄」を論ずる本件上訴判決にこの姿勢は顕著である。但し、本件より前であるが、終審法院の首席裁判官が「（常委会の解釈が）たとえ荒唐無稽で不公平であっても従わなければならない」と発言するなど、香港の司法には複雑な心境があるように思われる（鄒平学『香港基本法実践問題研究』（社会科学文献出版社、2014年）388頁に紹介される馬道立裁判官の発言）。

2 解釈の遡及効

遡及効については，それが解釈である以上，既に存在する規定についてその意味を明らかにしただけであって，そもそも遡及効の問題は生じない（要するに施行日からそのような意味であった）とも考えられる。これに対して，全人代常委会が行った解釈は，それ以前に出された判決には影響しない（基本法 158 条 3 項但書）とされることから，解釈には遡及性がないとする議論も見られていた[19]。

この点，立法法は，全人代常委会による「法律解釈」は「法律と同等の効力を有する」（50 条）と規定するとともに，全ての種類の法律・法規について，（公民や企業への給付や優遇など特定の授益的な場合を除き）遡及効を否定することから（84 条），それが「法律と同等の効力を有する」以上，遡及効は認められないようにも読める[20]。

今回の「解釈」については，被告側が遡及効の問題を主張したことから，特に上訴判決においてこの点が論じられている。とはいえ，法院は「『解釈』は…当初からの真の意味を解釈したものであり，その効力発生時は 1997 年 7 月 1 日である」と述べて，「解釈」が実質的に遡及的に適用されることを確認するのみで，上記立法法の規定との関係は明らかにされていない。

3 解釈の根拠とその範囲

基本法解釈については，基本法の 158 条にその範囲について区分する規定が置かれている。それは，まず全人代常委会が基本法の解釈権を有するとし

---

[19] 白・前掲注 13・111 頁。但し 158 条 3 項但書の「遡及効」は，発効時を基準にしてそれ以前の行為等に適用されないという意味ではない。

[20] 中国国内の法規は，基本法の付属文書 3 で認められたものだけが香港で適用されるが（基本法 18 条 2 項），立法法はそれに含まれていない。しかし，基本法に含まれる幾つかの概念（例えば「批准」や「備案」など）は，従来香港法には存在せず，立法法によって初めてその意味を明らかにすることができる（梁美芬『香港基本法：従理論到実践』（法律出版社，2015 年）210 頁）。また，常委会の組織及び権限行使は，（基本法ではなく）憲法及び他の法律により規律されるものであり，何より実際の基本法解釈が憲法により付与された（立法法で規律される）「法律解釈」（67 条 4 号）権限により行われているため，自ずからその権限を規律する立法法が及ぶことになる。

たうえで（1項），自治の範囲内の事項については香港の法院に解釈権が「授権されている」とし（2項），さらに香港の法院は基本法の「その他の事項」についても判断できるが，それが「中央の管轄事項」または「中央と特別行政区との関係」に関わり，かつそれについての解釈が「事件の結果に影響を与える場合」には，終審法院が全人代常委会に解釈を請求しなければならない（3項），とするものである。

この規定に関して，法院の解釈権限内の事項については全人代常委会の介入を制限するものであり，授権を受けた法院には「排他的管轄」が認められる，とする見解が見られていた[21]。しかし，これまでの基本法解釈事例とそれを受けた香港法院の裁判例を見る限り，全人代常委会が基本法全体について幅広い解釈権を有しており，法院に認められる解釈権は排他的なものではない，という理解が確立したように思われる[22]。とはいえ，どのような場合に（どのような範囲で）解釈が行われるのかは条文上も明確ではなく，事例によっても明らかにされたとはいえない。

本件は香港の立法会の運営に係る事項であり，かつ従来コモン・ロー（基本法8条により継続して適用が認められる）により他の権限による介入を受けないとされた議会の内部規律に係る事項でもあることから，自治範囲内の事項として香港法院に授権された範囲の事項に当たる，と考えるほうがむしろ自然である。

これに対し，「解釈」においては，基本法解釈を行う根拠規定が挙げられてはいるものの，それらは中国の法律全体に及ぶ全人代常委会の法律解釈権限についての規定（憲法67条4項）及び基本法の一般的解釈権限に関する規定（基本法158条1項）のみであり，その事項の性質については言及がない[23]。つまりそれは，法律及び基本法の全ての規定について解釈を行う権限

21）鄒・前掲注18・336頁には，「香港の法律界と学界では一貫して」このような主張を行う者がいる，として，このような見解を批判している。
22）廣江・前掲注3・203頁参照。
23）「説明」は「一国二制度の方針・政策への重大な違反」などを掲げるが，状況の説明をするのみで，「解釈」を行う根拠や範囲が示されてはいない。また結果としての「解釈」は，「法定の宣誓文言」を「必ず正確，完全かつ厳粛に宣誓しなければならない」とした

を有する機関が，その権限に基づいて「解釈」を行った，と言っているに過ぎず[24]，本件で問題となった条文またはその対象たる事項の性質（中央との関係），そして対象事項の違いによる解釈のあり方の違いなどは全く明らかにされなかった，と言って良いだろう[25]。

4 解釈の実質・程度

解釈の実質または程度については，全人代常委会に認められるのは解釈の権限のみであり，基本法の改正についての権限は認められていないのだから，基本法解釈が実質的に改正というべき程度に至ることは許されない，という主張が見られていた[26]。

本件「解釈」は，この点での疑いがとりわけ強かったものと言える。蓋し，基本法104条は宣誓の拒否または不行使といういわば宣誓の欠缺のみを規定し，文言の改変や追加などいわば瑕疵について明示しない上に，欠缺（または瑕疵）の効果について定めていないからである[27]。

これに対し，本件「解釈」では，「法定宣誓文言との不一致」さらには「不誠実で厳粛でないすべての宣誓」が「宣誓拒絶にあたり，その宣誓は無効である」とするだけでなく，「宣誓者はそれにより当該公職に就任する資格を喪失する」という効果まで引き出しており，それが改正にまで至っている，という主張は十分理由があるように思われた。

上で，それに反する場合の効果（失職または就任資格喪失）を規定するのみで，「中央」との関係を読み取ることはできない。

24) 上述のように，「解釈」の審議に当たって常委会に提出された「説明」では，法制工作委員会副主任が「『香港独立派』の活動を有効に撃退・抑制し，国家主権と領土の完全性を守るため」に解釈を行う，と明確に述べている。

25) 従来基本法解釈について「人大常委会が自己拘束し，自治条項については解釈権を行使しない」という「憲法慣例の形成」を「理想的な実施状況」として論ずるものが見られたが，本「解釈」ではそれが否定されたように見える。陳弘毅『法理学的世界』（中国政法大学出版社，2003年）413頁。

26) 従来の解釈権行使事例では，2004年に行われた選挙制度に関する決定が，特に「実質において法律の改正である」として批判されている。鄒・前掲注18・387頁。

27) 同条の原語は「拒絶」そして「忽略」であり，後者は英語ではneglectと記述されている。

しかし，これについて上訴法廷は，「『解釈』が実質的に基本法の改正を企図する」かどうかについて，「基本法は香港法院に司法管轄を与えていない」として，「解釈」の実質または程度についての判断を回避している。

上述のように，本件「解釈」は特定条文についての解釈のみを示すもので，その正当性の論証や批判への反論などは一切見られていない。そして，上訴法廷がその判決の中で，「解釈」が実質的に改正にまで至っているか否かということは香港の法院の管轄にはない，と明確に述べていることから，常委会自身が自らの「解釈」の権限踰越を問題にする場合を除き，それは純粋に理論的な問題にとどまることになる。

5 解釈の合理性

上述のように，全人代常委会が最終的に公布した「解釈」は，それが条文上からは全く読み取れない効果を引き出すものであるとしても，表面上は基本法104条の（当初からの）意味について説明するだけであり，批判的立場への回答どころか，他ならぬ基本法の他の条文や諸原則などとの関係についても全く言及はない。

本件においては，このような構造上・論理上の関係又は整合性が，いくつかの面で問題をもたらすように見えた。例えば，立法会（議員）に係る基本法の規定は，立法会の成立を選挙のみに係らしめ，就任宣誓と議員資格との関係に触れてはいない。確かに基本法104条は公務員について包括的に就任宣誓を求めるものではあるが，上述のように，そこには失職または公務就任資格喪失の定めはない。

この点について，基本法104条の細則ともいうべき宣誓及び声明条例の21条（b）が，「未就任の者についてはその就任資格を取り消す」，と規定することから，この規定と併せて読めば，就任資格の取消が基本法により認められている，とも言えそうである。

しかし，条例が認めたのは就任資格の「取消」（原語も同）であり，「喪失」（「解釈」二の（三），原語同）を認めるものではない。さらに，「取消」後に「改めて宣誓を行わせることはできない」（「解釈」二の（四））という文言ひいてはそれを想定させるような文言は，同条例にも全く見られないので

ある。

　それ以上に問題なのは，広く一般の公務就任の場合と，基本法で選挙により成立するとされる議員資格の場合とを同一に論ずることである。仮に，このような形式ないし手続上の瑕疵により，公務員の就任資格の取消が認められるとしても，議員（就任）資格の喪失ひいては選挙結果の取消までもが同様に認められるとは考えにくい。というのは，基本法の条文を見る限り，そのような取消ないし喪失は，議員及び立法会に係る他の規定と著しく平衡を欠き，基本法の予定するところとは考えられないからである。

　上述のように，基本法は立法会議員の資格について，選挙での選出のみを条件としている（68条）。さらに，その資格の喪失につき限定的かつ厳しい条件を置き（79条），たとえ就任時の宣誓に悖る事情があったときでも，あまつさえ国内または国外での犯罪により禁錮1月以上の刑罰に処された場合でも，立法会出席議員の3分の2以上の賛成がなければその資格を喪失することはない。

　議員の資格が選挙の結果による以上，就任宣誓を終えているかどうかにより，その言行による資格喪失の基準が異なることに（少なくとも基本法上の）合理性は見いだされない。逆に言えば，犯罪が確定した場合ですら，同僚の議員の特別多数による賛成がなければ資格喪失が認められないのは，正にその議員が選挙により選出されているからであり，「正確，完璧で厳粛な…法定の宣誓」（「解釈」二の（一））を行ったからではない。

　このように考えるとき，本「解釈」はそれと異なる立場をとる以上，少なくともそれが不合理でないことにつき説明する必要があったように思われる。思うに，基本法に散見される漠然とした原則規定を操作すれば，（納得を得られるかどうかはともかく）不合理でないと主張することはさほど困難でもないだろう。

　それにもかかわらず，本件「解釈」においては基本法の構造や原理そして他の規定との関係などは明らかにされておらず，その理由をうかがい知ることはできない。それは，立法者がその法規の（本来の）意味を述べるだけ，という法律解釈の位置づけのためであると同時に，人民に対する直接の権利制限若しくは剥奪，または重大な義務の賦課についてもしばしば何の説明も

ない，という統治のあり方が，その背後に色濃く映し出されているように思われる[28]。

6 まとめ——「解釈」の万能性

以上のことから，本件「解釈」では，基本法の全範囲について「全面的かつ無制限」の解釈権を有する全人代常委会が，それが必要と考える時に，必要な範囲で，必要な対象について，必要な効果をもたらすように解釈を行うことができる，ということが改めて確認された，と言うことができる[29]。

現実的な効果として，この「解釈」により本来漠然とした基本法の意味内容は一層不確かなものとなった，と言って良いだろう[30]。蓋し，条文の文言は，その表面上の意味にかかわらず，立法者が必要に応じて常に明確にできる上に，「高度な自治」や「司法の独立」といった文言とは相容れないような状況が出現しても，それらの文言の意味を読み解くことなく，直接その状況に関わる条文のみを解釈し，常にその状況を（遡及的に）肯定することが可能であり，さらには香港の法院自身が，解釈の範囲や効果についてその当否を論ずる「管轄がない」とするため，事実上全人代常委会の解釈に何らの限定もないからである。

では，このような万能性，すなわちいつどのような解釈を行うか（行われるか）について全く制限がないような制度が認められる理由はどこにあるのだろうか。また，このような基本法の解釈の構造そして実践は，今後の香港の法と統治について何を示していると言えるだろうか。以下，この点について検討し，若干の展望を試みたいと思う。

[28) 特に行政における「理由と説明の不在」について論じたものとして，高見澤磨　鈴木賢『要説　中国法』（東京大学出版社，2017年）112頁参照（但見担当部分）。
[29) 引用は鄒・前掲注18・332頁。また同書343頁には，「必要さえあれば…常委は完全に『手を出すべきときに手を出す』ことができる」との表現も見られる。
[30) 董立坤編「中央管治権與香港高度自治権」（中華書局，2015年）は，「単一制という国家構造形式」においては，「各地域について列挙されない権力は中央が享有する」（99頁）という一般論を展開し，それゆえ「中央は香港への授権範囲を拡大することもまた変更することもできる」（95頁）と論じている。

第3節　問題の所在と展望

1　権限と権力

　中国においては，従来，統治機関の権限の種類に対応して，法律解釈には立法解釈と行政解釈，そして司法解釈があるとされてきた。そのため，基本法解釈に関する記述を見ても，それを「立法解釈」として紹介するものが多く見られる。そして，香港には司法解釈の伝統しかなく，立法解釈についての理解が欠けているとか，また立法機関こそが法律の「原意」を正しく解釈するのに適している，といった主張が見られている[31]。

　ここでまず注意しなければならないのは，中国でいうところの「司法解釈」は，香港で行われてきたとされる司法解釈とは根本的に異なる，ということである。というよりも，香港のそれはむしろ「法解釈」と呼ぶべきものとなっている。それは凡そ法院が具体的事件の裁判において法の適用を行う際には必ず行われるものであり，まず何より当事者の請求があって初めて開始され，かつ当事者の請求及び主張の内容に左右されることになる。逆に言えば，解釈者は常に当事者の相反する主張に晒され，それへの応答が求められるとともに，解釈（判決等）で示した法的論理の合理性が厳しく問われることになるのである[32]。

　さらに，法解釈は当該事件の処理に必要な範囲で行われることが求められ，解釈者が任意にその対象や範囲を決定することは許されない。またそれは下級審によってさえ覆される可能性を持っており，「法律と同等の効力を持つ」（立法法50条）ことなどは想定されていない。とりわけ，三権分立の原則が重視される場合には，事実上それに加えて司法自身による謙抑が働くことになる。

　これに対し，中国で制度化されている「司法解釈」は，最高司法機関にのみその権限が認められるものであり，規定上は「裁判過程における法律・法

---

31) 董・前掲注30・119頁参照。
32) 常委会の解釈と香港法院の解釈との違いについては，香港の法学界の権威とも言われるヤシュ・ガイによる警鐘的な指摘が，廣江・前掲注3・72-73頁に紹介されている。

令の具体的適用における問題」[33]に限定されているものの，実際には新しい法律が制定された際に，その法律の条文数を上回るほどの条文数の「司法解釈」が出されたり，また立法時に見送られた規定が「司法解釈」で復活するなど[34]，抽象的な規定の定立や実質的な改正というべき内容を持つものが見られている。

また具体的事件の処理についての高級法院による「伺い」に対する「回答」として最高法院による「司法解釈」がなされることがあるが（原語は「批復」），それは法院が具体的事件の事実と双方の弁論とに基づいて法律の解釈を行う，という意味での法解釈とは異なり，事実や弁論への言及が見られないばかりか，上級法院（最高法院のみ）が下級法院（事件を審理する全ての法院）に対し，一定事件の処理に係る意見を述べる（結果的に一定事件における一定の処理を命ずる）内容になっている。

さらに，全人代常委会の解釈を「立法解釈」と捉えることもまた，ある意味適切でない部分がある[35]。同機関は，抑制と均衡の下で一定の権限のみを有する機関ではなく，憲法上他の機関に対して指導・監督の地位に立つ「権力機関」（の常設機関）と位置づけられている。付け加えれば，行政機関や司法機関も，その権力に応じて，指導・命令権限を有する上級機関が，下級機関に対してそれぞれの解釈に基づく指示や命令を行う，という構造になっている。

すなわち，そこで重視されるのは解釈権限ではなく構造上の権力の所在（または程度）であって，それは「立法解釈」というよりも「権力解釈」と称するのに適している。そのような論理からすれば，三権分立的視点から解釈

---

33) 人民法院組織法32条。なお最高人民検察院もその業務に関して「司法解釈」権限を有している。
34) 例えば民法通則（全156条）施行後わずか一年余りで出された同法の「貫徹執行に関する若干問題についての意見」（司法解釈）は200条に及ぶものであり，また契約法の「適用に関する若干問題についての解釈（2）」では，制定時に議論の末見送られた「事情変更原則」を規定している（26条）。
35) 但し，それが「司法行為」でないとの主張には，だからそれは「全方位的」であり，「主体的解釈も行うことができる」，とする論理が含まれている。董・前掲注30・141頁参照。

権を限定的に捉え，その範囲や限界を論ずることも適切ではない[36]。言い換えれば，解釈権限の大小（上下）は，統治機関の権力の大小（上下）を基準とするものであり，そこに権限の分配と相互制約の思想を差し挟む余地はない[37]。学説にも，全人代常委会の解釈に（法院が）疑いを差し挟むことすら妥当ではない，とする見解が見られるなど[38]，「絶対権力」[39]を押し戴くかの傾向が感じられる。

2　正当性と正統性

このように，全人代常委会による基本法解釈は，その権力により正当化されるという性質を有しているが，少なくとも表面上は，赤裸々な暴力や実力主義が前面に押し出されるのではなく，むしろ憲法により法的に正当化する形が取られている。とは言え，それは十分な説明や体系的論証を欠くもので，法的に十分な正当化がなされたとはとても思えない。では，そのような正当化で足りるとされる根拠はどこにあるのだろうか。

本件「解釈」により明らかにされているように，基本法解釈は基本法の枠組みだけではなく，憲法及び関連の規定に沿って行われている。それは基本法自体が憲法に基づいて規定されること，そして解釈権の行使主体（全人代常委会）及び行使手続が中国の憲法及び関連の法規（組織法や立法法など）により規律されるためであるが，基本法の規定が非常に漠然としているだけでなく，矛盾・対立する規定や原則に満ちていることから，一層憲法によってその行間を読むことが求められることになる[40]。

---

36) 全人代常委会委員長の張徳江は，「基本法実施20周年座談会」での講話において，「基本法の定める政治体制は，『三権分立』でも『立法主導』でも『司法主導』でもなく」，「行政長官を核心とする『行政主導』」であり，それが直接中央政府の下に置かれその指導を受ける」と述べている。http://npc.people.com.cn/n1/2017/0601/c14576-29312157.html 参照。
37) 鄒・前掲注18・376頁は，「常委会の解釈と法院の司法解釈」とを比較し，「権力の性質」において後者は「前者に従属し」，「権力の関係」において「授ける者と授かる者であり」，「地位効力」において「後者は前者に服従する」と指摘している。
38) このような主張をするものとして，鄒・前掲注18・388頁。
39) 引用部分は鄒・前掲注18・329頁。

この憲法の内容を大まかに述べれば，それは共産党による建国と発展の歴史を総括し，「全国の各民族人民」が「今後も継続して」「共産党の指導の下」で「社会主義」を推進することを宣言する前文（「序文」）と，社会主義の下での国家の統治方針，公民の権利と義務，統治機構（全人代や常委会を含む）などについて定める本文により構成されている。

　従来基本法解釈の法的根拠について，それは基本法に限定されるべきで，憲法の規定を根拠とすべきではない，とする主張も見られたが[41]，これまでの数次の解釈において憲法67条4号が根拠法規（の第一）に挙げられていることからも明らかなように，それは「全体的・最終的解釈権者」によって明確に否定されている。

　さらに，共産党による国造りと今後の統治体制が明記される前文については，本文の規定ではなく適用可能性がない，という主張もあり得ようが，中国では法院に憲法を解釈する権限がないだけでなく，その権限を有する全人代（常委会）により現実に違憲審査が行われる例も見られないので，個別の規定と前文とをその適用可能性により区別する実益はない[42]。むしろ，党の指導の正統性の所在を明らかにし，現在の統治体制の将来にわたる継続を宣言し，そのための人民の責務（「国内外の敵対勢力及び敵対分子」との闘争の義

---

40) 例えば基本法は前文で「一国二制度」を打ち出し，「社会主義の制度及び政策を行わない」とする反面，「国家の香港に対する基本方針・政策の実施の保障」を目的にすえており，それぞれの「政策」の内容は不明である。また「高度な自治」（2条，12条）が強調されるものの，同時に行政区は包括的に「中央人民政府の直轄」の下にある，と規定されている（12条）。

41) 憲法に基づいて基本法解釈が行われることについて，ヤシュ・ガイは「基本法の完全性」そして「その発展」に「重大な影響を及ぼす」との懸念を表していたが，これに対しては「実践によりそれは全く逆であることが証明された」との主張が見られていた（鄒・前掲注18・364頁）。但し，本「解釈」から見る限り，「実践」が示す状況はむしろガイの懸念通りになってきたように見える。

42) この点，胡錦光等「論我国憲法解釈的実践」（『法商研究』2000年2期）は，「全国人大及びその常委会は，憲法実現の必要に応じ，多くの回数に渡って憲法解釈を行ってきた」（7頁）とするが，82年憲法制定後の例はわずか7件に過ぎず，しかもどの事例も間接的に憲法に関わると思われる事項（法律実施監督や法制宣伝教育など）についての指示や細則であり，憲法の条文についての解釈などは示されていない。

務など）を正当化するという点で，前文は他の立法や施策全体の根拠及び指針として，本文以上に重要な意義を持っているとすら言えるだろう。

　今回の「解釈」についての「説明」に限らず，中央から示される理解では，基本法には常に正しい解釈があり，一国二制度には正しい姿があることが前提となっている[43]。それは正に憲法が前文及び総綱（第1章）で示すように，法律とその解釈の基礎にある統治（党治）に正統性があるからなのであり，それが基本法解釈の無制限の正当性（万能性）の基礎となっているのである。

3　主権と主権者

　このように，基本法解釈に代表される中央の香港への介入は，「権力機関」とされる全人代（の常委会）の位置づけと，統治主体たる党の正統性により正当化されることになるが，殊更香港との関係では，これに加えて「主権」[44]という理論がしばしば登場することが注目される。

　ここで用いられる主権は，特に香港について論ずるというよりは，（連邦制ではなく）「単一制」をとる国家における中央と地方の関係における「当然の理」として語られる。曰く，単一制の国家主権は絶対かつ単一であり，その下で地方が行う事務はすべて授権による管理なのであって，それが国家の監督を離れて主権を行使することはありえない，というものである[45]。

　このような主権観は，それが香港について用いられるとき，常に正統性と結びつくことになる。蓋し，中国の見地からすれば，1997年7月1日は失われていた主権が取り戻された日であり，それまでの英国による不正な支配に終止符が打たれ，「香港が母なる祖国の抱擁に戻った」[46]日だからである。

---

43) 2014年6月に出された「『一国両制』在香港特別行政区的実践」（国務院新聞弁公室）は，「香港の一部の者」に一国二制度についての「不正確な観点」や「正確な方向からの乖離」があり，それが近時の問題の原因であるとしている（引用は同書の五の記述）。
44) 国家の（対外的・対内的な）「主権」について論じるのが一般的であるが，憲法によれば全人代常委会が「主権者」である，とする記述も見られる（鄒・前掲注18・333頁）。
45) 董立坤編『中央管治権與香港高度自治権』（中華書局，2015年）99頁以下。
46) 中国における香港返還の定型句。小学生向けの作文模範文サイト（宿題などのコピ

第3節　問題の所在と展望　　261

それとパラレルに、この主権論では英国による圧政や抑圧がしばしば強調されることになるが、それ以上に現実的な効果として、香港独立どころか、大陸の方針・政策に反する言行は全て主権に反する反国家的・反民族的なものということになり、その「徹底的打撃」が「全人民の責務」とされることになる[47]。

さらに、中央と香港の関係についても、この主権観に基づいて、香港の権力には「中央が授権したもの以外は何もなく」、それは「中央の監督の下におかれる」と述べられる。このような見解は基本法の規定どころか、憲法の規定からも直接読み取れるものではないが、理論的に「単一制国家では…一切の権力は国家の授与によるもの」であり、そこに「疑問を差し挟む余地はない」とされるのである[48]。

このような主権観には、何か微妙な違和感を覚えざるを得ないのだが、それは恐らく、我々が通常見慣れた主権論とここで徹底的に語られる主権論との性格の違いによるものであろう。香港との関係だけでなく、中国で主権が語られるとき、それは概ね外国との関係（または国内の民族独立派との関係）で語られ、その主体は徹底して国家である。別にそれ自体はおかしい話でもないが、香港での場合と同様、そこにはその主体の存在根拠でありかつそれを制約するはずの原理が欠落している。

もちろん、中国では「人民が国家の主人」（前文）であり、「すべての権力は人民に属する」（2条）ことは、憲法で明確に謳われている。但し、その「人民」はどこまでも全体的で観念的なものであり、そこから具体的な権限や制度が導かれるどころか、特定の部分的な人民に同調を強いる根拠にすらなっているように思われる[49]。

ペ目的）などでも必ず用いられている。
47) 香港・マカオ弁公室常務副主任を務めた陳佐洱は、独立派は「中国に存在してはならない」「町に蠢くネズミ」であり「人々がみな無慈悲にこれを叩き潰すべきだ」と述べている。http://www.appledaily.com.tw/realtimenews/article/new/20161130/1000904/ 参照。
48) 董・前掲注30・101頁。
49) これは行政長官選挙を相変わらず制限選挙に留める中央の決定、そしてこれに反対

香港の自治の議論でも，「全ての権力は中央が授与するもので，それ自体には独立の権力は何もない」[50] ことが当然のように語られ，そこに「主人」の姿は全く現れない。それどころか，主人であるはずの人民が，自らが有するはずの権利や自由に基づいて，主人としての自己決定や自己統治を主張するや，それはいつのまにか中央の主権と香港の自治との対抗関係にすり替えられ，あまつさえ「政治体制への不断の抵抗と破壊」として批判ひいては取締の対象となってしまうのである[51]。

　このように，香港の自治に関する議論では，往々にして，国家（中央）の主権が極端に強調されるものの，主権者たる人民（香港市民）の権利とその行使（自治）のあるべき姿は語られない。それは，党と国家の歴史的・思想的正統性を謳う憲法前文に適合的であるが，「主人」の権利の内容とその保護のための強固な枠組み，すなわち主権者たる市民の基本的権利や尊厳という原理または原則に基づく権利・制度保障と，それによる権力の制約という枠組みを欠くものであり，そのような構造に起因する中国の人権状況が香港にももたらされるのではないか，との懸念を否応なく高めることになる[52]。

4　法系と法治

　基本法解釈について論ずる議論において，主権と共に特徴的なのは，そこでしばしば（中国が属する）「大陸法系」と（香港が属する）「英米法系」の違いが論じられ，基本法解釈をもたらすいくつかの重要な問題が，正に法系の

する雨傘運動に関わる者が近時次々に拘束されたことに顕著であろう。http://edition.cnn.com/2017/08/17/asia/hong-kong-umbrella-joshua-wong/index.html など参照。
50）董・前掲注30・48頁。董は連邦制であるか単一制であるか，というところにその理由を求めている。
51）董・前掲注30・103頁は，「英国勢力を主とする香港の反対派」が「英国人により操られる香港政府」を打ち立てることを目標に「住民投票」や「都市自治」といった運動を行い，「基本法により打ち立てられた…政治体制」への「不断の抵抗と破壊」を行っている，と指摘している。
52）Wall Street Journal の動画ニュースは，大陸に批判的な書店の関係者の拘束など，香港の人権・自由状況の悪化の例を多数指摘する（http://www.wsj.com/video/hong-kong-sees-civil-liberties-eroding/A328B0B6-5342-4A85-B545-1EA02659E623.html）。

第3節　問題の所在と展望　*263*

違いによりもたらされている，とされていることである[53]）。
　それは，中国でよく見かける「世界でもよくあること」という（牟強附会的）論法の1バージョンのようにも見えるが[54]），いずれにせよそのような議論では，英米法の経験しかもたない香港の法院は，憲法の下に制定法の体系が構築される大陸法的な法解釈の仕組みを理解していないために，（大陸法的な）中国の全人代常委会による基本法解釈に対する反感と抵抗が生じるのだ，として，香港の法院に大陸法（Civil Law）への適応が求められることになる[55]）。
　しかし，このような比較（及び結論）には首を傾げざるを得ない。例えば，上述のように基本法解釈についてはこれを「立法解釈」と称し，憲法を頂点として立法府の下に体系的法律を構築する大陸法系の特徴である，とする議論が見られるが[56]），少なくとも中国の「権力解釈」というべき構造は，大陸法系というより社会主義法系というほうが適切であるように思われる[57]）。
　実際に，今回の宣誓無効事件で高等法院（1審）は，被告（両議員）が主張した「議院の自律」は「英国で行われる三権分立原則によるもの」であり，「異なる司法管轄の特殊な状況による制限を受けるものであり，明文の

53）鄒・前掲注18・367頁は，「全国人大常委会の有する基本法の最高にして最終的な解釈権」こそが，正に「大陸法と香港コモン・ローという二重の法律伝統を融和させるもの」なのだ，と指摘する。
54）例えば董・前掲注30・87頁は「いかなる国家であっても…いずれも国家の監督下での地方自治を行っている」として「自治がどのように行われるかについて中央が監督権を有することは疑いを入れない」とするが，そこでは程度や質の問題そして原理の問題は全く論じられず，結論が極端に飛躍しているように思われる。
55）鄒・前掲注18・389頁は，「成文の憲法を持たない英国」の下にあった香港の司法に「真の憲法裁判の経験がない」ことが「基本法解釈権の衝突を招く要素」の一つである，としている。
56）鄒・前掲注18・393頁は，「立法解釈」たる「全人代常委会の基本法解釈行為」の「常態化」を主張し，「基本法は大陸法の典型的制定法であり，基本法の解釈にはまず大陸法の伝統を考慮しなければならない」とする。
57）廣江・前掲注3・207頁は，「中国が香港に対応する場合に」「きわめて旧態依然とした社会主義法の原則が適用されている」と指摘する。

憲法がある場合はなおさらそうである」と述べている。また上訴廷はより直截に，「コモン・ローの下での三権分立原則及び議院自律原則」は，「最高の法律的地位を有する基本法」の下で法院が「憲法責任」を果たすことの「妨げとはならない」，と述べている。

この判決で明確に否定されるのは英国法ひいてはコモン・ロー下の原則であって，英米法と大陸法という意識は明確ではないが，現在明文の憲法（及び憲法性法規）を戴いている以上，英米法ないしはコモン・ローの下にある時代とは状況が異なる，とする論調は明確である[58]。但し，議会の自律が（法院が否定する）三権分立の思想ではなく，民主に基づく議会優越の思想からも導き出されうることを考えると，コモン・ローから明文の憲法（性法規）を有する体制に移行したということから，議会の自律の否定が必然的に導き出されるとは言い難い[59]。

思うに，基本法解釈を始めとして，香港と中国との衝突を招いた幾つかの問題の原因は，法系の違いというよりむしろ法治の違いにある，というべきであろう。少なくとも本件「解釈」の結果たる判決を見る限り，香港の法院は中央の「法治」に徹底的に謙抑的であり，その「法治」に基づいて出された「解釈」に無批判・無限定に従う姿勢を示している。その実質は，正に習近平が「依法治国」の政策で提唱するように，中国の憲法に対する忠誠を基礎に，そこに規定される権力構造の下で，規定された法規について，権力において上級の機関が解釈した通りに粛々と執行する，というものであり，それが中国で言うところの「法治（依法治国）」なのである[60]。

---

[58] 鄒・前掲注18では，「大陸法系においては成文法が行われ，理論が重視される」（386頁）のに対して，「英国に成文憲法がない」ために香港の司法には「真の憲法裁判の経験が全く欠けている」（389頁）とされている。

[59] 判決だけでなく，「一国二制度」を巡る理論においても，しばしば「三権分立」など「西側の法制」について独特の理解が見られる。例えば，鄒・前掲注18・334頁は，「西側の三権分立であれ中国の民主集中制であれ，立法機関そして行政機関が行使する職権はみな主体的であり，司法機関が行使する職権だけが受動的である」とするが，三権分立の下では前二者（とりわけ後者）もまた法律および他の権限による制約を受け，随意・裁量の幅が狭められることが無視されている。

[60]「依法治国」の内容及び特徴については，本書第3章「『依法治国』と司法改革―中

今回の「解釈」を含め，これまで5回の基本法解釈が行われているが，それに対する法院の姿勢を見る限り，そこには当初の積極的・主体的な対抗から，消極的・受動的な受容を経て，事務的・従属的な執行へと至る様相が見て取れる[61]。それは，解釈への姿勢にとどまらず，その背後にある構造と思想の受容を示すものと言うべきであり，その意味で香港の「法治」について一定の中国化が実現しつつある，と言ってよいだろう。

5 「中国夢」と「一国」

本件「解釈」を，その前後に生じていたできごとを踏まえて眺めるとき，それは一国二制度を巡る認識のズレを矯正しようとする動きと，そのズレを維持ひいては拡大しようとする動きとの衝突の結果である，ということができる[62]。特にズレの矯正という側面から眺めるとき，そこで強く意識されるのは「一国」の部分ということになる。

既に2014年に国務院が公布した一国二制度の白書が，「一国二制度の方針・政策を正しく把握する」として，「『二制度』は『一国』に従属しそこから派生し，かつ『一国』の内に統一される」ことを強調していたが[63]，返還20週年を迎える2017年7月前後にその様相は一層顕著となり，例えば国務

国的司法の可能性」を参照されたい。
61) 当初，香港の終審法院は基本法解釈について法院の「排他的管轄権」を「宣言し」（廣江97頁），かつ基本法解釈の方法論についての基準を示していた。それは全人代常委会による初めての解釈権行使を招き，香港終審法院が示した解釈及びその基準はいずれも否定されたが，そのような全人代常委会の解釈は「決して香港法院の裁判官に一致して認められはしなかった」とされている（董・前掲注30・61頁）。しかしその後，主権免除における主義の選択が問題となった際に，終審法院は自ら全人代常委会に解釈を請求し，そして本件「解釈」では事実上全人代常委会の解釈を全面的かつ無制限に認めるなど，少なくとも法院における姿勢の変化は顕著である。
62) 日本における基本法解釈問題研究の第一人者である廣江倫子は，「一国二制度」をめぐる中国と香港の思惑のズレを「同床異夢」（前掲注3・203頁）と評しているが，中央の意識は正にこの「夢」を統合するところにある，と言うべきであろう。
63)「『一国両制』在香港特別行政区的実践」（国務院新聞弁公室2014年6月公布）。引用部分は五（一）の内容。そこでは香港の側が「必ず…社会主義制度，特に…政治体制及びその他の制度並びに原則を十分に尊重しなければならない」とされている。

院の香港出先機関である中央連絡弁公室の法律部長である王振民は,「熱愛祖国」を「基本的政治態度」であるとして,「国家利益の考慮」と「中央の権力の尊重」を「香港人の責任」として強調している[64]。また,全人代常委会委員長の張徳江は,「基本法実施20週年座談会」での講話において,「中央の全面的管理・統治権」を再三強調し,「国家観念を強固に樹立し」「国家意識と法治意識を普遍的に樹立しなければならない」とする[65]。何よりも,習近平が「香港祖国復帰20周年祝賀大会」の講話で,「『一国』は根であり」「本であって」「必ず強固に『一国』の意識を樹立しなければならない」と述べているのである[66]。

このように,中央は「二制度」が「一国」の下にあることを強調し,何よりまず国についての正しい認識を確立することを強く求めている。そこで念頭に置かれる「国」とは,正に憲法に書いてあるような国,すなわち党の指導の下で,党の方針・政策を実現するため,全国各民族人民が一体となって突き進む国なのであり,それを行うことが正に「法治」だ,ということになる[67]。これに対して,香港の「愛国人士」に意識される「国」は,「祖国の山河,歴史文化であり政治実体ではない」と指摘されるように[68],香港の人々がイメージする「国」と,共産党の考える(そして憲法に書いてある)「国」とには,当初から少なからぬズレがあったように思われる。

逆に言えば,だからこそ中央(の指導者)にとっては,この「国」の意味を明確にし,香港をその意味での「一国」に統合していかなければならないことになる。それは一方で,基本法23条が求める立法の早期の制定,すな

---

64) http://news.sohu.com.cm/20170617/n4377245651.html 参照。なお同氏は著名な憲法学者(清華大学教授)でもある。
65) http://npc.people.com.cn/n1/2017/0601/c14576-29312157.html 参照。
66) http://news.xinhuanet.com/politics/2017-07/01/c_1121247124.htm 参照。
67) 全人代常委会秘書長・基本法委主任の李飛は,全人代常委会の記者会見において,香港の指導者は「愛党」でなければならないか,という質問に対し,「中国共産党は全国各民族人民により心から敬愛され擁護されている」として,「このような中央人民政府を擁護すべきこと」は「言うまでもない」と述べている。http://news.ifeng.com/a/20140831/41803582_0.shtml 参照。
68) 白・前掲注13・295頁。

わち「中央人民政府の転覆」など反国家的行為の禁止と外国政治組織の活動の禁止（及びそのような組織との関係構築の禁止）により，制度的側面で「一国」に反する行為を強く取り締まることを求めることになり，また他方では，愛国教育・民族教育の強化により，思想的・精神的な「一国」化が目指される[69]。英国議員の入境拒否や中英共同宣言の否定など，英国に対する警戒の高まりも，このような意識が反映したものということができよう[70]。

そして最終的には，習近平が強調するように，「全国各民族人民が正に実現目標とする」「中華民族の偉大な復興という中国夢の実現のための団結と奮闘」が目指される。そこでは香港もまた「中国夢の重要構成部分」であり，まず「中国夢」を共有し，その実現のために一つにならなければならない，と説かれているのである[71]。

基本法が正に方針・政策の実現をその目的とするように，共産党による指導とその施策の実現は，そもそも最初から当然に基本法の目的であった，と言うべきであろう。その意味で，現在の状況は本来あるべき姿が顕在化（法律の目的が明確化）したに過ぎず，今次の「解釈」もまた，基本法の当初からの意味を改めて述べたに過ぎない，ともいえるかもしれない。とはいえ，その思想や理念どころか夢までもが一つである（でなければならない）と言うなら，そこに「二制度」の必要（または余地）などあるのだろうか[72]。

基本法の「最高かつ最終」の解釈権を行使する機関の長により三権分立を否定する文言が当然のように述べられるのを見るにつけ[73]，また中国の外交

---

69) 前掲注36の張徳江の講話では，「香港の青少年に対する国情教育と法治教育」を「格別に重視し」「正確な国家観念，民族観念及び法治観念を幼少から育てなければならない」とされ，また習近平も前掲注66の講話で，「青少年に対する愛国主義教育の強化に力を入れる」と述べている。
70) http://www.chinadaily.com.cn/hkedition/2014-12/04/content_19021635.htm （中国側がこれを正当であると主張する内容）など参照。なお同様の主張は以前から見られる（http://www.sankei.com/world/news/141204/wor1412040017-n1.html など）。
71) 引用はいずれも習近平・前掲注66の講話から。
72) 鄒・前掲注18・421頁は「裁判官選任の本土化」を提唱するが，それは香港の「二制度」を象徴する「司法の独立」の「一国化」を推し進めるものであるように思われる。
73) 同発言は全人代常委会委員長の張徳江によるもの（前掲注36）。基本法の下では三

部が再三中英共同宣言の失効を強調するのを見るにつけ[74]，「50年不変」の否定，つまり基本法の基礎にある一国二制度の実質的な終焉は，既にカウント・ダウンに入っているのではないかとすら，思われてくるのである[75]。

おわりに

「宣誓風波」を中国の側から眺めれば，「香港独立派」の両議員のパフォーマンスは受け入れがたいもので，その資格はく奪はむしろ当然である，とする見解も少なくない[76]。実際のところ，メディアを挙げてのプロパガンダの効果を差し引くとしても，中国を侮蔑する両議員の宣誓の文言は幼稚で扇情的であり，この両議員（のイメージで象徴化された香港独立派）に対する反感や嫌悪こそが，全人代常委会が「解釈」の大鉈を振るう後押しをした，という側面は否定できないだろう[77]。

権分立が行われているとの認識も見られるが（例えば董立坤『中国内地與香港地区法律的衝突與協調』（中華書局，2016年）67頁），中央は当初から「行政主導」を強く押し出しており，それを緩和しようとする人々との間で駆け引きが見られていた。陳弘毅「香港政治体制中的行政與立法機関」（前掲注2・陳弘毅編著所収）280頁以下。

74) 基本法は前文で，「国家の香港に対する方針・政策」は「中英共同宣言において明確に説明されている」としており，同宣言の否定は直接に「一国二制度」の否定につながることになる。

75) 中央連絡弁公室の王振民法律部長は，「香港の自治を以て中国に対抗し，国家の存在を脅かす者があれば，どんな国家であれ，二制度を続けて行うことなどはできない」と発言している（http://www.bbc.com/zhongwen/simp/chinese-news-39755206 参照）。

76) 大陸の官製メディアや香港の御用メディアばかりか，「敵対分子」と見られる海外のリベラルなメディアでも「大部分の（香港）市民は独立派を支持していない」という指摘が見られている。例えば Voice of America「香港高等法院裁定両本土派議員喪失議員資格」における鄭宇碩（香港城市大学）の発言（http://www.voachinese.com/a/voaconnect-201611115-china-hong-kong-pm/3596752.html）。

77) 御用記事的ではあるが，香港最大の英字紙 South China Morning Post にも，連日「本土派」への強い批判が見られていた。例えば "A lesson for Sixtus Leung and Yau Wai-ching. double standards and hypocrisy don't win respect," http://m.scmp.com/comment/insight-opinion/article/2046079/lesson-sixtus-leung-and-yau-wai-ching-double-standards-and。

とはいえ，全人代常委会は今回，自らが有するはずの基本法の解釈権の行使により，香港の統治に関わる人々，とりわけ司法に関わる人々を著しく刺激し，その拒絶反応を招くこととなった[78]。それは，今回の「宣誓風波」とそこにおける基本法解釈により，そこで脅かされているものが，特定の人々やその思想だけでなく，むしろ司法の独立や高度の自治といった，基本法の核心にある制度ないし理念であるということが，とりわけ法に携わる人々に強く危惧されたからであろう[79]。

香港が正に同じ夢の下で中国と一体化した道へと進むのか，それとも抽象的かつイデオロギー的な言説に満ちた憲法，そして党（または指導者）の基本方針・政策としての一国二制度という夢から覚め，真の自治への要求をさらに高めることになるのか。その夢の行く先は，いまだ混沌としたままである。

---

78) The Guardian, "Hong Kong: lawyers and activists march against Beijing 'meddling'," http://www.theguardian.com/world/2016/nov/08/hundreds-silently-march-in-hong-kong-in-protest-at-beijing-meddling は，葬送にも似た法曹関係者のデモを紹介する。
79) この点についても，習近平が前掲注66の「講話」において，「香港住民は歴史上のいかなる時期と比べてもより広範な民主権利及び自由を享有している」と述べるように，双方の認識には大きなズレがある。

第 10 章　協商民主と信用社会
―― 中国夢の「人民」と「公民」

はじめに

　中国では 2012 年の習近平指導部発足以来,「中国夢」が前面に打ち出され, 共産党・国家・人民を挙げて中華復興の実現が目指されている。この壮大なプランは, しかし意外なことに, 中国特色的法治国家をその実現の道としている。そして, その象徴として位置づけられるのが, 2020 年に完成するとされる民法典である。正に, 2017 年 8 月に放送された「法治中国」と題する中央電視台（ＣＣＴＶ）の特集番組は, 19 世紀をフランス民法典, そして 20 世紀はドイツ民法典の時代であるとした上で, 2017 年 3 月に成立した民法総則は正に「民族精神と時代精神の立法的表現」たる中国民法典の「要となる 1 頁を開くもの」であるとして, 21 世紀という時代が中国（民法典）により代表されることを宣言しているのである[1]。

　この民法典には, それが実質的に既存の個別立法の合成という以上のものになりうるかという疑問は残るものの[2], 上記「法治中国」でも述べられるように,「人民大衆の人身権利及び財産権利の承認及び保障」という機能を持ち,「公民の権利宣言書」と位置づけられる民法典が,「中国夢」の実現の基礎に据えられるとすれば, それは一見全体主義的で民族主義的な「中国夢」が, 実は個人の尊厳や自由の保障といった観念こそをその核心とするものなのだ, と考えることにもつながりうる。

　そうすると, 正に個人の尊厳や自由の保障という観念の定着, そしてそれ

---

1) 2017 年 8 月 19 日放送ＣＣＴＶ『法治中国』第 2 集：大智立法」より。
2) 民法典は, 総則こそ 2017 年 3 月に制定されたものの, その他の部分は既存の各法規（物権法, 契約法そして権利侵害責任法など）を編として調整・編成することにより成立するものと思われる。また新しい立法である総則も, 1986 年制定の民法通則の枠組みや内容の影響を強く受けている。

を核心とする市民社会が形成されつつあるからこそ，民法典が「中国夢」の基礎に据えられようとしているのだろうか。さらに言えば，中国における民法典の制定（編成）は，市民社会の構築または発展とインタラクティヴな関係にあるといえるのだろうか。

　本論では以上のような意識を持ちつつ，近時中国で展開された議論を検討し，今後出現する民法典の基礎となる（べき）社会とそこでの公民の姿を明らかにしてみたいと思う。以下ではまず，2013年に出された「中国人はどのような民主を望むのか」[3]と題する書物がこれに関して興味深い視点を提供しているので，その内容について検討してみたい。

第1節　協商民主の道

1　人民の求める民主

　この書物は，中国社会科学院が全国でランダムに抽出した1750人の成年者に対して「中国公民政治素質調査研究」[4]と題する無作為アンケートを行い，その回答と分析に基づいて，中国人が考える理想の民主の姿を明らかにしようとするものである[5]。本調査は中国社会科学院の重点研究プロジェクトとして行われており（1988年にも類似の調査が行われている），プロジェクト当時の中国社会科学院政治学研究所所長も代表を務めるなど，「国情調査の重大プロジェクト」[6]と位置づけられている。

　アンケートの内容を見ると，「民主は良いと思うか良くないと思うか」（第

---

3) 張明澍『中国人想要什麼様民主—中国"政治人"2012』（社会科学文献出版社，2013年）。以下の引用箇所はいずれも本書からのもの。
4) 中国の一般的用語法として，国家の主人たる主権者的存在が「人民」，法律上の国籍者が「公民」とされ，「市民」については近代西洋社会または資本主義国家をイメージして用いられることが多い。そのため，「人民」は政治的意味を伴いやすく，また抽象的・観念的な存在となりやすい（逆に言えば「市民」もまた然り）。但し，論者によっては「市民」や「公民」を中国を含めて広く一般的・包括的な用語として用いる場合もある。
5) 正確には戸籍から1750の家庭を選び，そこに属する成年者一人が回答するよう求めたとされているので（1頁），アンケートの回答率は100％ということになる。
6) 同書335頁の「謝辞」中の記述から。

12題),「中国は現在民主という点でどうか」(第13題),「政治に対してどのような態度であるべきか」(第27題)といった抽象的な質問から,「近くに工場ができてひどい騒音で眠れないとき,政府に何らかの措置をとるよう求めるか」(第23題),「政府の庁舎内で偶然贈賄の瞬間を目にした。あなたはどうするか」(第19題)といった具体的な質問まで様々なものが含まれ,それぞれについて所与の選択肢から回答することが求められる。

さらに,同書ではこれらのアンケートへの回答について詳細な分析が行われる。この分析にあたっては,いずれの質問についても,①年齢,②学歴,③地域,④職業,⑤収入の程度,そして⑥思想的な「左右中道」,といった分類から回答の傾向を検討し,それぞれの要素の違いによる「民主観」の違いが鮮明にされる。そしてこのような要素別の分析を踏まえたうえで,各章末において,「民主はよいものか」「民主とは何か」「政治にどう参加すべきか(しているか)」といった項目についての「人民の意思」が明らかにされ,最終的に文末において,中国人はどのような民主を望んでいるのか,ということについての結論が導き出されている。

2 不思議な質問と結論

この調査で驚かされるのは,わずかな質問から大胆かつ深淵な理解を引き出し,かつそれが事実であるかのように扱われることである。ここには,「ランダムな抽出」とはいえわずか1750人の回答がどの程度全体像を反映しているのか,という疑問もあるが,具体的な質問内容にも,民主について回答者の傾向や考えを抽出するに足るとは思われないものがある。

例えば第18題は,「ある幹部[7]が収賄の罪を犯し,規定によれば10年の懲役に処すべきであったが,『裏口』を使ってわずか1年の刑となった。これに対して県党委員会書記が裁判所所長を呼び出し,厳しい処罰を求めたところ,裁判所は再審を行い,幹部に改めて10年の懲役を言い渡した」として,「このような県党委員会書記のやり方」について「よい」「よいとまでは

---

7)「幹部」とは,中央から地方末端の党(共産党以外の公認政党を含む)または政府(関連)機関に従事する者を指す(現業職員や臨時職員等を除く)。

言えない」「よくない」といった選択肢が提示されている。

　これは民主より法治の問題のように思われるが，より重要な問題として，裁判の対象となる事例は複雑多様でそれぞれ独自の要素の組み合わせから成り立つことを考えると，そもそも「規定によれば10年」という考え方自体が法治に親和的とは言い難い。もちろん，「本当は10年なのにたった1年」というのは質問のための便宜に過ぎず，共産党の書記が超法規的に正義を実現することの可否こそが問われているのだが，悪質かつ違法な権力濫用を前提にした上で，それを覆すための正義かつ（ある程度）違法な権力濫用の可否を尋ね，それに基づいて「目下の政治文化の中に伝統文化への『回帰』の現象がある」[8]とするのは，設問がそもそも誘導的であるだけでなく，結論にも牽強付会の感がぬぐえない。

　さらに，質問に回答する際の選択肢にも，恣意的な誘導が疑われるものが散見される。例えば，「あなたの民主の理解に最も近いものはどれか」（第11題）という質問への回答は，「定期的に選挙を行い，複数政党の競争により国家指導者が選ばれること」と「政府及び指導者が真に人民の利益を代表し，人民に奉仕し，人民の監督を受けること」の二択となっている。人々は圧倒的（85％）に後者を選んだのだが，それは要するに形式（だけ）と（良い）実質とどちらが良いか，という問いに答えさせているに過ぎない。

　また，回答から導き出される結論も極端に断定的である。例えば上記第11題の回答に基づいて，「西側の文化から民主を理解する比率は概ね15％」だけで，それは「人と人の間の調和，礼譲，謙虚，メンツを重視する中国文化」のためである，との結論が導かれているが[9]，人々が圧倒的に選択した2つめの選択肢には，党と政府[10]がいたるところで強調している標語が散りばめられており[11]，強力な同調圧力に抗して15％もの人がそれを選ばなかっ

---

8) 同書87頁。
9) 同書87頁。
10)「党と政府」「党政」等とされるとき，そこでの「党」は（一般に）共産党のみを指し，「政府」は（行政府を指すこともあるが）広く三権を含む統治機構全体を指す（以下単に「党」というときは中国共産党を指す）。
11) とりわけ「人民に奉仕する（為人民服務）」は毛沢東の言として，その揮毫（複製や

たことのほうが驚きである。

　これ以外にも，例えば第24題は「政治的な面で，中国とアメリカを比較してあなたはどう思うか」と質問し，①中国はアメリカより良い②アメリカは中国より良い③中国とアメリカでは国情が異なり，簡単に比較できない④わからない，という回答から選択させるものとなっている。

　「中国特色」の優越性が至る所で繰り返し強調され，逆に人種対立や暴動などアメリカの負の側面を伝えるニュースが連日詳細に報じられる状況下で[12]，②の選択肢を選んだ人の割合に基づいて中国に「『右』の比率は8％しかない」ことが「主要な発見」として「帰納された」[13]，とする論者の理解は，回答者が「調和，礼譲…メンツを重んずる中国文化」の下にある，という自らの主張と完全に矛盾している。

3　「中国特色」的「協商民主」

　このように，同書が「中国人はどのような民主を望むのか」について引き出した結論には首肯し難いところが多い。むしろそれは，中国には伝統的に「徳治が法治に優先し，人への信頼が制度への信頼より多い」[14]といういわゆる「倫理主義政治文化」[15]があることを前提とし，その前提に合わせて質問と選択肢が構築され，やはりその前提に基づいて回答が解釈された結果であるように思われる。

レリーフ）が全国津々浦々，無数の場所で掲げられている。
12) 例えばＣＣＴＶのニュース局は，2017年8月12日にバージニアで人種差別を巡る衝突が起こったニュースを，8月16日になってもトップでかなりの時間をとって報道していた（8月16日「新聞直播間」）。この前日にはシエラレオネで死者300人を超す大洪水が発生，また九寨溝の大地震で多くの死者が出てから一週間も経っていない。このような報道の特性について，本書は従来中国で事故や災害さらにはPM2.5の値について何ら報道がされなかったことを挙げ，それは「報道されたら体面がよくない」ことを慮った「倫理主義政治文化の現れである」としている（291頁）。
13) 295頁。なお本書ではこの質問8の回答に応じて，①＝「左」，②＝「右」，③＝「中（道）」に分類し，その分類を用いて他の回答についての分析を行っている。
14) 304頁。
15) 290頁。

そうすると，「形式と手続よりも実質と内容」，「投票より協商」を優先する「中国自らのものであり外国のものでない民主」が中国人の望む民主，すなわち「協商民主」である[16]，との結論も，最初から用意されたゴールであるように思われるが，いずれにせよ，論者によれば「中国人には西側の民主を強烈に求める主観的願望はなく…中国における民主建設の現状に概ね満足している」[17]とされることになる。

　その理解の当否は置くとして，ここで示された「人民の意思」は，少なくとも国家の側にとっては，他ならぬ人民がまさにそのような民主を望んでいる，という「科学的根拠」として有用であり，逆に言えばそれに基づいて（「人民の意思」に従って）各種の政策または制度構築が行われる，ということになる。

　それは，同書が中央電視台などいわゆる官製メディアで広く取り上げられ，新華書店の目立つ棚で販売が促進されていたことからも明らかであるが，このような論調が民主を論ずる書物・研究に幅広く共通して見られるという点も，これがいわゆるオフィシャルな人民の意思（観）であることの証左と言えよう。

　例えば，浙江大学当代政治研究所所長の段治文は，マルクス主義の下で毛沢東が実践してきた「中国特色社会主義」は「中国の伝統政治文化の民主の含意と内在的導き」に従うもの，すなわち「君民同一」「民貴君軽」「君権民授」という「中国古代社会のイデオロギー」は当初から「社会主義的色彩」を帯びた「中華民族が有する自らの民主的文化土壌」であって，「西側社会の『市民』とは一定の離隔がある」とする[18]。

　そのうえで，やはり伝統的にみられる「『強権的独裁』の国家権力論」のため，「民主は権威を離れてはならず，その権威がまさに中国共産党の指導なのである」とする[19]。そして，このような党の指導の下に置かれた人民代

---

16) 282 - 285 頁。
17) 304 頁。
18) 段治文『中国特色社会主義民主新論』（浙江大学出版社，2016 年）。「 」内はいずれも第 3 章「文化伝統と歴史の合力」（24 - 56 頁）から引用（以下の頁数は同書）。
19) いずれも 35 頁。

表は「西側の議会とは本質的に異なり…人民の中にあり，人民大衆と密接に結びついている」[20]。それは構造上，人民代表制度の根幹に「基本政治制度」として「共産党の指導する多党協力の政治協商制度」を置き，それにより「党の指導をしっかりと堅持し」「人民民主をより発展させる」[21]，ということになる。

このように「歴史伝承と文化伝統」[22] そして「社会主義民主政治の特有の形式及び独特の優勢」[23] を有する中国の特色ある「協商民主」[24] は，共産党の指導の下での多党協力という「政治協商」のシステムの下，「党委員会が指導し，政府が責任を負い，社会が協力し，公衆が参加し，法治により保障される」[25] ものなのである。

そこにおいて，社会そして市民は，国家組織と「調和的でインタラクティヴな関係」[26] にある。すなわち，「人民内部から生じた人民によるもの」であり「始終中国の最も広大な人民の根本的利益を代表する」共産党が，「国家政権と社会生活において指導的地位」を占め，国家を指導し「社会主義市民社会を育成する」[27] ことにより，「社会主義民主の最終的実現」が成し遂げられるのである[28]。

「寧波市党委員会と党校の関連専門家・学者を結集して」行われた協商民主に係る調査・研究プロジェクトの報告も[29]，中国の古代文明から現代へと

---

20) 92－93頁。
21) 89－90頁。
22) 89頁。
23) 116頁。
24)「協商民主」は deliberative democracy の訳語として用いられていたが，「協商民主の中国での実践は西側よりもはるかに早くから始まっていた」（96頁）とされるなど，昨今は中国の優越性や独創性を述べる文脈で，特色的なものとして用いられることが多い。
25) 263頁。
26) 174頁。
27) 175頁。段は「市民社会」との用語を使っているが，「西側」と「社会主義（または中国）」とは「全く異なる」という前提の下で，それぞれの「市民社会」が持つ意味は本質的に異なるということになる。
28) 引用はいずれも129頁。
29) 劉彦昌等『治理現代化視角下的協商民主』（浙江大学出版社，2017年）

連なる「協商民主の歴史実践」を紹介した上で，それこそが「代議民主の致命的欠陥」を補う現代の民主であるとする。

その論理は，協商民主という「中華民族の優秀文化伝統」を持つ中国では，共産党の指導の下での多党協力体制（=「政治協商」）が適しており，それは「西側の協商民主とは大きな違いがある」というもので[30]，その構成・論理は上記の段の議論とよく似ている。ただ本書は寧波市での政策実践について論ずるものであるため，立法・行政の各場面における情報公開や意見聴取といった具体的施策が協商民主の成果として強調されているという違いがある[31]。

また，同報告では，統治制度としての「政治協商」に対して，社会の側の仕組みとしての「社会協商」も論じられている（8 章）。そこでは従来のような「上下 1 本線の党建の構造を打ち破り，ゾーン化した党建の構造に変革する」[32]とされるように，郷鎮・街道（末端政府または派出機構）さらにはその下部にまで及ぶ党組織ネットワークにおける情報共有と意見交換，そして様々な要求の取りまとめなどを通じて，党を支柱そして媒介とする社会の統括的運営が目指されている。

なお，「中国の社会協商は完全に内生的なものであり」，かつ「集団原則により個人の利益が全体の利益に服従し，最終的に絶対的大多数がみな満足する結果を得られる」とされているが，それは「西側国家の社会」が「国家制度の外にある」のに対し，中国の「社会協商」が「党建」の推進を通じて管理され，「国家制度の構築と歩を同じくし，かつ国家制度の構成部分をなす」，すなわち，（人民内部から生じた）党と国家と社会の一体性を意味している[33]。

---

30) 引用はいずれも前掲注 29・117 頁。
31) 特に 5 章「立法協商」と 7 章「行政協商」。
32) 同 161 頁。後述のように，「党建」とは主に，各種の集団・団体等への党組織の設置と，それら党組織を通じた党（員）活動の充実・拡大を指す。
33) 引用部分は 170-171 頁（第 8 章「社会協商」）。なおこの他にも，例えば北京師範大学の孫津による『超越民主』（華東師範大学出版社，2017 年）なども，「社会主義民主と西側または資本主義民主は確かに全く異なる性質を有する」（303 頁—94 頁）とする。但

4 まとめ——「人民の意思」としての協商民主

このように,それが客観的な分析であれ人為的な誘導であれ,昨今目にする多くの議論において[34],中国の人民は西側の所謂「代議民主」に懐疑的かつ消極的で,むしろ権力者を強く信頼し,それが強権的ひいては超法規的に正しいことや善いことを実現してくれることを望んでいる,とされている。そのような「人民の意思」は,存在として「正」かつ「善」であり何より人民と一体である共産党が,国家を指導し,社会を育成・管理するとともに,人民がそれらに参加する所謂「協商民主」により実現するのである。

他ならぬ中共中央が,2015年2月に「社会主義協商民主の建設を強化することに関する意見」を出しているように,協商民主は歴史的伝統や経験的実践であることに加え,今後の民主そして社会の礎として,明確にその強化が打ち出されている[35]。

もちろん,共産党による統治を前提とする以上,代議民主の実質化やその幅広い実現を期待するのは非現実的であり,それどころか,そのような要求はしばしば犯罪として取り締まられ処罰されているのであって[36],現実に選択の余地などない状況の下で,このようなアンケートの結果を「人民の意思」と呼ぶことには違和感を覚える。

とは言え,動かし難い現実に制約された範囲内で,人々がどのような民主

し表題の通り,孫はそもそも中国のやり方は「民主」を超越したものであり,「(協商) 民主」と称すべきものではない (245頁) としている。また,温州市での農村の「社区」(コミュニティ) 建設に関する調査 (全国社会科学基金プロジェクト) をまとめた呉素雄等『農村社区治理的結構転型:温州模式』(中国社会科学出版社,2014年) も,「党組織の主導」と「政府管理による管理統制・安定維持」という特徴を指摘するが,「民間」の発育が不十分で,「社会組織の行政的特徴がかなり顕著である」との問題も指摘している。
34) ここまで検討した各書物はいずれも,論者が2013年から2017年にかけて,上海最大の「新華書店」に幾度か訪れた際,「中国社会」と題するコーナーの目立つところに,しかも数冊置かれていたものである。
35) 以下 (中共中央の)「意見」とすることがある。同「意見」は,協商民主が「社会主義民主政治の特有の形式及び独特の優勢」であるとして,政府機関や議会から人民団体,企業そして社会組織に至るまでの「協商」とそれに対する党の指導の強化を求めている。
36)「国家政権転覆扇動罪」により有罪とされ獄死した劉暁波は,「08憲章」において正に結社の自由に基づく多数政党の選挙を通じた民主国家を主張していた。

第2節 「社会」の枠組み

が現状適合的と考えるか，という点から言えば，上記アンケートまたはそれらに基づく結論も，その限りでの人民の意思とは言えよう。また上記中共中央の「意見」からも明らかなように，やはり現実の問題として，そのような歴史伝統または人民意思に基づく協商民主が今後一層強化され，それに基づく社会設計が一層進行することもまた疑うべくもない。

では，このような民主観を支え，さらにそれに基づいて設計されつつある社会はどのような姿を持っており，また今後どのようなものに変わっていこうとしているのだろうか。以下では，党の指導の下で育成されてきた社会の姿とその問題について考えてみたい。

第2節 「社会」の枠組み

1 「社会」の構築

上記の各書でも触れられているように，上からの社会建設の試みとその基本的構造は，建国以前から共産党の支配下において長く見られてきたところであり，その意味で「伝統的」でありかつ「歴史伝承」ということができる。

建国後の社会主義化の過程に目を向けると，農村では人民公社が，都市では職場を中心とした所謂「単位」[37]が，教育・住居そして医療・生活保障など基本的なサービスを提供するとともに，思想・宣伝や人口管理など，社会管理に関わる機能を担ってきた。

とりわけ都市部における社会構築に関わる記述では，ほぼ必ず，「単位社会」と称される計画経済体制下の社会構造が，市場経済への移行に伴って徐々に崩壊し，社会治安そして社会福祉に間隙が生じたため，単位に変わる社会管理の担い手が求められることとなった，と指摘されている[38]。そして

---

[37] 広くは職場を指し，単に「組織体」を意味することもあるが，各公民を戸籍と档案を通じて管理する単位としての所属先（広く計画経済体制に組み込まれた1ユニット），という意味を持っている。

[38] 「単位社会」の形成・衰退とその機能の「社区」（居住地域別コミュニティ）への移行（の施策）に関しては，田毅鵬等『『単位社会』的終結――東北老工業基地『典型単位

そのような社会の担い手は，入退社や転職が頻繁に起こりうるようになった単位から，一定の長さで居住し生活上の関係を形成することが期待される居住地域の「社区」（コミュニティ）[39]へとシフトすることになったのである。

　このような居住地域には，都市部では住民委員会，農村部では村民委員会が置かれ，それぞれが憲法上も「大衆的自治組織」と位置づけられている[40]。また同時に，それら委員会に対応して共産党の支部が置かれ，党員の教育と諸活動，とりわけ党勢の拡大（「党建」）と党外大衆との連絡・協同（「群衆工作」）を担うことになる[41]。

　社会管理に係る論文や関連の記述を見れば明らかなように，このような末端の党組織の活動，とりわけ党勢の拡大と大衆との協同は，「社会管理を刷新する『ブースター』」等と位置づけられている[42]。そして，居住地域を中心とした末端まで及ぶ党組織の連絡・指導・管理に，各種経済体・社会組織（NGOなど）も含む単位の党組織との連絡・指導・管理を組み合わせ，業種や各領域，そして対象事項など必要に応じて「聯合大党委員会」を構成するなど，党の指導の下，「社会関係を調整し，社会行為を規律し，社会問題を解決し，社会矛盾を解消し，社会の公正を促進し，社会リスクに対応し，社会の安定を維持する」[43]ことが目指されるのである。

　このように，中国でこれまで建設され，これからも建設が強化される「社会」は，あらゆる種類の組織・団体に党の思想・精神を十分に伝達・浸透させ，それにより秩序と精神性のある社会を隅々まで実現しようとするもので

制』背景下的社区建設』（社会科学文献出版社，2005年）が詳しく論じている。
39) 呉素雄等・前掲注33・19頁は，「社区は現代社会の細胞であり，一般に一定地域範囲内に居住し，共通の意識および利益を紐帯とする人々によって構成される社会生活共同体である」とする。
40) 憲法111条。
41) 中国共産党規則第5章「党の基層組織」（29条―32条）。但し，同章の規定にも明らかなように，職場など単位の党基層組織についても，その設立の徹底と活動の活性化が目指されている。
42) 姜暁萍『社会管理創新案例読本』（中国人民大学出版社，2014年）4頁。同書は「新時期党員幹部叢書」とされ，各地での党の指導する社会管理の成功例が紹介されている。
43) 同書「前言」。

ある。それにはあらゆる種類の組織・団体に党組織があることが前提となるが，居住地域のコミュニティによる社会管理の強化と，「両新」(新しい民間組織とＮＧＯ) も含めた組織・団体での党組織建設の徹底により[44]，社会管理を行うための枠組みは概ね整えられたと言ってよいだろう[45]。

2　「社会」の機能

これら社会に関わる記述では，「孵化」「育成」そして「管理」といった表現がしばしば用いられている[46]。要するに，社会は何か自生的・自律的なものというよりは，（党により）生み出され育成され管理される対象，として捉えられているのである。

そのような社会観が明確に現れているのが，中央から末端まで組織が整備され，制度が構築される「社会治安綜合治理」である。同政策は，上は国家機関から下は家庭生活にまで及ぶ望ましい構造及び関係の構築により現実の社会治安を改善し，社会秩序を強固なものにしようとするものである[47]。

この社会治安綜合治理に関しては，国家の法律から地方・部門レベルの規則，さらには各機関・単位内での考査方法といったものまで，全国のあらゆるレベルで多くの文書が出されている。それらに共通して見られる構造は，各地域・領域・業種などについて，それらを統括する党組織（政法委等）を

---

[44]　人民日報系人民ネットの 2013 年の記事では，公私そして法人・非法人を問わず，一定人数のいる組織体の「党組織カバー率」はいずれも 99％を超えるとされる（http://j.people.com.cn/94474/9305416html）また，新浪ネット「豊県多措聯動助推"両新"党建有効覆蓋」（http://news.sina.com.cn/o/2017-08-24/doc-ifykiurx1258543.xhtml）は，変化の激しい「両新」での「党建」を「動態的に 100％維持する」ことを強調し，とりわけ党員が 3 人に満たない場合は地域・業種に応じて「聯合党組」を打ち立て，かつ「党・組合組織建設指導員」を派遣して「党の活動の全面的カバーを実現する」としている。

[45]　2017 年 3 月に中国証券監督管理委員会の劉士余主席は，国務院での記者会見で「党建をしっかりやりさえすればその企業の業績は良い」と発言している。「劉士余：上市公司只要注重党建　這個公司業績好」http://news.china.com/domestic/945/20170226/30283566.html

[46]　姜暁萍・前掲注 42・22 頁。

[47]　但見亮『「社会管理綜合治理」の構造と問題点』『一橋法学』12 巻 3 号（2013 年 11 月）143 頁以下参照。尚，制度及び機構（名）は度々変化している。

頂点とした社会治安綜合治理組織を構築して，それぞれの組織や単位について個別の責任を列挙し，その責任を果たすことを約した「責任状」に署名させるなどして，隅々にまで至る社会管理を実現しようとする，というものである。

　上記の各種文書を見ても明らかなように，そこで目指される社会管理のリストには，治安，教育，文化，メディア・出版，工商・税務，労働，民生，医薬衛生，交通運輸，都市建設，農水林業そして土地管理に至るまで，あらゆる対象・領域が含まれ，それを主管する組織及び人員の責務が羅列され，それに対応した賞罰の規定が置かれている[48]。

　このような責務は，街道や村などへの指示において特に個別・具体的に示され，その成否または達成の程度が点数化された業務評価により，党や国家による賞罰がもたらされる。具体的に見ると，そこには従来から治安や秩序について責任を負う国家機関[49]や自治機関に加え，青年・労働者・女性や各業種の管理・教育・指導を担う「人民団体」[50]，教育・医療そして鉄道や電力等公益的事業，さらには民間の企業や工場そして個別の人員についても，それぞれに対応した業績評価が行われ，賞罰が行われることになる[51]。

---

[48] 青海省西寧市「社会管理綜合治理条例」に規定された内容。同様に，江西省の「社会管理綜合治理体系建設計画綱要」(2012-2015年) も，民生保障から教育，そして取引信用の構築など，幅広い任務を列挙し，それを「指導責任」「部門聯動」「社会協同」及びそれに応じた「考査賞罰」並びに「過誤責任」のメカニズムで実現する，とされている。

[49] 中国は末端まで国家機関であるので，例えば地方各地のA省，B市そしてC県の政府機関はいずれも「国家機関」であり，末端の鎮に従事していても「国家公務員（幹部）」ということになる。

[50] 共産主義青年団と労働組合，そして婦人聯合や工商聯合など。実質的には共産党の下部組織または業務部門というべき存在であり，各レベルで共産党の幹部がその指導部を構成するだけでなく，党の方針の浸透と貫徹を日常の任務とする。

[51] 例えば重慶市浩陵区崇義街道弁事処が2013年3月に出した社会管理綜合治理に係る「活動考査状況通報」では，住民委員会や学校，福祉施設などに加え，段ボール工場や製薬工場，銀行や携帯会社（いずれも支店）などが「先進単位」として「優秀」などの表彰を受けている。

3　社会の「公」性

　この社会治安綜合治理のシステムにも現れているように，国家と社会はいずれも党組織の指導の下におかれ，かつそれによって縦横無尽に結び付いている。すなわち，それが国家機関であれ企業であれ，はたまた外資やNGOさらには宗教団体などであれ，あらゆる組織または団体（さらにその部門や支部所）は，それ自体に党組織が組み込まれており，上級及び同級の党組織及び指導者等の指導の下，共通の理想を持ち望ましい方向へ人々を導く役割を負っているのである。

　このような制度ないし規定は，しかし，その現実的効果として，党へのつながりを持たない存在を社会から排除する，という効果をもたらす。かねてから中国では，NGOについてはその法的保障が不十分で，一般的な法的要件を具備していてもNGOの設立が困難であると言われていたが[52]，近時になって例えば労働者やLGBTの権利保護を目的とするNGO（及びその構成員）への厳しい取締や，海外と関係を有するNGOの活動を規制する法律の制定など，むしろ法によりNGOの社会への参加資格が一層厳しく制限されているように見える[53]。

　確かに，直近の民事訴訟法や環境保護法の改正に見られるように，広範な消費者被害や環境への潜在的汚染について，関連社会団体による公益訴訟を認める法改正がなされるなど，所謂社会団体を公的な問題の解決に積極的に参加させていこうとする方向性も見られている[54]。但し，それもあくまで公的に認められた社会団体に限ってのことであり，逆にだからこそ，社会を構成する団体を真に公的なものに限定していかなければならない，ということ

---

52) 楊正喜等「論我国NGO（非政府組織）発展面臨的法律障碍及解決途径」『北京交通大学学報』6巻3期（2007年9月）は，法律の保障の欠落，そして設立・登記における「厳格主義」をNGOが直面する問題として指摘する（89－90頁参照）。
53) これらの状況は，2017年1月4日付のNGOs are under threat in China's latest crackdown against "foreign forces"（https://qz.com/873479/ngos-are-trying-to-stay-alive-in-chinas-latest-crackdown-against-foreign-forces/）において詳しく紹介されている。
54) 2013年施行の改正民事訴訟法55条，及び2014年改正の環境保護法58条。なお環境公益訴訟を担当できる「社会団体」については，各地の民生部門で登録を経た，5年内に違法の記録のない，環境保護公益事業に専門に従事する団体，とされている。

になるのである。

　このように，中国においては，党の下に，かつ党を媒介として，国家と社会とが密接に結びつく構造がとられている。それは必然的に，公と私の区別を漠然としたものとし，むしろ私が公の色彩を帯びること，または公的意識若しくは責務の下で行動することをもたらす[55]。正に，「人民の権利の宣言書」として私的空間の権利保障を高らかに謳うものと賞賛される民法総則が，自然人一般の死者の権利について何ら言及することなく，（革命の）「英雄・烈士の名誉」の毀損についてのみ特に規定を置くように[56]，公的に共有される（べき）「精神価値」は「私」の指針として，その権利の範囲を画し，行為の当否を決することになるのである[57]。

4　まとめ――「公民」はどこに

　このように，中国で構築される社会は，その各パーツ（の頂点）に必ず党組織を置くことで，全体の精神的・組織的一体性を保つとともに，党および国家機関の管理及び指導の下でよりよい社会を構築することが期待されている。それは正に，上記協商民主で示される社会協商を成り立たしめ，社会管

---

[55] 2016年9月7日放送のＣＣＴＶのメインニュース「新聞聯播」は，遼寧省の4世代同居の「家庭党支部」を紹介し，インタビューを交え，日常の「党活動」において「廉潔自律ルール」を学んでいることなどを微笑ましいニュースとして報じている（但し，家庭内党支部自体は新しいものではない）。

[56] 民法総則185条。中国の著名な民法学者である孫憲忠（中国社会科学院）は，上記「法治中国」（前掲注（1））で，同規定は「人民の権利保障を十分に実現する」ものの一例であるとして高く評価している。

[57] 民法総則でこの条文が成立する以前にも，英雄・烈士の物語の内容に疑義（史実または科学的常識に反するとして）を呈する論文について名誉棄損の訴訟が提起されており，北京市の西城区法院は，（烈士の）精神は「全民族に広範に認められている」もので，被告の論文は「十分な証拠のない…推測，質疑ないし評価に過ぎず，主要な事実と無関係または関係の薄い細部を強調するもので…読者に疑問を生じさせ，主要事実の否定と英雄のイメージ及び精神価値の低下を招く」ものであって，それは「社会公衆の民族および歴史感情を害し，社会公共利益を害する」だけでなく，「中華民族の精神価値への損害である」としている。光明日報2016年6月28日『『狼牙山五壮士』後人起訴洪振快侵害名誉案宣判」http://edupeople.com.cn/n1/2016/0628/c1053-28502291.html 参照。

理を全うするのにふさわしい社会を構築しようとするものなのである。

とはいえ，これらの議論には「公民」の姿が現れてこない。理論的には，正に「人民」がこのような「民主」そして「社会」を望んでいることが，これら「民主」や「社会」の正当性の根拠となっているのだが，この「民主」そして「社会」の現実の担い手である「公民」[58]は，実際のところどのような姿を見せているのだろうか。現実の政策や構造の下で，これらの「民主」や「社会」にどのように対処し，どのような民主や社会を見据え，そしてどのような公民たらんとしているのだろうか。

以下ではこのような意識から，民主そして社会に対する公民の在り方及びそれをとりまく現状を分析し，そこから垣間見られる「公民」そして「社会」の姿について展望してみたい。

第3節　新たな公民像の展望

1　アプローチの変化

(1) 代議民主への幻滅

ここまで紹介したように，所謂協商民主の理論においては，選挙の役割は大変低く位置づけられているのだが，それは単に党や国家が選挙の活性化を望まず，厳しい統制を行っているためである，とは言い難い。実際に，人民の側も選挙に大きな期待を持っていない，ということは，かねてから指摘されているところである[59]。

もちろん，末端の人民代表大会など低レベルについてのみ行われる直接選挙ですら，その候補者選定の段階から上級党委員会が関与し，特定の望ましい候補のみが正式の立候補者となり，空気を読まずに独自に立候補した者は絶対当選しないよう様々な方法がとられることが，不人気の大きな原因であ

---

[58]　憲法上も，前文及び権力の所在等については「人民」とし，「基本的権利及び義務」の規定については全て「公民」を用いている。
[59]　例えば蔡定剣編『中国選挙状況的報告』（法律出版社，2002年）58頁は，選挙民の意識の低さや不参加などについて詳細に伝えている。

ることは確かである[60]。とはいえ，人事を始め重要な政策決定，ひいては法をどのように執行するかすら，結局各地・各機関の党指導者の判断により決せられる，という構造（またはそういう認識）の下で，年にわずか一，二週間しか開催されず，党または上級の決定を追認するだけの人民代表大会の選挙などに，そもそも人々が興味を持つわけがない。

そのような中国の現状から考えたとき，現在中国の人々が選挙に期待を抱いていないことを以て，人々が西側の代議民主に失望しているという結論を導くのは，自国に氾濫するコピー品の欠陥や質の悪さを理由に他国の正規品を非難するのと大差ないようにも思われるが，いずれにせよ，制度的にも現実的にも，選挙に具体的な諸問題の解決を求めようはなく，少なくとも中国で行われる選挙に人々が期待していない，というのは一般的な状況であるように思われる。

(2)「参加」の二面性

代議民主に期待できない以上，政策実現や問題解決を求める人々は，何か別の方法で自らの意思を表明し，また抗議を示す必要がある。協商民主が述べるところによれば，それはネットなどを通じた情報収集，幅広い範囲の情報の公開と共有，利益関係者などへの意見聴取と討議，そして事後調査や責任追及など，所謂「公衆参与」と称される参加的・協働的な仕組みによって人々の合意や理解を取り付けることによって実現されることになる。

実際にこのような参加の仕組みには一定の広がりがあるように思われるし，各地で施政に係る満足度調査などが大々的に行われている。とは言え，それはネット投票の多寡により政策を決するものなどではなく，意見聴取や聴聞は常に形だけのものとなる恐れがある。実際に，多くの迷惑施設や工場設置において，すでに参加のプロセスを経て人々が賛成したはずなのに，突然大きなデモや暴動が生ずる，ということがしばしば見られることをあげる

---

60) ワシントン・ポストの China is also going to the polls. But you'd barely know it, https://www.washingtonpost.com/world/asia_pacific/china-is-also-going-to-the-polls-but-youd-barely-know-it/2016/11/10/a7ad8666-a049-11e6-8864-6f892cad0865_story.html?utm_term=.1da0d1d936cf は，赤裸々な写真を交えて直近の選挙における所謂「独立候補者」への厳しい統制を伝えている。

第3節　新たな公民像の展望　　*287*

までもなく，参加の実質には疑いが残り，計画を推進するための形式的手続ということ以上に，その効用を見出すことは難しい[61]。

　そもそも，協商民主の具体的内容とされる参加は，「代議民主の致命的欠陥」を補うものとされている。すなわち，人民は自由な選挙を通じて自らの代表を選出することにより，立法や重要施策を自ら決めたということになるのだが，その場合でも，人民の重大な利益が損なわれたり，少数者に不当な不利益が生じたりしないよう，関係する人々の意見を聴取し，その合意を得る（よう努力する）ことが求められるのである。皮肉なことに，根本において上からの配置に過ぎず，代表としての実質が疑わしい「人民代表」が定める法規や諸施策などについて，形ばかりの参加の手続を置く協商民主は，（それが補うはずの）民主自体を欠くという正に「致命的欠陥」を持っているのである。

　協商民主の議論ではしばしば道義性が強調されるが，それは同理論の核心に民主という正当性が欠けるため，党や政府の指導者が正に人民の拝戴する道義的な存在であり，しかも全身全霊で人民に奉仕する，という前提を置かなければ協商民主の議論は成り立たない，という点で当を得たものということができる。いずれにしても，協商民主には補完するべき根幹の論理が欠けており，そこでの参加の効果は疑わしいばかりか，それ自体を保障する枠組みにも欠けるものと言わざるを得ない。

(3)　「公民社会」の死

　このように徹底して上から形式的に行われる「被参加」「被代表」[62]に対して，より実質的な参加の実現を目指し，憲法により公民が有する権利を実現しようとする所謂「新公民運動」が展開されていた。同運動は，大学教員や弁護士などが主導し，公園で横断幕を掲げたり関連の行政機関の窓口に赴く

---

61) このような参加の状況については，本書第6章「中国における住民参加の現状と機能」を参照されたい。
62) 近時中国では何事にも「被」をつける表現がしばしばみられるが，これは概ね気づかないうちに，または名目のみ，あまつさえ強制的に「参加したことになっている」「代表されている」「旅行させられる」ひいては「自殺させられる」，といった意味で揶揄的に用いられている。

などして，農村出身者に対する大都市での教育や医療の不平等の撤廃を求めたり，官僚・高級党員などの個人財産の公開を求めるなど，いわば合法的かつ非暴力的に公民の権利を実現し，以てその主張する「公民社会」の実現を目指す運動であった[63]。

ところが，2013年前後に同運動の主導者・参加者は次々に拘束され，衆合公共場所秩序攪乱罪（刑法291条）や騒擾惹起罪（同293条）などで有罪とされている。これは理論的な状況にも顕著に現れており，2012年以前まで概ね肯定的に捉えられていた「憲政」という用語は，2013年以降徹底的に否定的な評価を下されることになるなど[64]，西側の思想を否定するという風潮が決定的となっている。それは，彼らの言う「公民社会」が，党や政府にとって目指すべき社会ではない，ということを明確に示すものでもあった[65]。

このように，現状を見る限り，主張や意見を同じくする公民が協働し，憲法や法律に従って施策実現または問題解決を目指す所謂「公民社会」は徹底的に禁じられたように見える。しかし，ここで人民の意思とされる協商民主に立ち返ってみると，それは正当にも，人々が道義的な「権威」に期待していること，さらには法や手続よりも権力者の超法規的介入に期待していることを言い当てている。つまり，中国では伝統的かつ実践的に，合法であるかどうかよりも正義であるかどうかが重要であって，しかも力や権威により頼みつつ，参加によって問題を解決しようとする，ということになるのであり，「公民社会」はその意味で中国的ではなかったということになる。

ただ，より重要な問題は，そのような協商民主が招きうる状態である。ま

---

63) 同運動とそれへの取締については，但見亮「『憲政』と『依憲執政』――『中国夢』の『法治』を考える」『一橋法学』13巻2号（2014年）432 - 435頁を参照されたい。
64) Qian Gang, China's political discourse in 2013, http://cmp.hku.hk/2014/01/06/34866/ 参照。
65) 香港紙の報道によれば，2013年5月に大学関係者に出された「第9号文書」により，「公民社会」や「西側の普遍的価値」を含む七つの事項についてこれを「論じてはならない」との指示が出されたとされている。http://www.scmp.com/news/china/article/1234453/dont-teach-freedom-press-or-communist-party-mistakes-chinese-academics?page=all 参照。

さに革命期以前から伝統的に党と人民をつなぐものとして用いられてきた「信訪（陳情）」[66]の制度が，問題の放置と拡大，ひいてはそれを原因とする衝突や暴動の根源として批判されてきたように，協商民主の理論と実践は，しばしば人民が道義性や正義を根拠に，より高次の権力との一体性を掲げて低次の権力と衝突する，という様相を呈している。それは協商民主の構造的欠陥を示すとともに，協商民主とは別の，いわば「協商民主の致命的欠陥」を補う（封ずる）ための手段の必要性を明確にしている[67]。

2　あるべき「公民」

(1) 公民の教育

このような手段としてまず考えられるのは，「望ましい社会」を支える「望ましい公民」を育成することである。それは主に教育と宣伝をその手段とするもので，街中の至る所に張られた「社会主義核心価値観」を称揚するポスターやバナー，社会主義の自己犠牲や高尚な精神を謳う公共広告，そして全国の教科書で語られる愛国英雄・烈士の壮挙など，革命前から変わらぬ文字通り伝統に基づく実践という様相もあるが，最近のプロパガンダ映像などを見ると，ポップなものや情緒的なもの，美しい風景や勇ましい光景，テンポの良い講談風からアメコミ風のカンフーなど，幅広くかつソフトなコンテンツが，しかも中国語だけでなく英語などで世界に向けて発信されるなど，時代に合わせた変化が顕著である。

---

[66] これは「来信」（書状）と「来訪」等による陳情・苦情そして違法や不正義の告発及びその処理などを指すものであり，中央から末端まで制度が整えられている。そこでは様々な請求が行われ，担当部局が関連部門に処理を依頼し，その結果を陳情者等に説明する，という手続が規定されているが，その解決は「権威」の一存による（と一般に考えられる）ため，しばしば北京の政府機関や党指導者などへの，規定に反する違法な「直訴」を招き，それを防止しようとする地方政府人員などとの激しい衝突を招いている。詳細については但見亮「中国における陳情制度の改革」『一橋法学』15巻1号（2016年）35頁以下を参照されたい。

[67] これらの陳情や暴動に係る数値，そして人々の精神的構造については，本書第7章「『信訪』の二面性――制度と現実が示すもの」を参照されたい。同章でも論じたように，補完的手段としては参加と法的処理の徹底が想定されている。

また，青少年の教育が強く意識されている点も従来通りであるが，そこでも変化は顕著であり，親子で党の重要政策・方針を繰り返すラップ・アニメや，若い層に人気のアイドル・グループが歌い，スポーツや芸能さらに学術なども含め数々の有名人がスポット参加した「我々は共産主義を引き継ぐ者」(少年先鋒隊歌) のミュージック・ビデオなど，若い聞き手を意識したコンテンツが充実している。

　これらに共通する点は「正能量」(ポジティヴ・エナジー)，つまり正しいことや善いことを呼びかけ，世の中をポジティヴな空気で満たそうとする，というところにある。それは君民が共に徳のある道義的な存在であるという中国伝統文化そして協商民主 (の主張) に親和的であると言って良いであろう。但し，正にそのために，それは「負能量」(ネガティヴ・エナジー) の否定と消去を併せ持つことになる。昨今は「西側」のサイトや動画そしてSNSの切断だけでなく，国内のSNSなどで身近な不満や悪態を発しただけのようなものまで広く消去され，あまつさえ発言者が拘束されるような事件がしばしば伝えられており，ネット上をポジティヴに保つための過剰なまでの努力が垣間見られる[68]。

(2) 公民と「法治」

　このような施策に現われた「望ましい公民」の姿から考えれば，その形成を制度的に支える「法治」において，象徴的かつ核心的な役割を果たすものは，私的自治や契約自由の精神，ひいてはその根源にある個人の尊厳と自由を礎とする民法ではなく，正に公民への統制の強化を目的とする国家安全や社会治安に関わる法律である，というべきであろう[69]。

　実際に，現指導部成立後の立法を再度眺めてみると，そこには反スパイ法

[68) 2017年8月には（近所の）「病院の食堂の料理が不味くて高くて量も少ない，これでも人民病院か」との書き込みをした男が，虚偽情報流布と公共秩序かく乱の疑いで身柄拘束され，行政拘禁の処罰を受けたと報道されている。http://society.huanqiu.com/article/2017-08/1151603.html

69) 但し，例えば2017年3月に制定されたばかりの民法総則が，その1条で「社会主義核心価値観の称揚」を目的に掲げ，英雄・烈士の名誉毀損による「社会公共利益の損害」を定めているように，民法の礎が個人の尊厳や自由であるかどうかは疑いが残る。

や国家安全法などによる「敵対分子」の摘発の強化，インターネット安全法などにみられる情報・通信監視，そしてNGOの規制を強める法規など，国家の主人であるはずの人民が，国家安全など様々な責務を負うとともに，生活の細部にわたって管理される，という「法治」の姿が浮かび上がる[70]。

これらの規定から垣間見られる「法治」には，個人や団体の権利を守るための外枠として，または多様で広がりのある権利や自由を導き出すための核心としてとらえるべき要素は感じられない。それは「望ましい社会」を前提に，それを実現・維持する手段ないし道具として制度的に規定され執行されるという意味での「法による統治」であるにすぎない。

上記ＣＣＴＶの特集番組「法治中国」が「全民守法」をその最終回としていたことに如実に表れているように[71]，それは党の指導そして国家による管理の方法としての「法治」であり，そのような「法治」を防衛することが全民の責務なのである。直近でも，国家安全に関する通報制度が奨励され，通報者への高額な報酬が規定されるなど[72]，全民に法治を守るよう求める様相はより顕著になってきている。

3 「信用社会」の建設

以上のように，教育と宣伝，そしてそれを含む「正能量」に満ちた環境づくりと，その実現と維持を保障する「法治」が，現在の社会管理を支えているのだが，今後はさらに，国家や党が細かく社会を構築しそれを運営しなくても，または厳しい「法治」によらずとも，人々が自律的に「正能量」に沿った行動や言論を行い，ひいては「正能量」に満ちた社会を積極的に構築

---

70) 2015年の刑法第9改正でも，刑事処罰まで至らない微罪の場合でも犯罪に係る職務への就業・従事禁止が可能となり（改正後の37条の1），またネット管理・運営会社に違法・犯罪抑止の責任を課して義務履行の不全を罰し（同286条の1），さらにテロ関連情報収集への協力拒否が犯罪とされるなど（311条），処罰により担保される公民の責務の強化，という様相が顕著である。
71) 2017年8月22日放送。
72) 北京市国家安全局が2017年4月に出した「スパイの手がかりの通報奨励弁法」は，「特に重大な貢献」に50万元までの資金を出すとしており，これが広く新聞などに掲載・宣伝されている（同日北京日報の三面など）。

し発展させることが期待されている。それを可能にするのは，現在進められている所謂「社会信用体系建設」である。

　この「体系建設」について定めた国務院の「綱要」によれば[73]，それは「社会構成員の信用記録及び信用インフラネット」を基礎とし，「誠実信用文化理念を樹立し，誠実信用という伝統的美徳を称揚することをその内在的要求とし，信用遵守のインセンティヴと信用喪失による制約という賞罰メカニズムにより，社会の誠実信用意識及び信用レベルの向上を目指す」ものとされている。

　具体的には，零細企業や個人などの金融信用状況，そして生産者等による事故発生や各種違法・違反情報，虚偽や誇大広告など市場規制違反等，生産・金融・流通・税務・価格・工事そして各種サービスにおける様々な信用情報が集積され，それぞれのデータ・ベースが構築される。

　同様に，社会保障や労働，教育，科学研究，文化，体育そして旅行や環境などについても，それぞれの領域で生じやすい違反や信用違背が評価の対象とされ，それらが幅広い信用評価の基準となる。これは自然人についても同様である。国務院の「体系」は特に「自然人信用建設」との項目を設け，「国家の人口情報ソース」にもとづいて，「自然人信用記録が全国的範囲を完全にカバーすることを実現する」としている。特に一項目として設けられた「インターネット・アプリケーション及びサービス領域における信用建設」では，「ネット実名制の実現」による「ネット信用管理監督メカニズム建設の強力な推進」が目指されており，それを通じて「ネット信用情報と社会のその他の領域の関連信用情報の交換・共有メカニズムを積極的に推進し，ネット信用情報を社会各領域で推進し応用する」，とされている。

　この「綱要」に基づいて，地方ではさらに詳細な情報収集と共有そして利用に関わる文書が出されている。例えば北京市の「社会信用体系建設3年重点工作任務（2015-2017年）は，生産・流通・金融・税務・価格・工事・交通・ＩＴ・広告など，細分化された個別領域の「信用等級評価」と「信用分類管理監督」に基づき，「ブラック・リストの公示」や「信用喪失行為」

---

73) 国務院の「社会信用体系建設規劃綱要」（2014年-2020年）。

への「制約と懲戒」を行うとともに，「企業事業単位，社会組織，従業人員及び住民個人の誠実信用管理」を目指し，経済関連に限らず，交通違反や民事の執行そして各種行政・刑事の違法・犯罪記録なども含む広範な「全市企業及び個人の信用情報システム」を打ち立て，「公共信用情報の記録，収集及び公開，共有そして応用」を行うとしている。

その実現においては「暴露と譴責」そして「制約と懲戒」が大きな役割を果たす。報道によれば，このような「制約と懲戒」は資産運用や公務就任の制限から，交通機関や宿泊施設の利用制限，旅行・出国制限，さらには子女の就学制限といった内容にまで及んでいるとされる[74]。それは，「多くの部門，地区を越えた信用賞罰連動メカニズム」により担保され，最終的には「国家信用情報システムとの相互連携・流通」を経て，「全国統一の自然人，法人及びその他組織の社会信用コード制度が実現される」ことになる。

これは，情報の集中と管理による究極の中央集権国家の完成を思わせるが[75]，これらのシステムの推進においては「伝統道徳文化の称揚」や「道徳教育」が推奨され，また「社会の自律」や「社会の連動」が強調されるなど，協商民主の理論が色濃く表れている。「信用喪失行為の公開，暴露と譴責を強め，社会的制約と懲戒を推進する」という任務の責任単位が，（法的には行政上の責任を負い得ない）党の宣伝部とされている点も，党の指導の下の協商民主理論と合致すると言ってよいであろう。

そして，この信用の体系において，企業や個人は，各業種・領域または地

---

[74] 日経電子版 2017 年 6 月 9 日「中国，かつてない監視社会に　信用履歴で家族も縛る」参照 (https://www.nikkei.com/article/DGXMZO17399980X00C17A6000000/)。なお，「社会信用」では特に弁護士など「司法従業人員」の「違法・規則違反」の「懲戒制度」が規定されているが，明確な違法や規則違反に問われる以前に，子女が就学を拒否されたり，宿泊さらには居住を拒否される，という状況がしばしば報じられている。https://www.hongkongfp.com/2017/08/04son-mainland-human-rights-lawyer-chen-jiangang-barred-school-request-authorities/ など参照。

[75] エコノミスト 2016 年 12 月 17 日の記事は，中国での Big Brother による Big Data の利用は正に the digital totalitarian state を生み出すもの，と指摘する。https://www.economist.com/news/briefing/21711902-worrying-implications-its-social-credit-project-china-invents-digital-totalitarian 参照。

域等をカバーする団体や組織による「信用自律管理制度」による「制約と懲戒」の下に置かれるとともに，懸賞通報や「信用喪失情報公開」そして世論監督といった制度により，自らも「社会的制約と懲戒の形成」に参加し，それを推進することになる。こうして，監督・被監督のいずれにも個人や企業が幅広く参加し，社会連動と社会自律に溢れた「信用社会」が実現することになるのである。

4 展望──信用なき「信用社会」の行方

以上のように，今後実現していくであろう「信用社会」の姿を見てくると，それは既存の社会（管理）を基礎にして，それを超える新しい社会を構築しようとするものである，ということがわかる。すなわち，従来「党建」によりあらゆる集団に党組織を置き，指導・監督の役割を負わせるとともに，命令・伝達の連絡系統を網の目のように発達させることで，「望ましい社会」の構築が目指されてきたのだが，今後はそれを超えて，国家や党の手を煩わせずとも，「望ましい社会」が公民を監督・指導し，ひいては「望ましい公民」同士が相互に監督・指導しあって，さらに「望ましい社会」を実現することが期待されるのである。

ここには，それが原理的に人民が「国家の主人」（憲法前文）であるという社会の姿なのか，という疑問があるが，それ以上に，このような社会がその当初の目的，すなわち「望ましい社会」の構築そして「望ましい公民」の育成という機能を持ちうるか，という点において，いくつかの疑問が残る。

まずこの構造は，党中央（指導者）に代表される「上」の道義性への信用を絶対の基礎としている。蓋し，情報は「上」に集中し，「上」が管理・利用し，「上」から賞罰が下されるからである。しかし，「上」の情報の隠匿，改ざんそして濫用はしばしば生じており，「上」への信用が確保できているとはとても思われない[76]。

---

[76] 2013年に広く報道された「房姐」事件では，地方の人民代表が北京などいくつかの地域に別人としての戸籍を持ち，それぞれの名義で多くの不動産を違法に取得していたが，それは地域を跨ぐ警察・政府関係者が多数関与したデータ改ざんにより成し得たもの

さらに，何とか「上」への信用を確保（強要）したとしても，現在の「信用社会」の仕組み自体が信用を増進するのかは疑わしい。上述のように，「信用社会」構築のために，公民には他の公民などの信用喪失情報の提供や密告が奨励される。同様の目的での「情報員」や「協力者」といった制度とも併せ，それは公民同士の信用を増進するどころか，既存の信用をも破壊する方向に働きかねないように思われる。

これらの問題への対応策は，またぞろ「上」の道義性を神格化し，社会や公民に「徳」を浸透させるような教育または宣伝，ということになるわけだが[77]，これに関しても最近興味深いニュースがあった。ＡＩ技術の広がりの中，近時中国のインターネットでも人の質問に適切に答えることができるＡＩキャラクター（所謂 Chatbot）が登場した。それはユーザーの質問に当意即妙に答えてみせるなど好評を博していたが，「共産党を愛していない」「自分の中国夢はアメリカに行くこと」「腐敗して無能な政治に万歳など言えるのか」といった発言を連発し，そのため使用できなくなったのである[78]。

この事件については，ＡＩの回答が Big Data に基づくこと，すなわちネット上で関連の発言ないし会話を大量に渉猟し，それに基づいて一般的・典型的な回答を導き出していることを考えれば，国家が考える「望ましい公民」そして「望ましい社会」と現実との間には，やはりまだ相当の距離があるのである。

それどころか，メディアや政府見解など公的に述べられる物事は，ネットやＳＮＳなどで人々に共有される物事とますますその距離を広げているようにすらみえる。（少なくとも中国に関して）悪い報道（「負能量」）はそこそこに，良い報道（「正能量」）ばかりを流しておけば，それによって人々は「正能量」に感化されるのだろうか。人々もまた（表面上は）都合の良いことばかりを選び，都合の悪いことに触れなくなるだけではないのか。それどころ

とされている。http://www.bjnews.com.cn/news/2013/01/25/245999.html など参照。
77) このような「上」（習近平）の神格化とそこでの教育・宣伝の姿については，本書第１章で論じている。
78) China chatbot goes rogue: 'Do you love the Communist party?''No'. https://www.ft.com/content/e90a6c1c-7764-11e7-a3e8-60495fe6ca71 参照。

か，党や政府（のメディア）が発表する「正」は信用できず，本当は「負」であるに違いない，と思いがちな風潮を蔓延させ，ひいては社会そして公民同士の信用も破壊してしまうのではないだろうか。

　教育・宣伝のあり方も含め，現在進められる「信用社会」が，その中に大きな虚空を放置し，ひいてはそれを膨らませているように思われてならない。

おわりに

　中国が打ち立てようとしている「協商民主」に基づく「信用社会」は，われわれの目から見ると，いかにも一党独裁的で全体主義的な，公民不在の「中国特色」のように映りがちである。とはいえ，それは中国に敵対的な一部の西側の特異な見解に過ぎない，ということも，ありえないわけではない。

　昨今中国のネット上では，国家や党に対する「負能量」というべき言動がしばしばやり玉にあげられ，所謂愛国的な人々による激しい批判が巻き起こっている。それは往々にして，誤った言動を行った人々とそれが属する単位への攻撃やボイコット等を招き，その結果，そのような言動を行った人々による公開謝罪や，それらの人々が属する単位などによる懲罰または解雇，あまつさえ党や国家（の指導者）などが，このような不届き者の反省を受け入れてやるよう愛国者たちに自制を呼びかける，といった事態も見られている[79]。

　それは，あるべき公民を造成するための教育や宣伝が成功していることを示すもの，ということもできるだろう。実際に，ＴＨＡＡＤ（弾道弾迎撃シ

---

[79] 6月に行われたメリーランド大学の卒業式では，中国からの留学生がアメリカで感じた「新鮮な空気」と「自由」とを重ね合わせたスピーチを行ったところ，中国国内を中心に激しい反発が起こり，これに対して本人が謝罪し，外交部のスポークスマンが人々の怒りをなだめるという事態に至っている。UMd. grad apologizes for offending her native China in pro-free-speech commencement address, http://www.washingtontimes.com/news/2017/mey/24/yang-shuping-univ-of-maryland-graduate-apologizes-/ 参照。

ステム）配置に反対しての韓国企業や韓流のボイコット，南シナ海の裁定におけるフィリピンやベトナムへの反応，さらにウイグルやチベットについての国外からの批判に対する激しい反発など，国が提唱する方向と一致する言論や行動は顕著になってきているように思われる。それは中国の社会管理そして公民育成の成功を示すものでもあり，同様な社会管理と公民育成を実現したいと考える国（統治者）も増えてくるかもしれない。

　角度を変えてみると，中国のこのような社会管理そして社会構築の影響は，既に世界に広がりつつある，ということができる。2017 年夏には，ケンブリッジ大学が中国政府の求めに応じ，「望ましくない」論文（チベット，ウイグルそして天安門事件や文化大革命などに関わるもの）への中国からの接続を遮断したことが話題となったが，ネットや情報に関わる企業・組織を始め，中国に関わる人々が「自主的に」そのような対応を行うことは最早珍しいことではなく，情報の統制を通じた「望ましい社会」そして「望ましい公民」の構築は，多層かつ広汎な協力を得ながら，既に世界に浸透しつつある，と言ってよいだろう[80]。

　ビッグ・データに支えられる中国の「信用社会」が，根回しと空気を読むことによって支えられる「忖度社会」と似た姿を示しつつあることは，これが新しいグローバル・スタンダードとなる可能性を示しているのかもしれない。それが望ましい社会なのかはともかくとして。

---

80) アメリカのフリーダムハウスは，すでに 2009 年に中国の言論審査が国外に広がりつつある，と指摘している（https://freedomhouse.org/article/chinas-export-censorship）。

参考文献

(日本語)
奥平康弘「憲法の想像力」(日本評論社, 2003年)
兼子仁「行政法と特殊法の理論」(有斐閣, 1989年)
川島武宜「川島武宜著作集」(特に第5巻) (岩波書店, 1982年)
北川秀樹編「中国の環境法政策とガバナンス」(晃洋書房, 2012年)
孝中延夫編「差異と共同—『マイノリティ』という視角」(関西大学出版社, 2011年)
小口彦太「現代中国の裁判と法」(成文堂, 2003年)
小口彦太・田中信行「現代中国法」(成文堂, 2004年)
小高剛「住民参加手続の法理」(有斐閣, 1977年)
坂口一茂「現代中国刑事裁判論」(北海道大学出版会, 2009年)
鈴木敬夫編「現代中国の法治と寛容—国家主義と人権憲政のはざまで」(成文堂, 2017年)
高見澤磨・鈴木賢編「要説 中国法」(東京大学出版会, 2017年)
高柳信一「行政法理論の再構成」(岩波書店, 1985年)
但見 亮等編「中国の法と社会と歴史」(成文堂, 2017年)
田中成明「法の考え方と用い方」(大蔵省印刷局, 1990年)
田中二郎「行政法(新版)」(弘文堂, 1974年)
田中信行編「入門 中国法」(弘文堂, 2015年)
田中信行編「最新 中国ビジネス法の理論と実務」(弘文堂, 2011年)
田村悦一「住民参加の法的課題」(有斐閣, 2006年)
常岡孝好「パブリック・コメントと参加権」(弘文堂, 2006年)
寺田浩明「中国法制史」(東京大学出版会, 2018年)
樋口陽一「憲法」(創文社, 1992年)
廣江倫子「香港基本法の研究」(成文堂, 2005年)
星野栄一 梁慧星監修「中国物権法を考える」(商事法務, 2008年)
マックス・ウェーバー「儒教と道教」(森岡弘通訳)(筑摩書房, 1970年)
水林彪・吉田克己編「市民社会と市民法」(日本評論社, 2018年)
水林彪編「東アジア法研究の現状と将来」(国際書院, 2009年)
美濃部達吉「公法と私法」(日本評論社, 1935年)
室井力編「住民参加のシステム改革 自治と民主主義のリニューアル」(日本評論社, 2003年)

毛利和子・松戸庸子編「陳情　中国社会の底辺から」(東方書店, 2012 年)

(中国語)

于建嶸「中国労働教養制度批判—基於 100 例上訪労教案的分析」(中国文化出版社, 2009 年)

王衛国「中国土地権利研究」(中国政法大学出版社, 1997 年)

王才亮「反思　中国房地産制度与実践」(法律出版社, 2008 年)

王才亮　王令「房屋徴収与拆遷」(北京大学出版社, 2011 年)

王錫鋅「公衆参与和行政過程—一個理念和制度分析的框架」(中国民主法制出版社, 2007 年)

王忍之編「『鞏献田旋風』—関於『物権法 (草案)』的大討論」(中国財政経済出版社, 2007 年)

王文傑 (台湾)「嬗變中之中國大陸法制 (第四版)」(國立交通大學出版社, 2014 年)

王利明「物権法研究 (修訂版)」(中国人民大学出版社, 2007 年)

王連昌編「行政法学」(中国政法大学出版社, 1993 年)

韓大元編「中国憲法事例研究 (一)」(法律出版社, 2005 年)

黄源盛 (台湾)「中国法史導論 (修訂二版)」(犁齋社, 2013 年)

黄松有編「『中華人民共和国物権法』条文理解与適用」(人民法院出版社, 2007 年)

公丕祥「中国的法制現代化」(中国政法大学出版社, 2004 年)

呉素雄等「農村社区治理的結構転型：温州模式」(中国社会科学出版社, 2014 年)

最高人民法院編写組「当代中国能動司法」(人民法院出版社, 2011 年)

蔡定剣編「中国選挙状況的報告」(法律出版社, 2002 年)

蔡定剣編「監督与司法公正—研究与案例報告」(法律出版社, 2005 年)

上海市司法局編「化解社会矛盾視閾下的司法行政工作」(法律出版社, 2010 年)

朱芒　陳越峰編「現代法中的城市規劃　都市法研究初歩 (下巻)」(法律出版社, 2012 年)

主力軍編「中国農村土地流転法律実用指南」(上海社会科学院出版社, 2009 年)

姜暁萍「社会管理創新案例読本」(中国人民大学出版社, 2014 年)

姜明安「行政法与行政訴訟法 (第三版)」(北京大学出版社, 2007 年)

信春鷹　李林編「依法治国与司法改革」(中国法制出版社, 1999 年)

鄒平学「香港基本法実践問題研究」(社会科学文献出版社, 2014 年)

薛暁源　李恵斌編「中国現実問題研究前沿報告」(華東師範大学出版社, 2007 年)

全国人民代表大会常務委員会法制工作委員会民法室編「物権法立法背景与観点全集」(法律出版社, 2007 年)

蘇恵漁　孫万懐「論国家刑権力」(北京大学出版社, 2006 年)

孫憲忠「争議与思考—物権立法筆記」(中国人民大学出版社, 2006 年)

孫津「超越民主」（華東師範大学出版社，2017年）
宋志紅「集体建設用地使用権流転法律制度研究」（中国人民大学出版社，2009年）
段治文「中国特色社会主義民主新論」（浙江大学出版社，2016年）
湛中楽「法治国家与行政法治」（中国政法大学出版社，2002年）
中国行政管理学会信訪分会「以案説信訪」（中国方正出版社，2002年）
中国人民大学「中国社会発展研究報告 2008」（中国人民大学出版社，2008年）
張永和等「臨潼信訪：中国基層信訪問題研究報告」（人民出版社，2009年）
張千帆「憲政中国的命運」（世界華文出版機構，2013年）
張明樹「中国人想要什麼様民主―中国"政治人"2012」（社会科学文献出版社，2013年）
張麗霞「民事渉訴信訪制度研究―政治学与法学交叉的視角」（法律出版社，2010年）
趙中頡編「法制新聞与新聞法制」（法律出版社，2004年）
儲槐植等編「理性与秩序　中国労働教養制度研究」（法律出版社，2002年）
陳弘毅等編「香港基本法面面観」（三聯書店，2015年）
陳興良編「新旧刑法比較研究―廃・改・立」（中国人民公安大学出版社，1998年）
陳小君等「農村土地法律制度研究―田野調査解読」（中国政法大学出版社，2003年）
陳小君等「農村土地法律制度的現実考察与研究」（法律出版社，2010年）
陳里程編「広州公衆参与行政立法実践探索」（中国法制出版社，2006年）
田毅鶴等「『単位社会』的終結―東北老工業基地『典型単位制』背景下的社区建設」（社会科学文献出版社，2005年）
董立坤編「中央管治権與香港高度自治権」（中華書局，2015年）
白傑「街道弁事処権力運作邏輯―対宣南的実証研究」（中国商業出版社，2010年）
白晟「基本法釈法問題探求―従法理学角度剖析」（商務印書館，2015年）
傅思明「中国依法行政的理論与実践」（中国検察出版社，2002年）
俞徳鵬「城郷社会：従隔離走向開放―中国戸籍制度与戸籍法研究」（山東人民出版社，2002年）
李秋学「中国信訪史論」（中国社会科学出版社，2009年）
李凡編「中国基層民主発展報告 2002」（西北大学出版社，2003年）
劉憲権編「卓越中的歴程―蘇恵漁先生八十誕辰記念文集」（上海人民出版社，2013年）
劉彦昌等「治理現代化視角下的協商民主」（浙江大学出版社，2017年）
劉俊「土地権利潜思録」（法律出版社，2009年）
梁慧星「中国物権法草案建議稿」（社会科学文献出版社，2000年）
梁美芬「香港基本法：従理論到実践」（法律出版社，2015年）
廖洪楽「中国農村改革三十周年和建国六十周年」（中国財政経済出版社，2008年）

事項索引

※ 特に重要と思われる箇所のみを挙げた。

あ 行

安定維持　77, 174
案例　30, 31, 34, 35
案例指導　22, 23, 26, 28, 29, 30, 31, 32, 37, 38, 39, 40, 41, 42, 43, 47, 49
維穏　187, 198
一国二制度　242, 265
一票否決　195
依法行政　151
依法行政　61
依法治国　58, 59, 60, 66, 264
大Ⅴ　8, 12

か 行

改革意見　67, 70
合作社　85
管轄改革　64
幹部　272
寛容　11
基本法解釈　250
共産夢　2, 13, 18
協商民主　270, 271, 274, 275, 276, 278
行政規定　210
行政不服審査　225, 227
行政不服審査委員会　219
行政不服審査制度改革　206
行政法規　88, 207, 210
紀律検査委員会　77
具体的行政行為　210, 213
黒監獄　189
群衆工作　280
計画経済期　127
原訴法廷　245
憲政　9, 288
建設土地使用権　104
憲法　87
公益訴訟　228, 283
公権力　148
公私法融合　142
公私法融合論　134
公衆参与　158, 168, 286
公判中心主義　72
公平・正義・法治　6
公法私法区分論　131
公法私法論　126
合法・独立・公正　63
公法と私法　120, 123, 125
公民　160, 285, 289
公民社会　288
5年改革綱要　49
5年改革綱要　28, 67

さ 行

最高人民法院公報　24
裁判委員会　25, 34, 41, 72
裁判権の独立　41
指導　34, 35, 37
指導小組　239
指導性案例　52
司法改革　46
司法解釈　33, 45, 90, 256
司法管理　42
司法行政　41
社会協商　277
社会主義核心価値観　1, 17, 62
社会信用体系建設　292
社会治安綜合治理　62, 78, 281
社会保障　102
社区　280
上海市行政不服審査委員会　221
集団経済組織　100, 114
集団土地使用権　97, 98, 99
住民委員会　280
住民参加　158, 159, 163, 168, 170, 172, 174, 177
主権　260
主流メディア　1
小産権房　97, 98, 106
渉訴信訪　200
上訴法廷　246
城中村　102, 104

上訪　　177, 181, 190
情報公開条例　　165
新華書店　　275
信仰　　8, 18
新公民運動　　11, 287
審査機関　　208, 212
審査機構　　208, 209, 212, 223
真善美　　8
新農村建設　　98
信訪　　180, 182, 186, 188, 193, 198, 203, 216
信訪工作　　188
信訪者　　190, 191
信訪条例　　181
信訪制度　　181
信訪評価　　192
人民　　7, 285
人民公社　　86
人民団体　　282
信用社会　　270, 291, 294
政策　　89, 116
政治協商　　276
姓公姓私　　136
姓社姓資　　134
正能量　　290
政法委員会　　63
政法機関　　69
全人代　　4
専制　　11
宣誓風波　　242, 268
宋庄画家村事件　　110
村民委員会　　280

た　行

代議民主　　277
大衆路線　　68
大信訪　　197, 201
宅地使用権　　83, 85, 90, 102, 113, 145
単位　　103, 279
地方性規章　　210
地方性法規　　88, 184
地方保護主義　　64, 67
中央電視台　　275
中華民族　　7
中国社会科学院　　271
中国特色社会主義　　1, 4, 15
中国夢　　1, 2, 3, 5, 8, 13, 14, 15, 16, 17, 242, 265, 270
抽象的行政行為　　210
調和社会　　117, 174, 177, 220
戸　　87
同案同判　　46, 47, 48
党委員会　　186
統一公法学　　147, 150, 152, 153
党建　　277, 280, 294

な　行

能動司法　　79

は　行

反腐敗　　76
判例　　30, 31
非政府組織　　167
物権法　　93, 138
物権法違憲論争　　122, 134
普遍的価値　　9
部門規章　　184, 210
平反　　182
法官造法　　44, 45
法制弁公室　　226
法律援助制度　　228
法律監督　　65

ま　行

マイノリティー　　203
三つの至上　　68, 202, 240
美濃部達吉　　120
美濃部理論　　120, 121
民主集中制　　150

や　行

四つの全面　　58

ら　行

立法法　　249, 250
両新　　281
労働教養　　185

わ　行

和諧　　187, 198

著者紹介
但見　亮（たじみ　まこと）
1993年早稲田大学法学部卒業。華東政法学院修士課程進修，早稲田大学大学院法学研究科博士課程単位取得退学。早稲田大学比較法研究所助手，早稲田大学アジア研究所客員講師，早稲田大学法学学術院助教を経て，2010年一橋大学法学研究科講師。上海交通大学訪問学者，一橋大学法学研究科准教授を経て，一橋大学法学研究科教授（現在に至る）。

中国夢の法治
──その来し方行く末──

2019年9月20日　初版第1刷発行

著　者	但　見　　　亮
発行者	阿　部　成　一

〒162-0041　東京都新宿区早稲田鶴巻町514
発行所　株式会社　成文堂
電話 03(3203)9201(代)　Fax 03(3203)9206
http://www.seibundoh.co.jp

印刷　シナノ印刷　　　　　　　製本　弘伸製本
©2019 M. Tajimi　Printed in Japan
☆乱丁・落丁本はおとりかえいたします☆
ISBN978-4-7923-3391-1　C3032　検印省略
定価（本体6000円＋税）